韓国黎明期の民主政治への試み

大統領制と議院内閣制の攻防

明石書店

髙城建人 [著]

凡　例

一．人物の年齢はすべて満年齢で統一することにする。

一．人物の名前は、漢字がわかる場合は漢字、わからない場合はカタカナで表記することにする。また本文内では、主要人物について初出時にカタカナでルビを振るようにしている。

一．1948 年以後の韓国の中央の立法機関を指すときは国会で統一することにする。それ以外を指す場合は、議会という言葉を用いる。ただし、政治学の用語としては、議会という言葉を用いることにする（例：議会政治、議会制など）。

一．書籍や論文の中で特定のページを参照した場合には、そのページ数を明記する。また特定ページではなく、書籍や論文の全体を参照している場合はそのタイトルと出版社（もしくは学術誌）、発行年のみを明記している。

一．人物の名前や新聞記事名など資料のタイトルが旧漢字の場合でも、できるだけ新漢字に改めて統一している。

一．引用する文章が長く文意がわかりづらい場合は、適宜句読点を打つようにする。

一．人物索引は本文で登場した人物に限定している。脚注のみで本文には登場しない人物については含めていない。

目　次

序　章　　　　　　　　　　　　　　　　　　　　　　　　**008**

第 1 節　背景説明……………………………………………… 008
第 2 節　先行研究の状況および問題点……………………… 009
　2-1　先行研究の動向 / 009
　2-2　先行研究の問題点 / 010
第 3 節　問題提起……………………………………………… 011
　3-1　1952 年、1954 年の憲法改正は何を意味するのか / 011
　3-2　今日の視点から民主主義的ではない過去の政
　　　　権や思想はみな全く同じと安易に一括して
　　　　捉えるべきか / 013
　3-3　李承晩政権期が否定的にのみ見られるのはな
　　　　ぜか / 014
第 4 節　解決策および研究の方法…………………………… 017
第 5 節　本書の意義と位置づけ……………………………… 019
第 6 節　本書の構成…………………………………………… 021

第 1 部　李承晩政権期主要人物の民主主義思想

第 1 章　李承晩の民主主義思想　　　　　　　　　　　　　**028**

第 1 節　先行研究分析と問題提起…………………………… 028
第 2 節　李承晩の経歴………………………………………… 030
第 3 節　李承晩の政治体制観………………………………… 031
第 4 節　李承晩の民意観……………………………………… 039
第 5 節　李承晩の政党・団体観……………………………… 043
小　括………………………………………………………… 051

第2章　保守野党政治家の民主主義思想：趙炳玉の分析を中心に　　053

第1節　先行研究分析と問題提起……………………………………053
第2節　趙炳玉の経歴…………………………………………………055
第3節　趙炳玉の政治制度観…………………………………………056
第4節　趙炳玉の民意観………………………………………………057
第5節　趙炳玉の政党・団体観………………………………………061
第6節　趙炳玉の反共主義観…………………………………………062
第7節　趙炳玉の経済観と自由権観…………………………………066
第8節　趙炳玉と李承晩の間で民主主義思想の相違が生じた要因…070
小　　括…………………………………………………………………071

第2部　李承晩政権初期（1948-1952）韓国政治の展開

第3章　1950年3月と1952年1月の韓国国会の憲法改正論議　　074

第1節　先行研究分析と問題提起……………………………………074
第2節　憲法の制定および条文をめぐる国会と李承晩との対立…075
第3節　1950年3月の憲法改正会議　…………………………………076
　3-1　民主国民党の憲法改正案の提出と李承晩の対応 / 076
　3-2　憲法改正案の国会での審議 / 079
第4節　1952年1月の憲法改正会議　…………………………………084
　4-1　李承晩政権の憲法改正の試み / 084
　4-2　憲法改正案の国会での審議 / 085
第5節　憲法改正案から見る民主国民党と李承晩政権の言説
　　　　の相違…………………………………………………………089
小　　括…………………………………………………………………090

第4章　1952年1月から5月までの李承晩政権と国会との対立　　092

第1節　先行研究分析と問題提起……………………………………092

第2節　1952年1月から5月までの李承晩政権と国会との対立
　　　　の展開 …………………………………………………… 094
第3節　李承晩政権と国会の主張……………………………………… 097
　3-1　国会側の主張 / 097
　3-2　李承晩政権側の主張 / 101
第4節　両者の主張の争点および民主主義言説の相克…………… 105
　4-1　代表の正統性の根拠 / 105
　4-2　国会と李承晩政権両者の懸念事項 / 108
　4-3　国会議員召喚運動 / 110
第5節　李承晩政権と国会がそれぞれ目指そうとした政治……… 112
　5-1　「代表の役割」について / 112
　5-2　行政府の長はどこから信任と責任を負うべきか
　　　　：代議機関かそれとも直接国民か / 112
　小　　括……………………………………………………………… 113

第5章　釜山政治波動の勃発　　　　　　　　　　　　　　　**115**

第1節　先行研究分析と問題提起……………………………………… 115
第2節　戒厳令の実施と国民動員による国会への脅し…………… 118
　2-1　戒厳令の発動 / 118
　2-2　官製民意デモと地方からの圧迫を通じた国会へ
　　　　の脅し / 122
第3節　戒厳令後、韓国国会における憲法改正案の審議………… 124
　3-1　韓国国会での憲法改正案に関する議論 (1952年
　　　　6月21日 -28日)/ 124
　3-2　張沢相の抜粋改憲案の提出および国会議員たち
　　　　の対応 / 129
　3-3　国会での憲法改正案通過と大統領・副大統領選
　　　　挙の実施 / 130
　小　　括……………………………………………………………… 132

第3部　李承晩政権中期（1952-1956）韓国政治の展開

第6章　1954年11月の憲法改正論議　　134

第1節　先行研究分析と問題提起……………………………………… 134
第2節　1954年憲法改正案提出の背景 ……………………… 135
第3節　自由党の圧勝と憲法改正案可決に向けての工作………… 136
第4節　四捨五入改憲の顛末…………………………………… 139
第5節　1954年の憲法改正審議から見る与野党間の論争内容
　　　　および論点 …………………………………………… 142
　5-1　国民投票制度の導入に関する論争 / 142
　5-2　国務総理制度と国務院不信任制度の廃止に関す
　　　　る論争 / 144
　5-3　大統領の任期制限撤廃に関する論争 / 147
小　括…………………………………………………………… 151

第7章　野党勢力間の統合の試みと失敗　　153

第1節　先行研究分析と問題提起……………………………… 153
第2節　1954年の憲法改正に伴う野党勢力間の統合の試み …… 154
第3節　曹奉岩の受け入れ問題に伴う野党勢力間の分裂………… 158
第4節　野党勢力統合の試みの失敗……………………………… 168
第5節　自由党・民主党・進歩党の政策綱領比較……………… 170
小　括…………………………………………………………… 173

第4部　李承晩政権後期（1956-1960）韓国政治の展開

第8章　李承晩政権の強硬化・硬直化と民主党内部の派閥対立　　176

第1節　自由党強硬派の台頭…………………………………… 176
第2節　国家保安法、地方自治法の改正……………………… 179
第3節　『京郷新聞』の廃刊処置 ……………………………… 184

第 4 節　進歩党事件……………………………………………… 186
第 5 節　民主党内部における派閥対立……………………………… 188
第 6 節　自由党穏健派と民主党旧派間の妥協模索と挫折………… 190
小　括…………………………………………………………… 192

第 9 章　李承晩政権の終焉　　195

第 1 節　1960 年大統領・副大統領選挙実施に伴う自由党、民
　　　　主党の選挙準備………………………………………… 195
第 2 節　李承晩政権による不正選挙実施と選挙結果……………… 197
第 3 節　不正選挙に対する大規模な反政府デモの展開…………… 199
第 4 節　李承晩の下野声明と李承晩政権の崩壊…………………… 203
小　括…………………………………………………………… 218

終　章　李承晩政権の遺産　　220

第 1 節　李承晩政権が後の韓国政治に残した成果………………… 220
第 2 節　李承晩政権が後の韓国政治に残した課題………………… 223
小　括…………………………………………………………… 228
結　論…………………………………………………………… 229

あとがき　　231

参考文献………………………………………………………… 236
表一覧…………………………………………………………… 250
索　引…………………………………………………………… 251

序　章

第1節　背景説明

　本書は、韓国の初代政権である李承晩政権期（1948-1960）における、李承晩と野党主要政治家の民主主義思想および実際の政治展開過程に関する研究である。研究対象となる時期は、李承晩政権が発足した1948年から同政権が崩壊した1960年の12年間とする。

　李承晩政権は、韓国で初めて民主政治の実現に向けて様々な試行錯誤が行われた時期である。その1つとして、1948年に憲法の制定と国民による国会議員の直接選出が行われた。しかし、憲法制定前から始まった民主主義をめぐる李承晩と野党（韓国民主党）との意見の対立は、大韓民国建国（または政府樹立）後も解消されなかった。李承晩は国会や政党などの中間団体を迂回することなく、大統領直接選挙による国民との直接的な「疎通」を好む一君万民「的」な特徴を見せた。彼は民意を国民の多数の直接的な意見であると捉え、少数派の自由を看過する姿勢を取った。また、彼は政党を私利私欲のための党派だと認識し、1951年の自由党結党前まで「自分はどの政党にも所属しない」という超然主義を標榜していた。さらに「国民が自分を大統領選挙で選出した以上、自分が民意の代弁者だ」と主張し、国会を相対的に軽視する姿勢をとった。そして、「国民の直接意思は代議制に優越する」という主張を行ったことも重要である。

　一方、野党（特に韓国民主党、その後民主国民党、民主党）は、国会を「国家の最高機関」と規定し、国会を中心に政治を行うべきと主張した。また、彼らは、多数派の横暴を批判し、少数派の自由と憲政の擁護を主張した。さらには、法的原則の厳格な適用と法によって特定権力を制限すべきだとも主張した。政治体制に関しても李承晩は自らの主張と考えにふさわしい大統領制を主張していたのに対し、野党は国会を中心とする議院内閣制を好んだことは特に重要である。李承晩と野党との民主主義に対する観点の差異（対立）は、1952年の釜山政治波動と憲法改正（通称：抜粋改憲）、1954年の憲法改正（通称：四捨五入改憲）、1954年の反李承晩政

治家らによる護憲同志会の創設、1955年の保守合同野党である民主党の結党につながっていく。民主主義をめぐる李承晩と野党の対立は、1960年の李承晩政権の崩壊まで続くことになる。

第2節　先行研究の状況および問題点

2－1　先行研究の動向

　李承晩政権期に関する主に政治学と歴史学の研究が本格的に始まったのは、同政権が崩壊した直後の1960年代であった。まずは李承晩政権期全体で韓国国内の政治を取り扱った先行研究を紹介する[01]。

　韓国で李承晩政権について初めて本格的な研究を行ったのが孫鳳淑[02]（1967、韓国語）と閔寛植[03]（1967、日本語）である。2人は、選挙制度、政党制、議会政治など李承晩政権の特徴を分析した。その後、李承晩政権期に関して多くの研究が行われた。代表的なものとしては、同政権期の政治、社会、国際関係を分析した陳徳奎編[04]（1981、韓国語）と政治体制論の観点から分析したキム・イルヨン[05]（1991、韓国語）、出水薫[06]（1999、日本語）の研究、李承晩と当時の野党との関係を分析した韓培浩編[07]（2000、韓国語）と木村幹[08]（2003、日本語）の研究、李承晩政権の理念と社会状況について分析した徐仲錫[09]（2005、韓国語）、憲政史の観点から李承晩政権を分析したソ・ヒギョン[10]（2020、韓国語）の研究が挙げられる。これらの研究成果により、李承晩政権期の具体的な事実関係はかなり明らかとなっている。

---

[01] 李承晩政権期の特定の時期の国内政治を取り扱った研究は、膨大であり、枚挙に暇がない。ここでは李承晩政権期全体を取り扱った研究のみを対象とする。各章と関係する特定の時期の研究については、各章の先行研究の紹介時に述べていく。

[02] 孫鳳淑、「韓国自由党十二年の研究：李承晩政権執権下の政党体制を中心に」、梨花女子大学校大学院修士学位論文、1967年（原語韓国語）。

[03] 閔寛植、『韓国政治史：李承晩政権の実態』、世界思想社、1967年。

[04] 陳徳奎編、『1950年代の認識』、ハンギル社、1981年（原語韓国語）。

[05] キム・イルヨン、「李承晩統治期政治体制の性格に関する研究」、成均館大学校大学院博士学位論文、1991年（原語韓国語）。

[06] 出水薫、「李承晩政権の研究：体制論からの接近」、九州大学大学院博士学位論文、1999年。

[07] 韓培浩編、『現代韓国政治論1』、オルム、2000年（原語韓国語）。

[08] 木村幹、『韓国における「権威主義的」体制の成立：李承晩政権の崩壊まで』、ミネルヴァ書房、2003年。

[09] 徐仲錫、『李承晩の政治イデオロギー』、歴史批評社、2005年（原語韓国語）。

[10] ソ・ヒギョン、『韓国憲政史　1948-1987』、図書出版フォーラム、2020年（原語韓国語）。

序　章　009

2－2　先行研究の問題点

　しかし、従来の先行研究においては以下の2点の問題がある。

　まず、分析が政治史に偏りがあるため、李承晩と野党政治家の民主主義の認識とその違いに関する分析までには至っていない点である。例えば、既存研究では、政治制度をめぐって大統領制を支持する李承晩と議院内閣制を支持する野党が対立した原因について「自らの政権掌握と影響力を拡大するため」という分析に留まっている。しかし、李承晩は、日本の植民地時代から大統領制を支持する考えを著書に残していることから、憲法制定の際に自分の政権掌握のために大統領制支持を突然主張したものではない。野党の主要人物に関しても時と状況の変化に関係なく、議院内閣制と国会中心の政治の導入を一貫して主張した政治家もいた。したがって彼らが全く異なる政治制度・民主主義観の主張をした原因として単に「政権掌握」を挙げるだけでは説明できず、こういった主張がなされた背景として、彼らの民主主義観を通時的にたどっていく必要がある。

　次に、李承晩政権期を反民主的な独裁政権としてしか見ておらず、それを前提に論を展開している先行研究が多い点を挙げることができる。既存研究では、李承晩政権期において不正選挙と野党弾圧が行われたことを踏まえ、同時期を「独裁政権」であったと捉えている。特に徐仲錫の研究では、李承晩が王族出身であり、かつ20歳まで儒教教育を受けた経歴に注目し、李承晩政権期に独裁政治が行われた原因を李承晩の「王族意識」と「愚民観」などの権威主義的パーソナリティによるものとしている[11]。

　確かに、今日（1988年以後）の韓国民主政治の観点からすると李承晩政権は問題点が多い政権であった。しかし、李承晩政権の「問題点」は後述するが、李承晩政権を単なる反民主主義的な独裁政権であったとのみ結論付けるだけでは、次のことが説明できない。例えば、支持率の低下によって不利になり始めた任期末に、なぜ彼は最後まで大統領と国会の直接選挙にこだわったのか。そしてなぜ最後まで民意を重視し、反政府デモを通じて国民が自分を支持しないことを知ったあと潔く自ら退いたのか、などである。後の朴正熙政権時のクーデターおよび非常事態宣言のような越権行為を通じて政権を延長できる可能性があったにもかかわらず、李承晩はそうしなかった。また、選挙の際の不正や野党弾圧などいくつかの不備はあったものの、「主権在民」の考えに基づいて国民自らの意思によって国

---

[11] 徐仲錫、「政治指導者の認識と儒教文化：李承晩を中心に」、『大東文化研究』、第36巻、2000年（原語韓国語）。

会議員や大統領といった代表者を直接選出し、ルールを決定する民主的な仕組み
も定期的に行われていた。1956年副大統領選挙の際に野党民主党の副大統領候
補であった張勉が当選したのがその代表例である。現在からすれば、李承晩政権
はもちろん完全な民主主義政権とはいえないが、後の政権で同じように「独裁政
権」だといわれる朴正熙の政権後期（1972-1979）とも全斗煥政権（1980-1988）とも
明確に異なる政権運営がなされたことの歴史的事実は大きい。

第3節　問題提起

3－1　1952年、1954年の憲法改正は何を意味するのか

　多くの先行研究が李承晩政権を否定的にみる1つの理由として、1952年と1954
年の憲法改正がある。これまでの研究においては、1952年の憲法改正は、従来の
憲法制度のままでは再選の見込みがないと判断した李承晩が官権を動員して国会
議員を脅し、無理やり自らに有利な憲法改正に導いた政治的出来事であったと主
張している。そして1954年の憲法改正に関しても先行研究では、李承晩が自らの
執権延長のために一度否決した憲法改正案を四捨五入という理屈[12]で覆し、初代
に限って任期制限規定を撤廃したことを否定的に論じている。

　確かに、1952年と1954年の憲法改正は当時の法的手続きを無視した問題のある
行為である。それは、本書の第5章と第6章でも詳しく検討する。他方で憲法改正
案の内容において1952年と1954年の憲法改正は反民主主義的であったかというな
らば、再考の余地がある。なぜなら、憲法改正によって国民の政治参加の機会がな
くなったかというと決してそうではなく、むしろ広がったからである。それを裏付
けるのが1952年憲法改正前と憲法改正後、そして1954年の憲法改正前と憲法改正
後の憲法条文の内容変化である。それを比較したものが表1と表2である。

　表1と表2の内容を照らしてみると、以下のことがいえる。

　1952年と1954年の憲法改正を通じて、国会の権限が弱まったのに対し、国民
による直接の政治参加の機会が広がったということである。また、従来の先行研
究が批判している初代大統領に限っての任期制限撤廃も大統領の地位を維持でき

---

[12] 1954年当時の国会における憲法改正への投票結果は、当初わずか1票差で否決（総議員203人中、
135人が賛成。可決には、3分の2である136人の賛成が必要）となった。しかし、その後李承晩政権は、
四捨五入の理屈（203の3分の2は135.333であるが、小数点は切り捨てるのが原則であるので、135
人の賛成で可決とみなすのが妥当と主張）を用いて、決定を覆し、憲法改正が成立した。

序　章　011

表1　1952年憲法改正前と改正後の内容比較

	1952年憲法改正前	1952年憲法改正後
大統領の選出方法	国会による間接選挙	国民による直接選挙
国会による国務院不信任決議	不信任決議なし	不信任決議あり

1952年憲法改正以前の憲法条文と1952年憲法改正後の条文については、「大韓民国憲法」URL：www.law.go.kr/ 법령 /（最終アクセス日：2024年11月27日）および『第1回国会速記録第28号』、1948年7月12日、2-16頁と『第13回国会臨時会議速記録第2号』、1952年7月4日、12-14頁を参照（いずれも原語韓国語）。表1は、先述した情報源をもとに、筆者が独自に翻訳し、作成したものである。

表2　1954年憲法改正前と改正後の内容比較

	1954年憲法改正前	1954年憲法改正後
大統領の任期制限	2期8年に制限	初代に限っての任期制限撤廃（選挙は、政権獲得を目指す競争的な野党が参加する中での国民による直接選挙。選挙に負けた場合は初代大統領も落選）
国民投票制	国民投票制の規定なし	国民投票制の規定あり
国会による国務院不信任決議	国会による国務院不信任決議あり	個別閣僚に対してのみ不信任決議

1954年憲法改正以前の憲法条文と1954年憲法改正後の条文については、「大韓民国憲法」URL：www.law.go.kr/ 법령 /（最終アクセス日：2024年11月27日）および『第13回国会臨時会議速記録第2号』、1952年7月4日、12-14頁と『第19回国会臨時会議速記録第82号』、1954年11月18日、2-3頁を参照（いずれも原語韓国語）。表2は、先述した情報源をもとに、筆者が独自に翻訳し、作成したものである。

るのはあくまで国民による直接選挙（しかも政権獲得を目指す野党との競争）を通じて当選した場合のみであり、落選した場合にはその地位を失うとしている。すなわち、1954年の憲法改正は国民の選出によらない特定機関の間接選挙を通じて現職の大統領が恒久的に政権を担い続けるというものではなかった。その点が、1972年の朴正熙政権による憲法改正とは明確に異なるものである。

　以上の事実に対して、次のような反論が予想される。すなわち、「野党や国民からの批判を恐れた李承晩と同政権がその批判を緩和するためにその場しのぎでの妥協策、すなわち国民からの不満の緩和のために政治参加の拡大を憲法改正草案に入れたのではないか」と。しかし、この主張は、国会による国務院不信任決議を除いては1952年、そして1954年の憲法改正内容が李承晩政権崩壊後まで続いたことを説明できない。仮に李承晩が自らの執権延長のため、その場しのぎで同様の憲法改正を行っていたのならば、状況が自らに有利になった場合それを覆すこともできたはずである。実際1954年以後、韓国国会は、従来と違い李承晩を支持する与党である自由党が単独過半数を確保しているため、政治制度としてはむしろ議院内閣制のほうが李承晩にとって好都合であったはずだ。すなわち、単に自らの執権延長のためならば、任期制限がある大統領制よりもむしろ任期制限のない議院内閣制を推進したはずであり、国民投票制も廃止したはずなのである。また、当時の国内外状況を理由として李承晩自らが導入した大統領直接選挙も廃止できたはずである。実際、後に政権につく朴正熙政権も自分の都合によって大統領直接選挙（1963年憲法改正）から大統領間接選挙（1972年憲法改正）へと変更し

ている。自らに好都合な情勢変化にもかかわらず李承晩が、自らが推進した憲法の内容を堅持し続け、国民の政治参加を保障したのはなぜか。「李承晩は権力欲に満ちた独裁者で、李承晩が憲法改正を主導したのも政権延長を図るため」だという従来の先行研究の主張では、この点を解明できておらず、異なる分析枠組みを用いる必要がある。

3－2　今日の視点から民主主義的ではない過去の政権や思想はみな全く同じと安易に一括して捉えるべきか

先述したように、李承晩政権は今日の観点からすれば、民主主義的な政権と呼ぶにはいくつかの問題点がある。その代表例が選挙における野党弾圧と不正選挙である。それは、自由で公正な選挙を原則とする今日の民主主義（自由民主主義）からすれば、問題であったのは確かである。しかし、過去の政権において今日の視点から少しでも民主主義的ではない政権を、すべて反民主主義的もしくは非民主主義的政権だと捉えてしまうことは当該政権の実態を把握する上で不十分なやり方である。

その観点を推し進めるならば、20世紀以前のすべての国家、そして20世紀半ばまで、イギリス、フランス、アメリカなどいくつかの国家を除いたすべての国家は非民主主義国家であったことになるのではないか。また、民主主義の「理想」とされるイギリスやアメリカも110年前までは女性参政権が認められておらず、黒人（その他有色人種をも含む）の選挙参加への制限を禁止した投票権法制定以前（1965年以前）のアメリカもまた、非民主主義国家であったといえるのではないか[13]。さらには、民主主義の「実践事例」だとして今日高く評価されているフランス革命も、その実態においては貴族の大量処刑や結社自由の制限（ル・シャプリエ法）、革命反対派弾圧など今日の民主主義の観点からすれば、相当に問題があることが起こっていた[14]。そして、戦前日本の民主主義の実践の試みの事例として評価されている大正デモクラシーもまた、天皇主権の護持と男性のみの普通選挙

---

[13] 1965年投票権法制定以前のアメリカ史およびアメリカ憲法の歴史については以下の著書を参照。有賀夏紀、『アメリカの20世紀〈上〉1890年～1945年』、中央公論新社、2002年。有賀夏紀、『アメリカの20世紀〈下〉1945年～2000年』、中央公論新社、2002年。阿川尚之、『憲法で読むアメリカ史（全）』、筑摩書房、2013年。ジェームス・M・バーダマン著、森本豊富訳、『アメリカ黒人史：奴隷制からBLMまで』、筑摩書房、2020年。

[14] 1789年バスチーユ牢獄襲撃から1804年ナポレオンの皇帝即位までのフランス革命の展開過程と特徴については、以下の著書を参照。安藤正勝、『物語フランス革命：バスチーユ陥落からナポレオン戴冠まで』、中央公論新社、2008年。山﨑耕一、『フランス革命：「共和国」の誕生』、刀水書房、2018年。

権を認めていた点で大正デモクラシーではなく、「大正セミデモクラシー」と呼ぶべきであろう[15]。民主主義とは一定の年齢に達したすべての国民に政治参加の機会を付与する平等の原則が前提となるが、今挙げた国々においては、その原則が欠如（女性の排除、有色人種の排除）していたからである[16]。

また、民主主義か反民主主義かという二分法に基づいて朝鮮半島地域研究を分析した場合、以下の問題点が生じうる。それは、個別の時代や政権を安易にカテゴリー化することで、それぞれの実態を無視することへとつながりかねないことである。すなわち、それでは、朝鮮王朝時代（1392-1910）や日本の植民地時代（1910-1945）、そして先述したような朴正熙政権後期（1972-1979）や全斗煥政権（1980-1988）と、李承晩政権は全く同じ政治体制であったという理解になるのではないか。李承晩政権の実態を客観的に認識してみるならば、決してそうだとはいえないだろう。今日の観点からみて過去の政権を評価してその問題点を述べることは、現在とのつながりを解明するために当然行うべきことである。しかし、他方でその前後の政権との比較を行わずにある政権の問題点のみを述べ、今日と全く違うものだとのみ結論付けることは、その政権の評価と特徴を把握する上で不十分なやり方である[17]。

3-3 李承晩政権期が否定的にのみ見られるのはなぜか

以上が、政治制度と憲法改正の内容からみた李承晩政権の実態であるが、これを単なる反民主主義的な独裁政権としてのみ捉えるのでは、その実態を把握する上で不十分であると考えられる。すなわち、李承晩政権は今日の観点からすればかなり問題点のある政権であり、完全な民主主義的政権だとはいえないが、同政

---

[15] 大正デモクラシー期の政治や社会については、以下の著書を参照。成田龍一、『大正デモクラシー』、岩波書店、2007年。三谷太一郎、『大正デモクラシー論：吉野作造の時代』、東京大学出版会、2013年。松尾尊兊『大正デモクラシー期の政治と社会』、みすず書房、2014年。

[16] 民主主義に関する著名な研究者であるロバート・ダールは自著である『ポリアーキー』において、民主化を自由化と包括化の両方の達成だと捉えている。ロバート・ダール著、高畠通敏、前田修訳、『ポリアーキー』、岩波書店、2014年、16頁。李承晩政権を自由化が欠如したということで、民主主義国家ではなかったとすると、先述した19世紀のイギリスやアメリカも包括化が欠如（女性の排除）していた点で、今日の観点からすれば非民主主義国家ということになる。特にアメリカに至っては、1960年代まで有色人種を排除した点で、1960年代まで非民主主義国家であったことになる。すなわち、民主化の要件を厳格にすると、20世紀以前まで民主主義国家は存在していなかったことになる。

[17] その代表例として李承晩政権の性格を分析した磯崎典世（2022）の研究が挙げられる。例えば、磯崎によれば、李承晩政権時に不正選挙が頻発にしていたことなどを理由として挙げて、同政権を一党独裁で野党が選挙に参加できない中国や北朝鮮と同じような独裁政権だと捉えている。磯崎典世、「韓国：「民主主義」を掲げる個人独裁の成立」、粕谷祐子編著、『アジアの脱植民地化と体制変動：民主制と独裁の歴史的起源』、白水社、2022年、283-309頁。

権が政権運営機関を通じて全くの反民主的政権であったと断定することも困難なのである。それにもかかわらず、なぜ多くの先行研究は、李承晩政権を反民主主義的な独裁政権とのみ評価しているのか。先行研究が李承晩政権を否定的に扱う理由としては、以下の3点を挙げることができる。

　まず、李承晩自身を当時の主要政治勢力との力関係によって「行動する政治家」としかみていないという点である。ここには彼が、独立以前には啓蒙思想家、独立運動家として活動していた人物であるということが見過ごされている。彼が政治家として活動するのは、終戦後の帰国から下野するまでの15年（1945-1960）だけであり、年齢も既に満70歳を超えてからである。よって李承晩政権の実態を探るには、民主主義に対する李承晩の考えを時系列に分析する必要がある。

　李承晩政権期以前の李承晩の民主主義思想を分析した先行研究としては、青年期（1895-1908）における李承晩の政治思想を分析した高珽烋（コ・ジョンヒュ）（1995、韓国語）や中壮年期（1920-30年代）を分析したユ・ヨンイク（2010、韓国語）の研究、彼の生涯全体の政治思想を概観したキム・ハクジェ（2013、韓国語）の研究などが挙げられる。しかし、高珽烋とユ・ヨンイクの研究では、特定の時代に限定した断片的な分析に留まり、生涯全体を通じた分析（変化した点と変化しなかった点など）は行われていない。キム・ハクジェの研究では、全生涯における彼の政治思想について1次資料を用いて実証的かつ綿密に調べてはいるが、思想の特徴とその内容紹介に留まっている。したがって、当時、敵対していた野党政治家たちとの相違点に関するまでの分析はない。また、主に西洋思想との関係に留まり、東洋思想（特に儒教）との関係の分析は行われていないことも問題点だといえる。

　李承晩政権の崩壊後、この政権に対する評価を行ったのは、『東亜日報』や『京郷新聞』、そして保守野党系列の政党など、かつて反李承晩側に立っていたメディアや団体であった。そうした団体やメディアがオピニオンリーダーの役割を担って李承晩と李承晩政権の評価を行ったわけである。そうした彼らによる李承晩とその政権像の形成により、その後の全面的な否定一辺倒の李承晩と同政権に関する認識が形成されたのである。これまで多くの先行研究は、資料として野党政治家の回顧録を主に用いており、与党政治家や李承晩の側近の証言はさして用いていないか否定的側面のみを引用してきた。したがって、野党政治家の一方的な見解を鵜呑みにすることが多く、「独裁を推進した李承晩」と「民主主義を守護した野党」という二分法的な構図が強固に作り上げられてきた。

　最後に指摘すべきは、政権樹立初期から朝鮮戦争期（1948-1953）にかけて、李

序章　015

承晩政権が行った民間人虐殺行為である。同時期に李承晩政権は、済州島での4・3事件[18]や、麗水・順天事件[19]、朝鮮戦争中に起こった国民保導連盟事件[20]やその他の民間人虐殺事件など、共産主義者もしくは彼らに追従したとみなした人々に対して、徹底的な処罰を行った。李承晩政権に対して否定的な評価が行われた最大の理由もこういった虐殺行為があるからである[21]。「ジェノサイド」と呼ぶべきこのような行為は、いかなる意味においても正当化することはできず、さらなる真相追求と強い批判が与えられるべきである。本書もそのような人権・人命を蹂躙する問題を軽視するわけではないのは言を俟たない。この点において李承晩政権は韓国史に消し去ることのできない汚点を残し、その修復作業はまだ始まったばかりであることを付記しておく。

　だがこれらの否定一辺倒の李承晩政権に対する認識では、到底容認できない民間人虐殺を除いては客観性が足りないことも明らかである。なぜなら、李承晩政権では歴史的にいかなる成果があり、またどこに限界があったのか、同政権は同じ時期の他の国と比較した場合どう位置づけられるのかという視点が足りないからだ。従来の否定一辺倒な李承晩政権認識から離れ、もう少し俯瞰的に同政権をみる必要がある。

　こういった問題点を踏まえ、筆者は主要人物の回顧録や著書、国会議事録、および国務会議録、新聞記事や雑誌など1次資料を利用して、彼らの民主主義観や実際の政治の展開過程を分析していくことにする。

---

[18] 4・3事件とは、朝鮮半島南部での単独選挙実施に反対した南朝鮮労働党の一部がその阻止のために起こした武装蜂起である。同武装蜂起の鎮圧過程で多くの住民が武装蜂起勢力との協力を疑われ、無実の罪を着せられて軍や反共団体に虐殺された。

[19] 麗水・順天事件とは、済州島への武装鎮圧のために現地に赴く予定であった14連隊が反乱を起こし、全羅南道の一部（麗水・順天周辺）を占領した軍事反乱である。反乱の鎮圧の過程で麗水と順天地域にいた多くの住民が反乱軍との協力関係を疑われ、無実の罪を着せられて虐殺された。

[20] 国民保導連盟事件とは、朝鮮戦争の最中、国民保導連盟という団体に加入した人々に対して行われた虐殺事件である。国民保導連盟とは、転向した共産主義者を対象に反共主義への教化と韓国への定着を支援するという名目で設立された団体である。朝鮮戦争勃発後、李承晩政権は国民保導連盟加盟員が潜在的な脅威勢力だとみなし、北朝鮮と協力したという疑惑を着せて彼らの大量虐殺を行った。

[21] 李承晩政権による虐殺行為に対する研究や調査は1990年代以後、日韓両国において頻繁に行われている。代表的なものとして、麗水・順天事件を取り扱った金得中、「麗順事件と李承晩反共体制の構築」、成均館大学校大学院博士学位論文、2004年の研究や4・3事件を調査した済州4・3事件真相究明および犠牲者名誉回復委員会、『済州4・3事件真相調査報告書』、済州4・3事件真相究明および犠牲者名誉回復委員会、2003年、国民保導連盟事件を調査したキム・ギジン、『終わっていない戦争：国民保導連盟』、歴史批評社、2002年など（いずれも原語韓国語）が挙げられる。これらの研究、調査はほんの一部を紹介しただけであり、現在韓国において膨大な研究が蓄積されている。

第4節　解決策および研究の方法

　先述した課題に対する解決策として筆者は、以下の基本認識を提示する。

　まず、李承晩政権期の主要事件が起こった原因を李承晩と野党（主に保守野党）との民主主義観（自らが民主主義だとみなした思想）の相克によるものだと捉える。そして両者の認識の違いにより、李承晩政権期において様々な事件が発生したという基本認識を提示する。すなわち、1950年代に続いた李承晩と野党との対立の背景は、主権在民を原則とする民主主義のうち、諸個人および少数派の自由を重視するか、それとも人々の平等と政治参加の拡大を重視するかに関しての、両者の見解の違いであったという基本認識を提示する。また、李承晩が大統領制を、そして野党政治家が議院内閣制を主張したのは、国民観の違いによるものだった。その詳細については、第2章と第4章、第6章で言及するが、ここで簡潔に述べるならば、李承晩は、教育と機会を与えることで国民は変わりうるとみなしており、また、大統領直接選挙と国民投票を通じて国民の政治的判断力を養うべきだと主張していた。一方、野党では、いつまで経っても国民の政治的無知は解消されないとみなし、民主主義をエリート民主主義だと捉え、代表によって行政指導者が選ばれる議院内閣制を主張したといえる。そして両者のうち、野党は前者（諸個人および少数派の自由）を、李承晩は後者（平等と政治参加の拡大）を重視して相互に対立していたという基本認識を提示する。実際、野党は、当時の国民の無知蒙昧さを理由として大統領直接選挙や国民投票制といった国民の政治参加の拡大には懐疑的な姿勢を取っていた。それに対して、李承晩の民主主義観はその主張からして、ジャン・ジャック・ルソーの「一般意志」に近いものであった[22]。そして李承晩政権の全期間にわたって、李承晩と野党は、民主主義に対する観点をめぐって激しく対立していた。儒教思想とアメリカの大統領制から多くの影響を受けた李承晩と、趙炳玉などのように国会内の多数派政党から指導者を出すべきだとする議院内閣制の影響を受けた野党主要人物の間では、民主主義をめぐっての違いがあった。本書では、1950年代の一連の出来事はそういった民主主義観の相克であったという基本認識を提示し、それを検証することにする。

　なお、本書で提示される基本認識に対しては、以下のような反論が予想される。

---

[22] 他方で李承晩の実際の行動については、一般意志というよりも特殊意志に近いものであった。詳しくは、第1章で述べることにする。

それは、李承晩政権期における李承晩と保守野党政治家との対立は、民主主義観の対立ではなく政権掌握（自らが政権を掌握したいという欲求）のための権力闘争ではないかということである。むろんそういった側面があったことは否定できない。しかし、この反論は、政党認識を除き、李承晩および趙炳玉を含めた野党政治家の多くが、時と状況に関係なく一貫した民主主義観の主張を持っていたことに対しての説明ができない。また、趙炳玉のように、時と状況に関係なく一貫した主張を行った野党政治家も多く存在した。単なる政権掌握のためによるという説明だけでは、実際の政治家らが一貫して抱えていた政治思想を説明することができないため、これまでとは異なる分析視座が必要となるのだ。

　李承晩と野党の民主主義観の違いを扱った先行研究としては、朴明林[23]（2003、韓国語）の研究が挙げられる。朴の研究は、李承晩と野党である民主国民党の対立を「国民投票民主主義」と「代議制民主主義」の差であったと述べている。李承晩と民主国民党の民主主義思想を分ける朴の研究は、非常に鋭角的なものであり、本書でもそうした朴明林の議論を大いに参照している。そしてこの視座から研究をさらに発展させようと試みるものである。他方で、朴の研究では、国民投票民主主義と代議制民主主義の両概念を簡略に記述しているだけであり、1950年代に韓国で起こった争点が明確ではないという問題点がある。すなわち、仮に1950年代において韓国で李承晩と民主国民党間で起きた対立が「国民投票民主主義」と「代議制民主主義」であったとしても、両者が何をめぐり対立をしていたのか、論点は何であったのかについて明らかにされていない。また、朴の主張は、①朝鮮半島における国民投票民主主義の思想的起源が紹介されていない、②理論の紹介のみであり、実際の政治の具体的な展開過程を分析していない、③李承晩と保守野党政治家の民主主義思想の違いに関する具体的な分析が欠如している、という問題がある。仮に李承晩の行動が国民投票民主主義の傾向を見せたとしても、それは後の研究者の後付けに過ぎないものであって、彼の考えに影響を与えたもの（朝鮮半島伝統の思想）は何かについて分析する必要がある。しかし、残念ながら同研究ではそこまでの踏み込んだ分析はされていない。朴の研究は、当時の政治現象だけを見て、西洋の政治理論にそれをあてはめ、結論付けてしまっているという問題点がある。また、西洋政治理論との関係のみの分析に留まり、青年期・李承晩の思想形成に影響を与えた儒教思想との関係はいかなるものだったか

---

[23] 朴明林、「韓国の初期憲政体制と民主主義：'混合政府' と '社会的市場経済' を中心に」、『韓国政治学会報』、第37集、2003年（原語韓国語）。

という分析までには至っていない。

　先行研究における以上の問題点を踏まえ、本書では、以下の基本的視座をまず
は提示した上で論考を展開していく。李承晩の民主主義観には、①青年期に教育
を受けた儒教の民本主義（王道政治、天命思想、一君万民思想）、②大統領制を中心と
するアメリカの民主主義、この2つが混在していたのではないかという基本的な
視座である。先述したように李承晩は、西洋政治思想だけではなく、朝鮮半島で
は伝統的であった儒教教育も青年期に受けた上で、実際の政治家として政治を運
営していく指導的立場でもあった。彼の民主主義観には東西の様々な思想的要素
が混在しており、それは大統領就任後の発言にも現れているのではないかという
仮説を展開する。

　こういったことを明らかにしていく資料としては、李承晩と彼の側近、野党主要人
物の著書および回顧録を用いる。また、当時の新聞記事[24]と国会議事録も活用してい
く。

第5節　本書の意義と位置づけ

　本書の意義は、以下の2つである。

　まず、実際の政治行動と政治理念の両面から現在の韓国という国家の基礎が築
かれ、民主主義の制度構築に関して様々な試行錯誤が行われた李承晩政権期を分
析することによって、現在の韓国政治につながっている特徴の根源とその全体像
が把握できる。強力な大統領制などが今日の韓国政治の大きな特徴の1つである
が、その基盤を作ったともいえる韓国の初代大統領・李承晩の民主主義観に着目
し、分析することで、この特徴がいかなるプロセスを経て形成されたのかについ
て解明できるであろう。

　次に、李承晩と野党政治家の民主主義思想の性格および両者の違い、そして両

---

［24］1920年から1999年までの『東亜日報』、『朝鮮日報』、『京郷新聞』の新聞記事は、「NAVERニュース
　　ライブラリー」（https://newslibrary.naver.com/search/searchByDate.naver）というデータベースを活用する
　　ことにする。また、1945年から1952年までの時期で、かつ『東亜日報』、『朝鮮日報』、『京郷新聞』
　　以外の新聞紙の情報については、「韓国史データベース」（https://db.history.go.kr/）に収録されている『資
　　料大韓民国史』という情報を用いることにする。なお、「NAVERニュースライブラリー」では新聞の
　　記事名が公開されているが、『資料大韓民国史』では記事名が公開されていない。したがって本書では、
　　記事名がわかる『東亜日報』、『朝鮮日報』、『京郷新聞』の新聞記事には新聞記事名を表記し、記事名
　　がわからないその他の新聞には記事名を表記しないことにする。

者の認識の違いに基づく実際の政治展開過程を明らかにすることである。従来多くの先行研究では、李承晩は権力欲に満ちた独裁者であり、李承晩政権期を反民主主義的な独裁政権としかみなしていなかった。そして、李承晩が憲法改正を推進した理由も「自らが政権を担い続けるため」という主張に終始していた。しかし、先行研究からでは、なぜ、①国民が直接選出する大統領選挙と国会議員選挙および地方選挙が定期的に行われたのか、②選挙において政権獲得を目指す競争的な野党の参加が認められていたのか、③大規模な反政府デモの際に李承晩は抵抗せず、「国民の意思を尊重する」として潔くやめたのか、④大統領直接選挙や国民投票制の導入など憲法を改正するたびに国民の政治参加の機会が拡大していったのか、こうした様々な李承晩政権期の行動を十分に説明できなかった。このような問題点を踏まえ、「李承晩政権期に起きた政治的諸事件は、李承晩と野党政治家との民主主義に対する認識の相違によって生じた」という基本認識を提示することで野党政治家と李承晩が主張した民主主義観はそれぞれにどのような特徴を持ち、どう違っていたのか、そしてそれらを基にした実際の政治はどのように展開していったか。さらには、今日的な観点から改めて概観してみて彼らの民主主義思想の問題点は何であったかを分析の俎上に乗せることで、李承晩政権期の政治的特徴と先述したような彼が実際に取った不可解な行為の理由を解明することができる。

　近年、李承晩政権期に関しては、NARA や FRUS などのアメリカの外交資料が公開されたことにより、同時期の外交政策に関する研究が盛んに行われている。例えば、ユ・ヨンイク[25]（2013、韓国語）や高賢来[26]（2018、日本語）の研究では、彼が行った対アメリカ外交について1次資料を用いて実証的に分析している。特にユの研究では、同時期に結ばれた米韓相互防衛条約やアメリカからの援助が後の韓国の安保と経済発展の土台となったという視座から、李承晩が行った外交の再評価を行っている。また、閔智君[27]（2019、日本語）や緒方義弘[28]（2019、韓国語）のように、李承晩政権期の在日コリアン政策の研究も盛んに行われている。

　しかし、日韓両国において李承晩政権期の外交政策に関する研究が近年盛んに行われているのに比べると、国内政治に関する研究は相対的に少ない。特に同時期の李承晩と保守野党政治家の民主主義思想に関する研究は、皆無に等しいのが

---

［25］　ユ・ヨンイク、『建国大統領李承晩：生涯と思想、業績の新たな照明』、一潮閣、2013 年（原語韓国語）。
［26］　高賢来、『冷戦と開発：自立経済建設をめぐる 1950 年代米韓関係』、法政大学出版局、2018 年。
［27］　閔智君、『韓国政府の在日コリアン政策 [1945-1960] 包摂と排除のはざまで』、クレイン、2019 年
［28］　緒方義弘、「李承晩政権の '在日同胞' 政策研究」、延世大学校大学院博士学位論文、2019 年（原語韓国語）。

現状（特に保守野党政治家の民主主義思想）だといえる。本研究は、これまでの日韓両国で行われた李承晩政権研究とは一線を画し、今まで軽視されてきた李承晩政権期の李承晩と野党政治家間の民主主義観の相違および実際の政治展開過程を明らかにする。

第6節　本書の構成

　本書では、①李承晩および李承晩政権期の保守野党政治家の民主主義思想の特徴とその違いは何か、②両者の相違のもと、李承晩政権期に実際の政治はどう展開されたのか、③今日の観点からみて、李承晩と保守野党政治家の民主主義思想と彼らが目指そうとした政治の問題点は何か、この3点を明らかにすることを目的とする。そのため本書では、第1部から第4部にわけて議論を展開していくことにする。第1部では、研究目的①である李承晩と李承晩政権期の保守野党政治家の民主主義思想の特徴と相違点について述べていく。第2部から第4部にかけては、研究目的②である李承晩政権期の実際の政治の展開過程について述べる。そして終章では、研究目的③である李承晩政権の実際の政治および李承晩と保守野党政治家の民主主義思想の問題点は何かについて考察していくこととする。

　第1部は、第1章と第2章で構成されており、李承晩と保守野党人物の民主主義思想を紹介していく。

　第1章では、李承晩の民主主義思想の特徴と今日の民主主義思想（自由民主主義）の観点から見た際の彼の民主主義思想の限界を述べていく。これまで李承晩の民主主義思想を取り扱った先行研究では、その肯定的な側面のみを扱って否定的な側面に関しては取り扱っていなかった。したがって青年期から壮年期にかけての彼の民主主義思想と大統領就任後の否定的な評価とのギャップを説明することができなかった。すなわち、大統領就任前、特に20代から30代の李承晩の思想に対する肯定一辺倒な評価から、今でも多くの研究者から大統領就任後は独裁政権と批判されるような政策を行うに至ったのか、その分析がなされていない。つまり啓蒙思想家としての李承晩の評価と大統領就任後の70代から80代以後の李承晩の評価に懸隔の差があり、その評価の差が生じた要因は何であったのか。この問いに対して筆者は、李承晩の民主主義思想が、既に青年期の時代から大統領就任後に批判されるような問題を内包していた、という仮説を提示する。そして、

序章　021

青年時代に内包していたその問題点が、大統領就任後の実際の政治運営の折に露呈したのではないか。つまり、啓蒙思想家・李承晩としてこれまで肯定的に論じられてきた青年期の李承晩の思想こそが、今日の民主主義（自由民主主義）の観点からすれば、いくつかの問題点を持っており、それが大統領就任後の政策に反映された結果として、批判の素地を作ったという仮説を提示する。

　第2章では、李承晩政権期の保守野党政治家を代表するものとして、李承晩の最大の政敵の1人であった趙炳玉の民主主義思想を紹介し、彼の民主主義思想と李承晩のそれとを比較検討する。趙は、1950年以後、最大野党であった民主国民党（後に民主党へと発展）のリーダー＝党首になる。彼がリーダーとなる前には、宋鎮禹という人物が、韓国民主党（民主国民党の前身）の中心人物として活躍していた。また、1945年12月に宋鎮禹が暗殺された後は、張徳秀という人物が韓国民主党のイデオローグとして同党を牽引し続けていた。しかし、彼もまた大韓民国が樹立される直前の1947年に暗殺される。1948年の大韓民国および政府樹立以前の韓国民主党の主要人物であった宋鎮禹と張徳秀両者が志半ばで暗殺されたことで、十分な政治的影響力を発揮することができなかった。そうした彼らの遺志を受け継ぎ、趙炳玉が保守野党の民主国民党のリーダーとなったわけであるが、彼と李承晩との民主主義観を比較検討することで、両者の共通点と相違点について述べていく。

　第2部は、第3章から第5章までの構成となっている。李承晩政権初期である1948年から1952年までの韓国政治の展開過程について述べる。同時期は、李承晩政権と民主国民党が大きな影響力を持っていた国会が均衡しており、両者が互いに理想とする政治の実現に向けて熾烈な対立を繰り広げていた時期であった。そうした両者の対立は、1948年の韓国憲法制定から継続していたものであったが、その原因は、1948年に制定された憲法における大統領の権限が、その後の歴代韓国憲法の中で最も脆弱であったことを説明する。

　第3章では、1950年3月と1952年1月に民主国民党と李承晩政権が提出した憲法改正案について述べる。具体的には、①両者が提出した憲法改正案の特徴と違いは何か、②彼らが憲法改正案を提出した背景は何か、③両者が出した憲法改正案は、それぞれの時期に否決されたが、その理由とは何か、以上3点を明らかにする。

　第4章では、1952年1月から5月にかけての李承晩政権と民主国民党を中心とする国会との対立の展開過程について述べる。具体的には、①両者が対立してい

た争点とは何か、②対立の際に両者はいかなる民主主義の言説を用いて自らの行為を正当化しえたのか、③彼らが目指した政治とは何か。これら3点を明らかにする。

第5章では、李承晩政権と民主国民党を中心とする国会との対立の結果として1952年5月から7月にかけて起こった釜山政治波動という出来事について詳述していくことにする。

第3部は、第6章と第7章で構成されている。ここでは、李承晩政権中期である1952年から1956年までの韓国政治の展開過程について述べる。同時期は、前期のような李承晩政権と民主国民党を中心とする国会が拮抗していた時期と違い、国会に対する李承晩政権の優位が確認されると同時に、政権与党である自由党が国会で単独過半数を占めるなど、李承晩政権が安定した支持基盤を確保した時期である。

その上で、まず第6章では、1954年の国会における憲法改正論議について述べる。具体的には、①1954年に憲法改正案が出された背景は何であったか、②国会における憲法改正議論の与野党議員間の論点は何であったか、この2点について概観していく。

第7章では、1954年の憲法改正に反発した野党政治家たちによる野党統合の試みについて扱う。具体的には、①野党統合の際、野党はいかなるスローガンを掲げたのか、②当時の野党統合における争点は何か、そして野党統合はなぜ失敗したのかについて述べていく。

第4部は、第8章と第9章で構成されている。李承晩政権後期となるこの時期は、安定した支持基盤を持っていた中期と異なり、1956年の大統領・副大統領選挙における野党候補の躍進、1958年の国会議員選挙における野党民主党の躍進など、国民の李承晩政権に対する支持が徐々に低迷していく時期であった。

第8章では、1958年から1960年にかけて李承晩政権が行った強硬化政策について述べていく。具体的には、強硬化政策を行う際に李承晩政権はいかなる言説を用いて自らの主張を正当化したのかについて見ていく。

第9章では、1960年3月の副大統領選挙の際に李承晩政権が行った不正選挙、そしてそれに対する野党と国民の抗議活動の開始から李承晩政権の崩壊に至る過程について述べていく。1960年4月19日の全国的な反政府デモからわずか1週間後に李承晩は自ら政権を降りる決断を下す。同出来事は、政府樹立から朝鮮戦争休戦（1948-1953）まで彼が行った民間人虐殺行為や1952年の釜山政治波動や反共

捕虜をめぐって、「辞任やむなし」と自らの進退をかけてアメリカと徹底的に対戦していた、かつての李承晩の行動からは想像できないことであった。朝鮮戦争で行った民間人虐殺行為から一転して、1960年4月の全国的な反政府デモの際にわずか1週間で自ら政権を降りる決意を下したのはなぜだろうか。このギャップを説明するものとして、筆者は李承晩の民意認識に焦点を当てて分析を行うことにする。

そして終章においては、李承晩政権が後の韓国政治に残した成果と課題について述べる。最後に結論では、本書で明らかにした事実を整理すると同時に、今後の課題について述べる。

なお、本書を読み進める際に誤解がないよう、念頭に置いてほしい点について以下、明記する。

まず、本研究が李承晩および李承晩政権の全面的な再評価の研究ではないという点を強調しておきたい。筆者は、李承晩政権期に行われた政治が今日の韓国の民主政治（1988年以後の韓国政治）と全く同じだと述べるつもりはないし、そうした考えも持っていない。先行研究の整理でも指摘しているが、李承晩政権においては、そして李承晩個人においても、今日韓国の民主政治の観点からすれば、多くの見過ごすことのできない問題点が内在していた事実がある。他方で、従来の先行研究では、李承晩政権期の国内政治の肯定的な側面（李承晩政権前の時期や後の朴正熙の政権後期や全斗煥政権と比べてどういう成果があったか）を軽視し、否定的な側面（どういう反民主主義的な政策が行われたのか）のみを取り上げるものがほとんどであった。しかし、李承晩が本当に権力欲に満ちた独裁者というだけの存在なら、先述したような成果を維持させようと試みたのはなぜだろうか。従来の研究ではその点を解明できていない。そういった従来の李承晩個人、そして李承晩政権評価から離れて、彼とその政権を可能なかぎり客観的に分析していくことこそが本書の目的である。

次に重要なことは、李承晩と野党政治家の民主主義思想が今日の民主主義思想（自由民主主義）と全く同じであるかというと、決してそうではないことである。李承晩が持っていた民主主義思想も今日の民主主義（自由民主主義）の観点からすれば、かなりの問題点があった。それは、第1章と終章で改めて述べていく。しかし、だからといって李承晩が今日の観点からして全くの反民主主義的な考えの持ち主であったかというなら、それは「否」と答えたい。李承晩は、民主主義の核

024

心である主権在民原則を一貫して持ち続けており、選挙や制度を通じてそれを実現しようと試みていたからだ。

　また、当時の野党政治家もまた、今日の民主主義と同じ思想を持っていたかといえばそうではなく、彼らも李承晩と同様にいくつかの点で問題点があった。他方で、従来の「独裁か民主主義か」という学問的にも問題の多い二分法的認識（二項対立図式）では、前の日本の植民地時代、そして後の政権である朴正煕政権後期および全斗煥政権と李承晩政権とを全く同じものであると捉えてしまうことにより、李承晩政権や野党政治家の実態を把握できない。「独裁か民主主義か」という従来の先行研究の二分法的な認識から離れ、李承晩と1950年代当時の野党政治家は民主主義に対していかなる認識を持っており、今日の観点からしてそれぞれの見解の問題点は何か、李承晩政権の実態（特徴および成果と課題）は何だったのかを明らかにすることが、本書の趣旨であることを念頭に置いてほしい。

第1部

李承晩政権期主要人物の
民主主義思想

第1章　李承晩の民主主義思想

　本章では、後に韓国の初代大統領となる李承晩の民主主義思想について述べて
いく。具体的には、彼が『独立精神』という著書を書いた1904年から韓国の大統
領に就任する1948年までの約50年間に李承晩が培ってきた民主主義思想を分析
する。そして李承晩の民主主義思想は、今日の自由民主主義の観点から見て限界
点はどこにあり、彼の考えは大統領就任後、実際の政策とどのようにつながった
のかについて述べることにする。

第1節　先行研究分析と問題提起

　李承晩の民主主義思想を含めた政治思想を分析した先行研究としては、青年期
の李承晩の政治思想を分析した高珽烋 [01] (1986、韓国語)、ハ・ユシク [02] (2000、韓
国語)、キム・ジヘ [03] (2005、韓国語)、オ・ヨンダル [04] (2008、韓国語)、チョン・ス
ンヒョン、カン・ジョンイン [05] (2012、韓国語)、チョ・メンギ [06] (2014、韓国語)と、
大統領就任前後の政治思想を分析したヤン・スンテ、チョン・ジェホ [07] (2002、韓
国語)、イ・テクソン [08] (2015、韓国語)の研究、彼の全生涯の思想を通時的に分析
したイ・シヒョン [09] (1995、韓国語)、キム・ハンギョ [10] (2005、韓国語)、ソン・ボク

---

[01] 高珽烋、「開化期李承晩の思想形成と活動」、『歴史学報』、第109巻、1986年（原語韓国語）。
[02] ハ・ユシク、「大韓帝国期李承晩の政治思想と対外認識」、『地域と歴史』、第6号、2000年（原語韓国語）。
[03] キム・ジヘ、「「独立精神」に現れた李承晩の大韓独立方案研究」、梨花女子大学校大学院修士学位論文、
　　　2005年（原語韓国語）。
[04] オ・ヨンダル、「大韓帝国期李承晩の人権および主権論受容=彼の『独立精神』で現れた政治思想を
　　　中心に」、『韓国民族文化』、第31巻、2008年（原語韓国語）。
[05] チョン・スンヒョン、カン・ジョンイン、「李承晩の初期思想に現れた西欧中心主義」、『政治思想研究』、
　　　第20巻第2号、2012年（原語韓国語）。
[06] チョ・メンギ、「李承晩の韓国共和主義研究」、『韓国出版学研究』、第40巻第1号、2014年（原語韓国語）。
[07] ヤン・スンテ、チョン・ジェホ、「アメリカ軍政期（1945〜1948）韓国の自由主義:李承晩の'反共的'
　　　自由主義」、『韓国哲学論集』、第21号、2007年（原語韓国語）。
[08] イ・テクソン、「李承晩の共和主義とリーダーシップ」、『韓国東洋政治思想学会学術大会発表論文集』、
　　　第12巻、2015年（原語韓国語）。
[09] イ・シヒョン、「李承晩における政治的'開化'の意味」、『韓国政治研究』、1996年（原語韓国語）。
[10] キム・ハンギョ、「李承晩大統領の歴史的再評価:李承晩大統領の政治思想」、『韓国論壇』、第183巻、

編[11]（2011、韓国語）、ユ・ヨンイク[12]（2013、韓国語）、キム・ハクウン[13]（2014、韓国語）、カン・ヨンスン[14]（2015、韓国語）、キム・ハクジェ[15]（2013、韓国語）、チョン・スンヒョン[16]（2017、韓国語）などが挙げられる。

　これらの先行研究を通じて李承晩の政治思想は、西洋の啓蒙主義や天賦人権思想、共和主義などの西洋政治思想やキリスト教の要素を青年期から持ち続けていたこと、西洋の政治制度の中でも特にアメリカの大統領制を選好していたこと、それとは反対に政党に対して否定的に認識していたこと、そして彼の政治思想（特に政治体制認識、平等観、教育観）は彼独特のものではなく、兪吉濬、朴泳孝、徐載弼など、先人の啓蒙思想家の考えを踏襲したことが明らかとなっている。

　しかし、筆者が把握する限り、従来の先行研究では以下の問題点がある。

　まず、李承晩の民主主義思想の特徴の紹介に留まり、彼の思想に内在する問題点は何かという分析が欠如している点である。例えばユ・ヨンイクとキム・ハンギョの研究では、彼が反共主義、民主主義思想と教育重視、平等志向などを一貫して持っており、それが後の大韓民国建国の際に重要な役割を果たしたとして肯定的な側面のみを論じている。

　先述した先行研究においても共和主義（チョ・メンギ、イ・テクソン）や国権論・民権論・政体認識（ハ・ユシク、キム・ハクジェ）、反共主義・民族主義・民主主義（イ・シヒョン、カン・ヨンスン）自由主義（ヤン・スンテ、チョン・ジェホ、チョン・スンヒョン）など個別の思想の紹介と分析および同思想と西洋政治思想との関係を分析しているのみであり、彼の思想に内在する問題点は何で、それが大統領就任後に彼の政治行動とどうつながるのかについてまでの研究は行われていない。

　次に、彼の政治体制認識と当時の各国の実際の政治との関係を分析していない問題がある。例えば、1904年の『独立精神』においては、後述するように、世界の政治体制を専制政治と立憲君主政治、民主政治に分け、いくつかの国々をその

　　2005年（原語韓国語）。
［11］ソン・ボク編、『著書を通じてみた李承晩の政治思想と現実認識』、延世大学校出版部、2011年（原語韓国語）。
［12］ユ・ヨンイク、『建国大統領李承晩：生涯と思想、業績の新たな照明』、一潮閣、2013年（原語韓国語）。
［13］キム・ハクウン、『李承晩の政治経済思想1899-1948』、延世大学校大学出版文化院、2014年（原語韓国語）。
［14］カン・ヨンスン、「スカルノと李承晩：第2次世界大戦後建国指導者比較」、『東南亜研究』、第25巻第1号、2015年（原語韓国語）。
［15］キム・ハクジェ、「李承晩の一民主義」、高麗大学校大学院修士学位論文、2012年（原語韓国語）。
［16］チョン・スンヒョン、「李承晩と韓国自由主義＝中期思想を中心に」、『現代政治研究』、第10巻第1号、2017年（原語韓国語）。

いずれかの政治体制に分けている。先行研究では、同著が書かれた1904年の各国の政治体制はいかなるもので、彼の政治体制認識はどれほど正しかったのかについて分析していない。すなわち、彼の政治体制認識の特徴は何かを検証せず、単なる紹介に留まっている。

こうした問題点を踏まえて筆者は、①今日の民主主義の観点からみて、李承晩の民主主義思想の問題点は何か、②李承晩の政治体制認識は、実際の各国政治制度から見てどれほど正しかったのか、この2点を明らかにする。

使用する資料としては、彼が青年期に書いた『独立精神』(1904)や『獄中雑記』(1905)、独立運動活動期にアメリカで出版した『日本その仮面の実体』(1940)などの著書に加え、李承晩の談話や演説が載っている新聞記事など用いる。

第2節　李承晩の経歴

李承晩 (이승만)

李承晩の政治思想の内容に入る前に、ここでは彼の経歴を簡単に紹介する。

李承晩は、19世紀から20世紀にかけて活躍した韓国の啓蒙思想家、独立運動家、政治家である。朝鮮王朝の王族の末裔である彼は、幼少期から儒学を学んできた。

李承晩が本格的に西洋の学問を学ぶようになるのは、20歳になってからである。宣教師であるヘンリー・アペンジェラー（Henry Gerhard Appenzeller）が運営していた培材学堂に入学すると、同校で西洋の学問を学ぶと同時にキリスト教を通じて李商在や徐載弼、尹致昊などの知識人、啓蒙思想家と知り合うようになる。

李承晩が本格的に政治活動を行っていくのは啓蒙団体である「協成会」を組織したあとである。その後、徐載弼が設立した政治団体である独立協会に参加してそこから頭角を現すことになる。彼は、独立協会で政治活動を行う傍ら協成会の機関紙である『協成会会報』や『毎日新聞』『帝国新聞』などの新聞の設立と運営にも関わると同時にそれらの新聞で論説を書くなど言論活動にも関わっていく。

高宗（在位:1863-1907年）の命令によって、独立協会と同団体が主催する万民共同会が解散したあとも当時の人々に対する啓蒙活動を積極的に行うようになる。

しかし、こうした彼の活動は高宗の機嫌を損うことになり、朴泳孝の内乱陰謀に関わったという罪で1899年から1904年まで監獄に収監される。彼の主著である『独立精神』や『獄中雑記』などが書かれたのもこの時期である。

その後、高宗によって許され、朝鮮の独立保全の外交交渉を行う密使としてアメリカに渡って当時の大統領であったセオドア・ルーズベルト（在任：1901-1909年）と謁見する。しかし彼は、アメリカから朝鮮の独立保障を得るという高宗からの使命を果たすことはできず、そのままアメリカに残って学業を行う。ジョージ・ワシントン大学で学士を取った後ハーバード大学で修士号を取り、1910年にプリンストン大学で博士号を取得する。

博士号を取得したあと帰国したが、1910年に韓国が日本の植民地になったことで1912年に再び渡米し、1945年に帰国するまでハワイを拠点として外交活動を中心とした植民地からの独立運動を行う。また、大韓民国臨時政府（1919-1945。1919年から1932年までは上海。その後は、日中戦争の拡大に伴い、中国各地に拠点を移して活動）の大統領を1925年に弾劾されるまで務める。1925年以後も欧米外交委員会などを通じて広報活動を軸とする独立運動を展開する。さらに日本の植民地末期である1941年には日本の侵略野望を明かした『日本その仮面の実体』を執筆しアメリカで注目を集めるようになる。

日本の植民地から解放された1945年に帰国し、米ソ中英による信託統治反対や朝鮮半島南部の単独選挙と政府樹立の活動を行った。そして1948年に大韓民国が建国されると初代大統領に就任し、1960年までの約12年間大統領を務めることになる。

第3節　李承晩の政治体制観

民主主義に関する李承晩の考えが本格的に現れるようになるのは、彼が青年時代に執筆した『独立精神』という著書においてである。1904年に執筆されたこの書籍は、当時の韓国からみた国際情勢および民主主義などについて書かれており、青年時代の彼の思想を探る上できわめて重要な手掛かりとなる書物である。『独立精神』で李は政治体制を、君主が政治を勝手に行う「専制政治」と君主の権力行使を制限する「立憲君主政治」、人々が指導者を選出する「民主政治」の3つに分けている。彼は民主政治においては、君主のような世襲ではなく、優れた

第1章　李承晩の民主主義思想　031

人を人々が選ぶことが公平であるので、3つの政治の中では、民主政治が一番いい政治体制であるとした[17]。しかし、それと同時に政治制度の成敗を決するのは、その国の百姓の水準にかかっているとし、性急な民主制度の導入には懸念を表明し、韓国の現状では漸進的な変化が望ましいとしている[18]。

それでは、彼が考えた民主政と立憲君主政の違いとはどんなものであったのだろうか。『独立精神』の内容を踏まえてみると、李承晩が民主政治と立憲君主政治を分ける方法としては、君主の権限の有無に関係なく、君主の存在自体の有無と政治指導者の選出の仕方であったと考えることができる。彼は民主政治について次のように説明している。

> 民主政治というのは、百姓が主張する政治という意味である。国の最高指導者は君主ではなく、大統領と言い、全国の百姓たちが推薦し、支持してその位置に立て、ちゃんと節分を立て、任期を4〜5年、もしくは8〜9年と定め、任期が終わると再選させたり、新しい人を選出したりする[19]。

ここで興味深いことは、大統領制を民主政治と同じだとみなしていることである。人々が政治指導者を選ぶ政治体制は、大統領制だけでなく、議院内閣制にも当てはまるが、『独立精神』においては、議院内閣制や首相制度についての説明

---

[17] 李承晩著、キム・チュンナム、キム・ヒョソク訳、『わかりやすく書いた独立精神』、青メディア、2008年、124頁（原語韓国語）。なお、兪吉濬と李承晩の政治外交思想を比較したキム・ジヘは、政治体制を専制政治と立憲君主政治と民主政治を区別した『独立精神』の記述は、兪吉濬が書いた『西遊見聞』と全く同じであると指摘している。兪吉濬は、『西遊見聞』において世界の政治体制を君主が命令する「圧制政体」と君民共治の「立憲政体」と主権在民の原則にも人々が大統領を選出して政治を行う「合衆政体」の3つを分類している。李承晩は立憲君主政治を専制政治とも民主政治とも区別し、同政治体制を両者の中間型の政治であると認識していたが、それは兪吉濬の考えの影響を受けたものである。他方、キム・ジヘは、李承晩の政治思想を兪吉濬と比較し、専制政治と立憲君主政治、民主政治に分ける李承晩の政治体制認識自体は兪吉濬の『西遊見聞』の記述と全く同じであるとしつつ、3つの政治体制のなかで民主政治を一番優れた政治体制だと捉えた李承晩の考えは、民の無知蒙昧の関係上民主政治を否定的に捉えて立憲君主政治が最適だとみなした兪吉濬とは違うものであり、彼独特のものであると指摘している。キム・ジヘ、「『独立精神』に現れた李承晩の大韓独立方案研究」、成均館大学校大学院修士学位論文、2005年、24-26頁（原語韓国語）。
[18] 李承晩著、キム・チュンナム、キム・ヒョソン訳、前掲書、2008年、166-168頁。なお、民主政治が一番いい政治体制であるとしつつも、漸進的な変化が望ましい理由としては、当時朝鮮王朝の政治状況も関係する。1896年に発足し、李承晩も深くかかわった独立協会は、国会設置などを通じて民権の拡張を試みるが、当時の国王であった高宗の弾圧により頓挫してしまう。さらに1899年には君主に強い権限を認める「大韓国国制」が発布され、当時の朝鮮王朝は事実上の専制政治へと移行する。ユ・ヨンイクも、李承晩の記述は、国王が歴然として存在する現状においては民主政治よりもまずは立憲政治の方が望ましいという現実認識に基づいていたと分析している。
[19] 李承晩著、キム・チュンナム、キム・ヒョソク訳、前掲書、2008年、123頁。

はなされていない。この事実に照らしてみると、李承晩は、次のように考えたと思われる。議会の多数派が政権を取る議院内閣制とそうではない内閣制度との違いについて明確な認識は持っておらず、立憲君主制を採用する国はすべて同じ内閣制とみなしていた。彼は、立憲君主政治を採っている国をイギリス、ドイツ、日本だとし[20]、民主政治の国はアメリカとフランスであるとした[21]。この点を踏まえると「君主の有無」こそが、立憲君主政治と民主政治を分ける彼の基準であった可能性が高い。また、同じ立憲君主政治といっても君主の権限が弱く議会の多数党が内閣を組閣するイギリスと、議会の多数党ではなく、君主の権限が強く君主の大命により、首相が選ばれるドイツと日本とでは政治体制も大きく異なっていたわけである。そういった各国の相違事項について李承晩の著書では全く触れられていない。さらに、李承晩はフランスを大統領制だと区分しているが、同著が著述された1904年当時のフランス第三共和政（1870-1940）では、大統領は存在していたものの、実権は持っておらず、あくまで象徴的な存在であり、国政運営の権限は首相が担っていたという事実もある。フランスで大統領が実際に権力を握るようになるのは、シャルル・ドゴールが政権を獲得し、憲法を改正した1958年以降（フランス第五共和政）のことである。つまり、当時のフランスでは政治制度面においては、アメリカよりもむしろイギリスの議院内閣制に近いものがあるけれども、李承晩はその点も看過している[22]。

　彼によれば、民主政治では人々が指導者を直接選ぶので、当然政治は安定すると考え、次のように述べている。

　　　堯舜時代には王位を息子に譲らずに優れた指導者を選んでその座につかせ、すべての百姓が優れていると考えている人を官吏に選び、罪人についてもすべての人が罪を犯したと判断した後に処刑したので、まっとうに公平で正しい制度だといえる。堯舜のような時代を古い書籍を通じて知ったのであるが、今日そのような政治があるとは誰が予想できるであろうか。三つの政治体制の中で民主政治が一番優れた政治であるといえる[23]。

---

[20] 李承晩著、キム・チュンナム、キム・ヒョソク訳、前掲書、2008年、122頁。
[21] 李承晩著、キム・チュンナム、キム・ヒョソク訳、前掲書、2008年、123頁。
[22] このように、李承晩の政治体制認識は、実際の世界各国の政治制度とかけ離れているものがあるが、兪吉濬の『西遊見聞』の内容をそのまま踏襲した可能性が高い。兪吉濬は、立憲政体の代表例としてイギリスとドイツを、合衆政体としてアメリカとフランスを挙げたが、それは後に李承晩が書いた『独立精神』の内容と一致するものであった。
[23] 李承晩著、キム・チュンナム、キム・ヒョソク訳、前掲書、2008年、123-124頁。

ここで注目すべきことは、大統領制をかつての堯舜時代の政治と関連付けたことである。堯舜時代の話は儒教の経典である五経の1つ『礼記』に登場する話である。『礼記』の礼運篇においては、「大道の政治が行われていたときは、君主は天下を私物化したりせず公のものとし賢者を選んで能力あるものを登用し、信を講じて、仲よく円満になるように修めた。しかし、今では大道は既に廃れて、天下を自分の所有として子孫に世襲させるようになった」と記述されている[24]。かつての先王の政治を理想とし、その理想への復古を目指すのが儒教時代の政治的特徴であるが、李は、その理想の政治が当時のフランスやアメリカで行われている民主制にあるとしている。

　しかし、彼の言説においてはいくつかの誤りがある。実際の堯舜時代で標榜されたのは民のための「政治」というよりは「概念」であり、民主主義の原則である主権在民の概念までは含んでいない。また『独立精神』では、大統領制と堯舜時代を関連付けて、堯舜時代においては民が優れた指導者だと考える指導者を直接選んでいるように描写しているが、実際は国王自身が優れていると考えている人物に王位を譲っただけであり、選挙などを通じて民が直接選んだわけではない。

　この記述に照らしてみると、青年期の李承晩は、民主主義という概念について、次のように考えたと思われる。民が政治の根本であり、民のための政治を行うべきであるという儒教的民本主義の考えを民主主義と結び付けたこと。それと同時に、堯舜時代の事例を民主主義と関係付けることにより、儒教の王道政治と民主主義とを関連付けたことである。

　以上の記述から判断すると彼は、人々が政治指導者を直接選ぶ政治が民主政治で、それはまた大統領制だとみなしたことが見て取れる。

　大統領制への好感は、植民地時代から解放後にかけても続く。例えば、3・1独立運動が発生して約1か月後である1919年4月に、アメリカのフィラデルフィアで大韓人総代表大会が開かれる。大韓人総代表大会とは独立後の朝鮮半島の方針を決めた会議のことである。李承晩を中心とする多くの在米コリアンが参加したこの大会においては、独立後の方針を定めた決議案が出されている。この決議案においては、独立後の統治形態では大統領を置くことが盛り込まれている[25]。ま

---

[24] 下見隆雄訳、『礼記』、明徳出版社、2011年、117-123頁。「大道之行也、天下為公、選賢與能、講信脩睦 … 今大道既隠、天下為家」
[25] ただし、大統領の選出方式に関して同決議案においては、大統領に就任後彼が主張していた国民による直接選挙ではなく、国会で選出することが定められていた。フィラデルフィア大韓人総代表大会に採択された内容に関しては、ユ・ヨンイク、前掲書、2013年、320頁を参照。

た、1919年の3・1独立運動の後に上海で大韓民国臨時政府が樹立され、李承晩は
同組織における最高指導者に選出される。彼は、「大統領」という名称にこだわ
り続け、1925年に解任されるまで大統領の呼称を保ち続ける[26]。大統領制に対す
る彼のこだわりは、1948年の憲法制定時まで続くが、それは大統領制こそが真の
民主政治を体現する政治制度だという青年時代から続く彼の長年の認識による可
能性が高い。

　その反面、議院内閣制について李承晩は否定的な態度を取っている。青年期や
壮年期においては特に目立った反対は見られないのだが、朝鮮半島南部（現在の
韓国）で独立と憲法制定に向けて準備が進められる1948年から、記者会見などで、
彼は一貫して議院内閣制について反対する姿勢を取り続ける。例えば1948年6月
7日の記者会見では次のように述べている。

　　　現在起草中である憲法の内閣制は、国務総理を置く責任内閣制になって
　　いるが、私個人としては、アメリカの三権分立大統領の責任内閣制に賛成
　　する。現在のイギリスや日本で行われている制度は責任内閣制といえるが、
　　イギリスや日本は君主政体が根深い国であるだけでなく、いきなり王の制
　　度をなくせない関係でそういった君主国の制度を使用するわけである。我
　　が国ではそういった制度や観念は既になくなり、40年前に民主政体を樹
　　立することを世界に公表した以上、我々は民主政体としての民主政治を実
　　現すべきである。大統領を国王のように神聖不可侵の立場に据え置き、首
　　相がすべての仕事に責任を負うことは非民主的である。そのようにすれば、
　　ヒトラー、ムッソリーニ、スターリンのような独裁政治になる恐れがある
　　ので、私は賛成できない。民衆が大統領を選出した以上、仕事をうまくこ
　　なせようがうまくこなせまいが大統領が責任を持って仕事をこなすべきで
　　ある[27]。

　ここで彼は、大統領を国王のように神聖不可侵の立場に据え置き、首相がすべ
ての仕事に責任を負うことは非民主的であると捉えている。彼は、民衆が大統領
を選出した以上、大統領が政治を行うべきであり、首相が実権を握ることは非民

---

[26] 日本の植民地時代の李承晩の活動については、以下の著書を参照。高珽烋、『李承晩と韓国独立運動』、
　　延世大学校出版部、2004年（原語韓国語）。チョン・ビョンジュン、『零南李承晩研究』、歴史批評社、
　　2005年（原語韓国語）。
[27] ユ・ヨンイク、前掲書、2013年、124-125頁から再引用。

第1章　李承晩の民主主義思想　035

主的であると批判している。

　先にも紹介したが、李は、1904年の『独立精神』で、民主政治が一番いい政治体制であるとしつつも、現状においては漸進的な変化が望ましいとして、立憲君主政の導入を暗示するような記述を残していた。それとは反対に、1948年の憲法制定では、彼が大統領制の導入を頑なに主張した理由はなぜであろうか。過去40年間の変化を踏まえてみると、①国王の不在、②民主政体の確立が自明のものとみなされた40年間の時代状況の変化、この2つが主張の理由として考えられる。『独立精神』が書かれた1904年当時の朝鮮半島においては、国王の存在がまだ自明であった。また、政治体制としても立憲君主政治ではなく、国王が強力な権限を握る専制政治に近い状態であった。当然人々が政治指導者を直接選出する（彼が考えていた）民主政治に移行することは、当時の時代状況を踏まえれば現実的には難しいので、国王の存在を認めつつその権力行使を制限する立憲君主政治への移行が望ましいと考えていた。独立協会と啓蒙知識人たちが、1890年末に当時の国王であった高宗を廃位させ、朴永孝を大統領に就任させようとしたという疑惑だけで解散、迫害された事実を照らしてみると、李承晩の記述はこうした時代状況に基づいたものだといえる。

　しかし、1910年の韓国併合以降、事情は大きく変わる。併合以降においても、かつての朝鮮の王族は王公族として日本の皇族に準ずる待遇を受けられたが、その代わりに国政に関する権限はすべて日本の朝鮮総督に委ねられることになる。王政が廃止されるに伴い、民衆の彼らに対する支持は徐々になくなり始める。1919年の大韓民国臨時政府やフィラデルフィア大韓人総代表大会の両方とも政治形態として立憲君主政体を取らなかった背景の1つには、時を経るにつれての韓国の民衆らの王室への忠誠心の低下が伺われる。

　1948年6月7日の記者会見で李は「我が国ではそういった（君主国の）制度や観念は既になくなり、40年前に民主政体を樹立することを世界に公表した以上、我々は民主政体としての民主政治を実現すべきである」と述べたが、40年前と比べ、1948年においては民主主義政治体制への移行が自明なものとなっているので、立憲君主政体の政治制度と李承晩がみなした議院内閣制を採用する必要はないと考えていたことが見て取れる。

　また、この記者会見における李承晩の発言は、儒教の「一君万民」思想から影響を受けていた可能性が高いことも重要であろう。一君万民思想について日本の政治学者である原武史は、「1人の君主以外のすべての身分は平等で等しく君主

の統治に置かれ、中間団体を排除して民との直接疎通を図る思想[28]」であると定義している。すなわち、「民が政治の根本である」という儒教の民本主義に基づき、中間団体を迂回して、民の直接の声を聴くというのが一君万民思想の特徴である[29]。そうした一君万民思想は、いわば君主が直接民の声を聴くというトップダウンの側面と、民が直接君主に訴えるというボトムアップの側面、両方を備えていたのが特徴であった。李承晩は一君万民という言葉を直接用いてはいないが、国会や政党などの中間組織ではなく、国民と直接疎通して信任・責任を負うことを好む発言をしたことを踏まえると、彼の民主主義思想の特徴は、この伝統的な「一君万民」思想に近いものであったことが見て取れる。

　6月7日の記者会見の内容と40年以上も前に彼が書いた『独立精神』における政体分類との内容を比較すると、政体認識に関して次のように李が変化しているといえる。40年後においては大統領の存在だけでなく権限の有無までを考え、大統領を象徴的な存在に置いて首相が全権を握る議院内閣制も非民主的だと捉えていることである。その点は、40年前では曖昧であった大統領制の特徴を明確に認識しているものだと見て取れる。それと同時に議院内閣制を「かつての君主政を取った国がいきなり王の制度をなくせない関係で使用した制度」と主張した点を踏まえると、彼がかつて分けていた専制政治と民主政治の中間にある立憲政治が議院内閣制となる。『独立精神』を著述し、王朝が依然として残っていた40年以上前ならまだしも、既に国王が不在で、民主共和国を標榜した1948年当時においては立憲政治あるいは議院内閣制は時代遅れであるだけでなく、韓国の現状にも適さないと考えていた可能性が高い。

　しかし、李承晩の政治体制認識は次の問題点を抱えていた。それは大統領制へのこだわりの強さのために、同制度に内在している問題点の改善、是正策を周囲に十分に説明することなく大統領制の導入を頑なに主張したことである。大統領制の特徴とは、「国会」からの信任ではなく、「国民」による直接信任によるため、当然国会の多数党と行政府の長の所属政党が異なる分割政府が起こりうる。分割政府（国会の多数党と行政府の政党が異なる場合）が起こった場合は、政策に関する国

[28] 原武史、『直訴と王権：朝鮮・日本の「一君万民」思想史』、朝日新聞社、1996年、3-15頁。
[29] 他方で、内容と性格に関して当時の中国（明、清王朝）と朝鮮王朝が全く同じだったかというと、そうではない。原武史も指摘したように、当時の中国において皇帝権力が強く、しかも紫禁城に見られるように、王宮と民との距離は遠いものであった。それに対して、朝鮮王朝では、国王の権力が相対的に弱かった。また、ソウルの景福宮などで見られるように、王宮と民との距離は中国と比べて近いものであった。また、直訴制度も発達していた。一君万民に関する明、清王朝と朝鮮王朝との違いについては、原武史、前掲書、1996年、を参照。

第1章　李承晩の民主主義思想　037

会と政府の意見の食い違いにより、国政運営が困難になる場合が多い。1948年に独立したばかりで国政運営のために様々な制度設定や改革が必要であった韓国にとって、こうした分割政府による国政の困難は大きな混乱を招きかねない。1948年の憲法制定当時、憲法学者の兪鎮午が大統領制ではなく、議院内閣制を主張した背景としては、分割政府に伴う国政運営の困難に対する懸念であった[30]。大統領制には以上のような問題点が当時から懸念されていたにもかかわらず、李承晩は、この問題点への解決策、是正策を十分に説明せず、「もし大統領制を採用しないなら、自身は政府には参加しない[31]」と述べて大統領制の導入を頑なに主張した。1948年の憲法制定において李承晩の主張通りに大統領制が導入されたわけであるが、後述するように、李承晩の否定的な政党認識も相まって李承晩政権を支持する国会内の多数派形成は行われず、国政運営に関して常に混乱が生じることになる[32]。この問題が解決されるのは、与党である自由党が国会で多数を取った1954年以降である。しかし、先述した大統領制の制度的問題にもかかわらず、李承晩は大統領制そのものにこだわり続けることで、大統領制に内在する問題の本質を回避する姿勢を取り続ける。

　先述した問題は、大統領制それ自体の問題であり、それを李承晩の政治体制認識の限界と結論付けるのは言い過ぎかもしれない。しかし、大統領制に関する周囲からの懸念が当時から既にあったにもかかわらず、そういった懸念を意図的に無視し「議院内閣制は君主国の制度で、大統領制こそが民主主義制度だ」という単純かつ偏狭な二分法に基づいて、大統領制の導入を頑なに主張していた李承晩の行動を踏まえると、彼は政治体制認識と政治制度に関して柔軟な思考が欠けていたと言わざるを得ない。

　また、大統領制を押し進める際の強引なやり方にも問題があった。その代表が朝鮮戦争の最中である1952年7月に彼が取った行動である。詳細は第4章と第5章で詳しく述べることにするが、1952年1月に彼が提出した大統領直接選挙を骨子とする憲法改正案が国会において否決される。それに反発して李承晩は、官製動員と国会議員を弾圧して1952年7月に強制的に憲法改正を行わせた。その行動の際に、彼は国会で否決された事案に対して「国民のため」という言葉で自らの行動を正当化した。大衆動員と公権力を通じて一度決定した国会決議を強制的に

---

[30] 兪鎮午、『憲法起草回顧録』、一潮閣、1980年、57-58頁（原語韓国語）。
[31] イ・ジュヨン、『大韓民国の建国過程』、建国理念普及会出版部、2013年、132頁（原語韓国語）から再引用。
[32] 李承晩政権前期（1948-1950）の政府と国会の対立による国政混乱に関しては、ソ・ヒギョン、前掲書、2020年の内容を参照。

覆し、十分な討論の時間もなく改正させたことは、議会民主主義と熟議民主主義を大きく損なわせた行動であった。

　大統領制への過度のこだわりのために、そこに内在する問題点を十分に認知せず（もしくは意図的に無視し）、1954年までの国政運営に関する混乱をもたらしたこと、熟議民主主義と議会民主主義を無視して同制度の導入を強引に進めたことは、李承晩の政治体制の特徴であり、かつ限界であったともいえる。

第4節　李承晩の民意観

　李承晩の民主主義観のさらなる特徴が、「民意」の重視である。彼が民意という言葉を頻繁に用いるようになるのは、日本の植民地支配が終わり、アメリカから帰国した1945年以降である。1946年1月28日の記者会見においては、「民主主義国家においては、正当な大衆の意見が総意として表明されるのであり、その総意には皆が従わなければならない[33]」と述べ、民意を重視する考えを示している。また、1947年9月1日の記者会見においては「総選挙をいち早く実施し、民意で政権を回復して国際上言論権を持ち、民生と国計のように切迫した問題を我々の知能と能力で解決することを望む[34]」と述べている。さらに大韓民国政府樹立直前の1948年7月22日の記者会見では、「ただこれは国権を回復して新たに政府を樹立したので、ただ民意に従って建てるべきだ[35]」として、ここでも「民意」の重要性をやはり強調している。

　こうした李承晩の民意重視は、儒教の天命思想から影響を受けた可能性が高い。儒教においては、天を代理して政治を行う帝王が、仮に民衆の意思に逆らった政治を行うと、天の意思によってその帝王は放伐されると述べている。すなわち、民意は天意であり、民意に沿った政治を行うべきだと儒教は説いており、そうした天命思想は『論語』や『孟子』など儒教の様々な経典で記されている。大統領就任後も彼は自らの政治的正統性の根拠を、国会の多数派や政党といった「中間団体」にではなく、国民からの直接の支持に依拠して、国会や野党などと対立し、最終的には1960年の反政府デモが起きた際に「国民が望むなら下野する」と述べ、

---

[33]「李承晩、'三千万同胞が進むべき自由独立指針' 表明」、『朝鮮日報』、1946年1月29日（原語韓国語）。
[34]「総選挙で政権回復を」、『東亜日報』、1947年9月2日（原語韓国語）。
[35]『ソウル新聞』、1948年7月23日（原語韓国語）。

潔く大統領を辞任した。こうしたことを踏まえると、李承晩の民意思想が、儒教の天命思想の影響を受けていた可能性は高い。

このように李承晩は、民意という概念を頻繁に用いていたわけであるが、李自身が民意という言葉をどのように捉えていたのであろうか。

少なくとも李承晩の民意は、ジョン・スチュアート・ミルの民意とは違うように考えられる。すなわち、ミルは、民意というのは最初から一枚岩だとは認識せず、多様な意見があることを前提とし、意見の自由な討論などを通じて調整されるものだとみなしている。その主張の背景には、「たとえ多数派の意見であろうとも正しい真理で少数派の意見が間違っているとは限らず、仮に多数派の意見が正しいとしても反論に応じて話し合いを行うことで意見の不備を補いあうことができる」という認識に基づいていた。ミルの理論の前提となるのは、自由な討論と少数派の意見に対する寛大さである。しかし、李による民意というものは、自由な討論を通じて得られるものではなく、公益という先験的（最初から存在するもの）なものであり、問題はそれを国民がいかに把握するかだとみなしており、少数派の意見（主に李承晩と反対する意見を持つ人）というのはそうした公益に対して「私益を優先する」ものとして排除する姿勢を取っていた。これからもわかるように李承晩が述べる民意とミルのそれとは、全く違うものである[36]。

李承晩の民意観がミルとは違うとすれば、どのような性格であったのだろうか。そこで参考になるのが李承晩の政治思想を通時的に分析したキム・ハクジェ（2013）の研究である。キム・ハクジェは、李承晩の主張から鑑みて彼の民意観はルソーの「一般意志」に近いとしている[37]。

キム・ハクジェの主張のように、確かに李承晩の主張はルソーの一般意志に近いものだといえる。しかし、実践としての民意（民意の実現に向けて実際に取った行動）が果たしてルソーの一般意志に近いかは議論の余地がある。よく言われるように、ルソーは人民の総意による共通善を一般意志と定義していたが、ではその一般意志を図る（求める）方法については、明確な記述を残していない。ルソーは『社会契約論』で一般意志の示され方は多数決であるとも受け取れるような記述を残したが[38]、多数決の結果がそのまま一般意志を意味するかは今でも研究者らの間でも意見が分かれている。また、ルソーは、「徒党、部分的団体が作られた

---

[36] ミルなど功利主義者の民意観については、島田幸典、『議会制の歴史社会学：英独両国制の比較史的考察』、ミネルヴァ書房、2011 年、を参照。

[37] キム・ハクジェ、前掲書、2013 年、39 頁。

[38] ルソー著、桑原武夫、前川貞次郎訳、『社会契約論』、岩波書店、1954 年、149-150 頁。

なら、それらの団体の意志は特殊なものでもはや一般意志は存在せず、優勢を占めるのは特殊意見に過ぎない。一般意志が表明される条件は国家のうちに部分的社会が存在せず、人々が自分自身の意見を言うことだ[39]」としている。彼によれば、一般意志の条件として①単一の意志の構築を妨害する中間団体の不在、②人民の十分な判断能力、以上の2つが必要だとしている。

　ルソーは、一般意志を導くための条件を付けていたわけであるが、李承晩の実際の政治政策はどうであったのだろうか。李が実際に取った行動を踏まえてみると、彼の実践での民意は、ルソーの一般意志とは明らかに違うものであった。李承晩はルソーが主張したようにすべての中間団体を否定したりせず、大統領就任後である1951年に自らを支持する勢力を集めて自由党という政党を作り上げている。そして自らの主張と政党を支持する多数派の意見をまた「民意」とみなし、反対派を弾圧するための手段として用いていた。こうした李承晩の行動（自らの主張と政党に支持する勢力の利益のみを代弁し、反対勢力の声を弾圧）とルソーの記述を照らしてみると、李承晩が用いている民意は、一般意志というよりむしろ特殊意志に近く見える。すなわち、主張においては、国民の総意を民意としつつも実際の政策では自分自身も政党を組んで野党を意図的に弾圧したことなどを踏まえると、李承晩の民意観は理論上ではルソーの一般意志に近いかもしれない。しかし、実践上においては特殊意志の要素を含めていたといえる。

　しかし、李承晩による民意の重視には、次の問題点が指摘できるだろう。それは少数派の自由と権利の保護の軽視である。民意というのは決して一枚岩ではなく、すべての人が同じ意見を持つことはむしろレアケースである。当然ある議案について意見が分かれることが多いが、意見の分裂の際に生じる少数派の権利保護をどう行うべきなのかというのは自由民主主義にとって重要である。特に同問題は多数派の意見によって少数派の自由と権利を抑圧できるのかという問題にも直結するので重要になってくる。実際に19世紀の西洋においては、ジェームズ・マディソン[40]、アレクシス・ド・トクヴィル[41]、ジョン・スチュアート・ミル[42]などの政治思想家が民主制における多数派の専制に対し、少数派の権利と自由をどう守るかを懸念し続けている。そしてその問題を改善するためにジェームズ・

---

[39] ルソー著、桑原武夫、前川貞次郎訳、前掲書、1954年、47-48頁。
[40] アレックス・ハミルトン、ジョン・ジェイ、ジェームズ・マディソン著、斎藤眞、中野勝郎訳、『ザ・フェデラリスト』、岩波書店、1999年。
[41] アレクシス・ド・トクヴィル著、井伊玄太郎訳、『アメリカの民主政治〈上・下〉』、講談社、1972年。
[42] ジョン・スチュアート・ミル著、水田洋訳、『代議制統治論』、岩波書店、1997年。

マディソンは、著書『ザ・フェデラリスト』において厳格な三権分立と連邦制を、トクヴィルは『アメリカの民主政治』において自発的な自治や結社などといった自立した中間団体を、ミルは『自由論』や『代議制統治論』で複数投票制（後に主張を撤回）と比例代表制の導入を提言している。

　それと比べて青年期から老年期にかけて李承晩は、著書や新聞記事などで「個人の自由」の重視についていくつか発言している[43]が、個人の自由を保障する上で必要不可欠な少数派の権利保護についての提言は全く行っていない。ただ、「民意にはすべて従う必要がある」として、あくまでも民意が一枚岩であるという姿勢を崩していない。彼は「国民」という集合体の意見を重視していたが、その国民という集合体の中に込められている、意見の多様性によって生じる多数派の専制に関心を示さなかったのである。

　むろん多数派の専制と少数派の問題は、民主主義政治制度を採用している国において今日も続いているものであり、李承晩独特の問題ではない。しかし、今日民主主義政治制度を採用している諸国においては、この問題をカバーする方法として公正な選挙と言論の自由、草の根活動のような自由な諸活動、自由に議論しあう開かれた公共空間が保障されている。それと比べて大統領就任後の李承晩は、不正選挙と野党に加担するメディアやその集会を規制している。民主主義では少数派の意見を完全に反映することはできないまでも、意見を表出する自由自体は保障されているわけだが、李承晩はそうした少数派の意見の表出自体を制限したのである。李承晩がそうした行動を取った背景には、当時の国内的制約（軍事反乱や経済の不安定などといった国内状況の不安定）があったかもしれないが、きちんとした説明や理由付けもせずに野党からの公正な選挙と言論、集会の自由の要請を無視し続けたことは彼の問題点であったと言わざるを得ない。

　少数派の意見を軽視する彼の民意・民主思想は、大統領就任後に彼が行った野党弾圧にもつながる。大統領就任後に彼は、大統領選挙（第1回を除く）や国会議員選挙の際に、国民による直接選挙と競争的野党の政治参加を認めて民意を直接汲み取る制度を採用した。他方で彼は、選挙の際に本来は中立的立場であるべき警察などの公権力を動員して野党の選挙活動を妨害すると同時に、是正されるべき得票操作などの不正選挙を防ぐための具体策を持ち合わせていなかった[44]。そ

---

［43］『ソウル新聞』、1948年8月18日（原語韓国語）。
［44］李承晩政権による不正選挙と野党の弾圧については、閔寛植、『韓国政治史：李承晩政権の実態』、世界思想社、1967年、の内容を参照。

うした中で野党は、与党と比べると公権力による選挙妨害と広範な大衆組織を持たないために、選挙の際に常に苦戦を強いられた[45]。そして選挙で勝つと李承晩は、「これが民意だ」としてますます野党を露骨に無視する態度を取り続ける。李承晩自身が不正選挙にどれほど関わっていたのかは不明であるが、野党への選挙妨害を事前に防止できなかったことは彼にも大きな責任があると言わざるを得ない。彼は反対派の政治参加を容認する参加の平等の考えは持っていたが、選挙の際に与野党が同じ土俵で公平に競い合う機会の平等の考えは欠けていたのである。

　民意の強調と少数派の意見の圧迫は彼の民主主義観の特徴であり、限界でもあった。

第5節　李承晩の政党・団体観

　政治体制などといった民主主義思想に関して、青年期から多くの記述を残していたのとは違い、政党に関する李承晩の記述は、青年期の著述では見られない。政党に関する李承晩の見解が表れているのは、1924年4月23日号の『東亜日報』の「自由と団結」というタイトルのコラムにおいてである。彼はそこで次のように述べている。

　　紛争を捨てて合同し、党派を排して統一を起こそう。私1人を犠牲にしてみんなが生きるようにしよう。個人の栄光と権利を犠牲にして民族全体の福利をはかろう。これが韓族が生きる方法であり、韓族が生きてこそ韓人が生きることが可能になるのである。(中略) 共産党や社会党などの名義で意見を乱立したりせず、自由を目的として韓族党を起こそう。今日の我々にとって一番必要なのは、自由である。自由さえあれば何でも私たちが望むことができるが、自由がなければ、何もできない。我々にとっては民族の生存が一番の急務である[46]。

---

[45] 木村幹は、このように制度上では選挙における与野党の政治参加の均等が保障されつつ、広範な資金と官権、人員動員の圧倒的な優位により与党が勝ち続けて権力交代の実現可能性が低い1950年代の韓国政治の特徴を、「政府党」体制と捉えている。木村幹、「脱植民地化と「政府党」：第二次世界大戦後新興独立国家の民主化への一試論」、『国際協力論集』、第9巻第1号、2001年6月。

[46] 「自由と団結」、『東亜日報』、1924年4月23日 (原語韓国語)。

日本の植民地支配下に置かれている現状では、党派によってそれぞれの考えの違いによって別の政党を立てて互いが分裂するよりも、まずは団結することが必要であると述べている。

李承晩の否定的な政党認識は、1941年にアメリカで出版した『日本その仮面の実態（英語名：Japan inside out）』という著書においても現れている。日本の侵略的性格を暴露してアメリカに注意を促す目的として著述した同著は、当時アメリカに蔓延しつつあった反戦主義的な考えに釘を刺すと同時に政党に対しても次のように批判している。

> 対立して活動する政党もまた同じ理論の基礎を置いているのである。簡単にいえば、政党は国民全体のために働くという共同の目標を持ってはいるが、互いに一致する行動をしているわけではない。それとは反対に政党は、そのまま放置すれば民主主義を転覆し、独裁政権の形成やもしくは州の権力を弱体化させることを目的として使用しているのである[47]。

国民全体のために働くというのが政党の本来の目的であるが、互いに党派的な争いに明け暮れており、ましてや放置しておけば独裁政権や地方自治の権力を弱体化させることも可能な存在として政党を批判している。

このような李承晩の否定的な政党認識は、先人の啓蒙思想家の影響ではなく、彼独特のものであると考えられる。例えば、青年期の李承晩の思想形成に大きな影響を与えた兪吉濬は、1895年の『西遊見聞』という著書において西欧の政党の歴史と性格について「かつての西洋の歴史においては、最初は私的な欲望により徒党を組み、互いに誹謗中傷する程度に留まっていたが、人々が開明されるにつれてそういった性格は徐々になくなった[48]」として時代を経るにつれて政党の性格が変化したことを述べている。そして政党に関して兪吉濬は「党に所属している人は力を合わせて正しいものを採択して誤ったものは是正して党からの公的な意見をなさなければならず、他の党から誤りを指摘された場合は指摘された誤りを是正しなければならない[49]」としている。また、政党が拮抗することは「互いに公平な方法を使い、互いに牽制する力を持ち権勢家の横暴を防ぐことになる

---

[47] 李承晩著、ユ・ヨンイク訳、『日本その仮面の実体』、青メディア、2007年、356頁（原語韓国語）。
[48] 兪吉濬著、蔡壎訳、『西遊見聞』、大洋書籍、前掲書、1973年、193頁（原語韓国語）。
[49] 同上。

ので、それは国家と国民にとって望ましいことである[50]」とも述べて違う意見を持って互いに牽制、競争しあうことを肯定的に捉えている。「政党は私的な利益ではなく、公的な利益に基づいて行動しなければならない」という点に関して兪吉濬と李承晩は同じである。しかし、兪吉濬は政党それ自体や複数の政党間の競争や牽制を公益の観点から肯定的に捉えたのに比べ、李承晩はすべての主義主張を捨て、すべての団体は1つにまとまらなければならないとして複数の政党間の競争を否定的に捉えている。また、朝鮮時代末期の政治家であり、啓蒙思想家である朴泳孝も1888年に国王に提出した『建白書』において、国体と関係がないかつての四色党派[51]と、国体と関係する当時の開化党、守旧党とを区別し、前者が朋党であるのに比べ、後者は近代的な意味での政党だとしてその存在を肯定的に捉えている[52]。

　後に政敵となる趙炳玉や兪鎮午など、李承晩に関係する後の世代の人たちも政党の存在それ自体を自明かつ民主主義を実現する上で不可欠のものだと見ており、李承晩のように露骨に政党を敵対・軽視していたわけではなかった。こういった点を踏まえても、李承晩の否定的な政党認識は、前の世代や後の世代からの影響ではなく、彼独特のものであったといえる。

　政党に対する李承晩の否定的な考えは1945年の帰国後も続く。その代表例として彼が中心となって作った組織である「独立促成中央協議会」が挙げられる。李承晩を会長として1945年10月23日に組織された同団体は、韓国民主党や朝鮮国民党といった右派だけでなく、朝鮮共産党といった左派も参加する左右両方を包括した組織であった。同組織が成立してから約2週間後の1945年11月7日に李承晩は、「中央協議会は政党でも政府の代表でもなく、臨時政府が承認を受け、国権を回復するまで、国権回復のために各政党が大同団結して1つに集まった団体[53]」だと述べて、独立促成中央協議会は政党とは違うものであるとして両者をはっきりと区別している。

　政党の役割は単なる政権獲得ではなく、国家と国民のための公共の利益を追求することだとみなす李承晩の考えはその後も続いていく。1945年11月26日においては、「政党は小利を捨て、大同団結してすべての党派を超越して民衆に統一

---

［50］兪吉濬著、蔡壎訳、前掲書、1973年、194頁（原語韓国語）。
［51］朱子学の教義の違いによって朝鮮時代中期にできた党派。
［52］『建白書』に現れた朴永孝の政党認識に関しては、ユ・ヨンヨル、「韓国における近代的政体論の変化過程」、『国史館論叢』、第103号、2003年、7頁（原語韓国語）を参照。
［53］『自由新聞』、1945年11月8日（原語韓国語）。

の率先垂範を行うべきである[54]」として、解放後間もない現在においては、政党による争いよりも党派を超越した団結がより重要であると述べている。

このように、帰国後李承晩は政党に否定的な見解を表明し続けているのだが、解放後から政府樹立までの政党に対する李承晩の考えが最も顕著に表れているのが、1945年12月10日に行われた談話である。同談話において彼は政党について次のように述べている。

　　本来政党というものは政争をする団体であるが、戦争時や非常時においては主義主張を捨てて統一すべきである。私たちが今日に置かれている状況もまた政争を捨て統一すべき時期である。政争をしていれば、他人には私たちが分裂しているように見えるので、私たちの要求を聞いてくれるはずがない。また、政党が民意を代表していないから独立を承認できないという口実を防ぐためにも政党の主義主張を捨てるべきである。私たちが政党色を捨て、唯一の目的である独立を主張してこそ初めて目的を達成できるのである[55]。

解放後間もなく、政府樹立準備など様々な課題が山積みである現状においては、個別の主義主張を立てて対立するよりも団結して時局を乗り越える方が重要であると述べている。

政党間の対立よりもまずは互いに団結して時局を乗り切るべきだという考えは、翌年の1946年以降においても続いていく。1947年11月7日の談話においては、「政党と党派的思想を放棄すべきである[56]」と述べ、翌年の1948年5月22日の談話では、「政党や党派や地方熱などの思想を一切放棄すべきである[57]」として地方を分裂させる行為は控えるべきだと警告している。また、2カ月後の1948年7月22日の記者会見においては、「政党や党派主義を超越して政府を樹立すべきである[58]」と述べ、その1週間後の7月30日には、「いま民意を反映すべきである

---

[54]『自由新聞』、1945年11月27日（原語韓国語）。
[55]「李博士会見談、中間謀利断乎排撃、救国経済運動展開」、『東亜日報』、1945年12月11日（原語韓国語）。
[56]「国権回復が急務」、『京郷新聞』、1947年11月8日（原語韓国語）。
[57]「政府樹立が焦急」、『京郷新聞』、1947年5月23日（原語韓国語）。
[58]『ソウル新聞』、1948年7月23日（原語韓国語）。

ことは必ずしも政党政治を行うべきということにはならない[59]」と述べている[60]。

　大統領就任後の彼は、政党を含めたすべての政治団体を私利私欲のために動く党派だとみなし、1951年の自由党結党後も同党を自身のコントロール下に置こうとしただけでなく、私利私欲ではなく国家のために行動すべきだという美名のもとで労働組合や農民組合、青年団体を統合させ、自らの影響下に置く国家コーポラティズム政治[61]を行った。同行動は、政党などの政治団体を私利私欲の党派だという従来の認識に基づいたものであった。

　こうした李承晩の否定的な政党認識は、彼が長年暮らしてきたアメリカにおける伝統的な政治的多元主義の考えや社会と相反するものである。周知のように、アメリカにおいては、政党だけでなく様々な中間団体が自由に活動を行い、かつ互いに競争している。また、アメリカでは利害の多様性を容認し、そうした対立に伴う諸利害の調整を理想とする多元主義の考えが強く根付いている。アメリカに長年住んでいたにもかかわらず、李承晩が政党および中間団体に否定的な認識を持っていたことは、アメリカの多元主義的な側面に懐疑的であったことを示すものである。その最たる証拠が先述した『日本その仮面の実態』における記述である。アメリカの大統領制を選好しつつもアメリカの多元主義の考えには懐疑的であったことを踏まえると、李承晩はアメリカの政治制度や思想をそのまま鵜呑みにしていたわけでなく取捨選択をしていたことが見て取れる。

　しかし、そういった彼の政党観は、後の韓国政治に負の影響を与えることになる。領土と人口などの問題により、すべての人々が同じ場所に集まり、意見の交換を行う直接民主主義は現実的に難しい関係上、自らの代表を国会に送る間接民

---

[59]「総理問題を囲繞、昨日国会大波乱、誰が適任者か、諸公は推薦せよ、李大統領、国会で釈明」、『京郷新聞』、1948年7月31日（原語韓国語）。

[60] このように李承晩は政党を否定的に認識していたが、その背景となったのは何であろうか。ここで筆者が推測するのは朝鮮王朝時代の歴史の出来事である。16世紀の半ばにおいては、朱子学の教理の解釈の違いにより、嶺南（韓国の慶尚道地域）学派と畿湖（韓国の京畿幾道と忠清道地域）学派に分かれ、それぞれの学派は中央において東人と西人という政治集団（朋党）になって中央の政界を掌握するためにお互い対立していた。東人と西人の争いはその後いくつかの離合集散を繰り返し、朝鮮時代後期の老論と少論、南人の争いにつながることになった。植民地期の知識人たちは、そうした朋党による党争は百姓の生活を顧みずに自らの政権獲得のために明け暮れたとし、それが滅亡へとつながったとして否定的に見ていた。こうした筆者の考えを裏付ける書物が大統領就任後に彼が書いた『一民主義概述』という著書である。同著においては、朋党による党争が地域差別と縁故主義が国の分裂を助長したとして否定的に描写している。李承晩、『一民主義概述』、一民主義出版会、1949年。22-23頁（原語韓国語）。

[61] 国家コーポラティズムと社会コーポラティズムとの違いについては、フィリップ・C・シュミッター、ゲルハルト・レームブルッフ編、山口定監訳、高橋進、辻中豊、坪郷実訳『現代コーポラティズム（1）団体統合主義の政治とその理論』、木鐸社、1984年を参照。

主主義が不可欠である。しかし、人々の意見は多種多様であるので、当然彼らの意見を汲み入れて媒介し反映していく政党などの政治団体が必要となる。また、アメリカやイギリスの事例のように、国家から自立した中間団体の存在は、国家の干渉や圧力からの防波堤となり、自由な意見表出をする上で必要不可欠である。それにもかかわらず、李承晩はそうした政党などの中間団体の役割を看過している。

　政党の役割は人々の意見を媒介することだけではない。例えば政治学者の杉田敦は、政党、そして代表は民意の形成を助ける役割も担っていることを指摘している[62]。彼によれば、代表される側（有権者）に確固とした民意があるわけではなく、むしろ分裂し、曖昧である場合が多いとしている。そのとき、代表間や政党間で論戦しているのを人々が見ることで何が争点なのかが明確に認識され、身近な人と議論したりして自分の意見を形作っていくことができるとしている[63]。すなわち、杉田は、代表や政党は単なる民意のメッセンジャーとしての役割だけでなく、人々の意見形成を助けるサポーターの役割も担っていると主張しているのである。李承晩は、こうした政党の役割を看過していたのである。

　むろん、李承晩が主張した当時の時代状況およびその当時の課題を見ることなく、彼の主張だけに着目してその問題点を論じるのはあまりにも断片的な分析となる。例えば李が、政党に対する否定的な認識を初めて標榜したのは日本の植民地期であるが、その背景には、独立の方向性やイデオロギー対立（特に民族主義者と社会主義者との間で）によって独立運動勢力が、互いに分裂していたという当時の時代状況がある。こうした状況を踏まえてみると、政党や主義主張を超えた独立の達成のために、分裂し闘争しあっている諸団体は互いに団結すべきだという李承晩の主張はむしろ自然なものともいえる。また、「政党」に対して否定的な考えを1948年以後も持ち続けていたのは、1948年当時の南北分断とも関係している。すなわち、北朝鮮という敵が存在する現状においては、政党や中間団体を組織して互いの意見を主張して対立するよりもまずは、国内で互いに団結して北朝鮮に対抗することがより重要な課題であったとも考えられる。実際に彼は、記者会見や談話において北との緊張関係や国難打開のための団結を繰り返し述べている。こうしてみてみると彼の主張は、当時の時代状況および国内課題を踏まえるならば、仕方がなかったとも解釈できる。

---

[62] 杉田敦、『政治的思考』、岩波書店、2013年、40頁。
[63] 同上。

しかし、軍事反乱など国家存立の危機の際に李承晩が実際に取った行動を見ると、当時の時代状況や課題という観点では擁護できないものが多い。その代表例として挙げられるのが1948年10月に起こった軍事反乱である麗水・順天事件の際の対応である。反乱の発生後、李と対立関係にあった（野党の）韓国民主党は、民心を一新させるために政府は責任を持って強力な挙国内閣を実施すべきであると主張する[64]。しかし、それに対して李承晩は、「憲法の原則上内閣が倒閣すれば大統領も退かなければならないので、大統領が安定して任期を務めることはできない。内閣の改造云々の話よりも北が挑発行為を続ける最中において国会と政府はお互い団結して諸問題を解決すべきである[65]」という考えを掲げ、韓国民主党の主張を一蹴する。「私利私欲を超えて公益のために団結すべきだ」という李の従来の主張をもとにするなら、韓国民主党が主張したように挙国内閣を実施する方が理に適っているはずだ。実際、アメリカのリンカン政権（1861-1865）やイギリスの第2次アスキス内閣とロイド・ジョージ内閣（1914-1918）、チャーチル内閣（1940-1945）、ドイツのシュトレーゼマン内閣（1923）など、他国においては戦争や恐慌などの国家危機の際には、異なる政党が従来の主義・主張に伴う対立を捨てて政府に参加して協力することが多い。それにもかかわらず李は、実際の国家存亡の機の際にも憲法を口実に当時の国内の最大勢力であった韓国民主党との協力を拒むという、従来の彼の主張と矛盾するような行動を取ったのである。また、1950年に朝鮮戦争が勃発した際も、最大野党である民主国民党[66]と協力することなく、対立を繰り広げてかえって国内を混乱さている。戦争など国家存亡の機の際に従来の発言と矛盾するような行動を李が取って、かえって国内の混乱を助長したことを踏まえると、当時の国内混乱の責任は李自身にあるのであり、時代状況だけから李の政党認識の限界を擁護することはできない。

　さらに問題は、そうした政党や中間団体批判が国民の団結や公益の実現だけではなく、政敵の排除と弾圧とも結びついてしまったことである。その顕著な例として、1951年の自由党結成と野党批判である。李は1951年に与党となる自由党を結党するが、結党の際に自分の政党こそが農民や労働者のための政党であり、当時の野党であった民主国民党は資本家のための政党だとして蔑む発言[67]を行う

[64]「挙国内閣実現階段に民心一新で勇断要請」、『東亜日報』、1948年11月9日（原語韓国語）。
[65]「時局対策決議第8項「強力内閣」問題化。李大統領と議員間で激論展開」、『朝鮮日報』、1948年11月7日（原語韓国語）。
[66] 韓国民主党と大韓国民党が合同して1949年にできた政党。
[67]「私が立候補できるとは考えていない。民国党と拮抗する新党結成支持」、『東亜日報』、1951年10月29日（原語韓国語）。

ことで露骨に野党を牽制する。

　李の野党批判は言説のみに留まらず、実際の選挙にもつながっていく。李は選挙の際に、警察や国家コーポラティズムの政策によって結成された政治団体を用いて官製デモを行わせて野党を批判し、与党を支援させる。すなわち、自分自身の政党こそが真の公益を実現させる政党であり、野党は私利私欲のための政党として弾圧するというダブルスタンダードの態度を取り続けたのである。こうした李のやり方は、彼の主張からするなら本来中立であるべき政治団体を用いて野党を弾圧させた点で、従来の主張と一見矛盾するようにも見える[68]。

　李の主張および韓国民主党からの挙国一致内閣提案の拒否と選挙時の官製団体を用いた野党弾圧といった、これら実際の政治活動とを照らしてみると、李は、国家の利益と一致団結について、次のように考えていたのではないかと思われる。すなわち、国家の利益と李承晩政権の持続が一体視され、民意を代表する李承晩自身による野党弾圧は国家利益の増進と全く矛盾しないということである。あくまでも李自身を中心として団結すべきであり、そうした李の意思に反して歯向かう野党は単なる団結を乱す存在でもあり、そのような野党弾圧は国家利益から見て当然だとみなしたということである。

　筆者の推測を裏付ける研究としてヤン・スンテとチョン・ジェホ（2007、韓国語）の研究と先述したキム・ハクジェの研究が挙げられる。例えば、ヤン・スンテとチョン・ジェホは、李承晩の自由主義観について分析し、彼は「個人の自由」よりも「国家の自由」を優先する特徴を持っていたとしている[69]。キム・ハクジェは、李の言説を踏まえてみると、李が単純に民意に従う存在ではなく、自分こそが人々を正しい民意へと導かせる、いわば一般意志の具現者ともみなしていたとしている[70]。民意のところでも述べたように、彼の行動が本当に一般意志であっ

---

[68] 他方で自由党結党後も、かつての李承晩の政党観と一貫するものも存在していた。例えば、自由党の中心人物として長らく李承晩政権に関わった李在鶴の回顧録によると、「李博士は自由党組織において国民意思によって組織されなければならないという考えに基づいて上向式組織を採択させるようにした。李博士は常に民意を中心として政治を行うべきだという考えを持っており、政党も幹部何人かによって動かされることを嫌っていた。幹部何人かの意思によって動くようになると国民意思に反する党になると考えていた」とし、自由党が国民意思（民意）をしっかり反映できる政党になるよう心がけていたと述べている。李在鶴著、李応善編、『東恩李在鶴回顧録』、梨花文化社、2004年、54頁。その後、自由党は不正選挙により瓦解することになる。皮肉にも李承晩は、自由党が自ら批判していた党派になることを防ぐことができなかった。この出来事は、李承晩が自ら理想としていた政党を実行に移す具体的なビジョンが欠けていたことを意味するものであった。

[69] ヤン・スンテ、チョン・ジェホ、「アメリカ軍政期（1945～1948）韓国の自由主義：李承晩の反共的自由主義」、『韓国哲学論集』、2007年、256頁（原語韓国語）。

[70] キム・ハクジェ、前掲書、2013年、40頁。

たかは疑問である。しかし、個人よりも国家の自由を優先したこと、自らを正しい民意の導き手だとみなすという彼の指摘を踏まえてみるならば、李が、自らを公益の実現者とみなし、野党政治家や野党、反政府系のメディアなど自分に反対するものは私益を追求し、公益の実現に反するものという二分法の考えを持っていたとも考察される。

そういった彼のやり方は、市民社会の成熟に必要な国家に対して自立した中間団体の成長を妨げ、政府の翼賛機構へと転落することへとつながった。

小　括

従来の先行研究に対し、本章で新たに述べたことは以下の点である。

まず、李承晩の政治体制認識についてである。「大統領が存在する」すべての国を大統領制で民主制と李承晩がみなしていたことは、既に他の先行研究でも指摘されている。こうした従来の先行研究から一歩踏み込んで筆者は、李の政治体制認識が、実際の各国の政治状況とはかけ離れた認識であったということについて新たに指摘した。

次に李承晩の発言を踏まえつつ、儒教からの影響について述べた。20歳まで儒学を勉強した経歴上、李承晩の著書と各種記事や談話を踏まえると、儒教思想（一君万民思想、天命思想）の影響と考えられる記述が多く確認できることを指摘した。しかし、李が出典を明記せずに、儒教の内容や用語を前面に持ち出してはいないことからも、あくまで表面的な記述に留まっており、実際の影響関係を実証することは困難であった。

また李承晩の思想形成時のアメリカからの影響について述べた。アメリカの大統領制を選好しつつも、アメリカ的な多元主義の考えには懐疑的な見解や主張を踏まえると、李承晩がアメリカの政治制度や思想をそのまま鵜呑みにしていたわけでなく、そこから取捨選択をしていたことが見て取れる。

さらには、自由民主主義の観点から、李承晩の民主主義思想の欠点についても述べた。こうしたことを踏まえ本章では、彼の民主主義思想には、①大統領（制）へのこだわりの強さのために制度に内在する問題点を軽視し、熟議民主主義を無視して大統領制の導入を強引に推し進めたこと、②民意を一枚岩とみなして少数派の自由と権利保護を軽視し多数派による専制をもたらしたこと、③政党の役割

を否定的にのみ評価したこと、以上の3つの限界を持っていることを述べてきた。そして、李の民主主義思想は、大統領就任後の国政運営に関する混乱および彼が大統領就任後に行った民意と数の論理による少数派の意見の圧迫、さらには自立した政治団体の排除へとつながったことも指摘した。李の民主主義思想の特徴は、自由主義の側面が欠如した非自由主義的民主主義なものであることが見て取れる。これは、李承晩の民主主義思想の特徴が自由民主主義であるという従来の通説とは異なるものである。

　本章では、序章で述べた研究目的①を解明するために、まず青年期から壮年期にかけての李承晩の民主主義思想を検討した。そして、分析を行った結果、大統領制の選好と否定的な政党認識、民意の強調という李承晩の民主主義思想の特徴は、彼が大統領に就任する前から一貫して持ち続けていたことを明らかにした。

　以上が李承晩の民主主義思想の特徴および今日の民主主義（自由民主主義）の観点からみた場合の問題点である。それでは、彼の政敵である野党政治家の民主主義思想はいかなるものであったのか。次章では、それについて述べていきたい。

第2章　保守野党政治家の民主主義思想
：趙炳玉の分析を中心に

　趙炳玉は、1950年代の韓国保守野党で民主主義思想の礎を築いた政治家である。そのため1950年代の韓国保守野党の民主主義思想を理解する際に、趙炳玉を研究することは重要である。なぜなら、趙炳玉は、立憲主義[01]、代議制民主主義、エリート主義、多元主義（これらは、すべて反共主義を前提とする）を軸とする民主主義思想を打ち出したが、それは、1950年代韓国保守野党の民主主義思想の特徴そのものであったからだ。

　そこで本章では、李承晩政権期韓国の主要野党政治家であった趙炳玉の1950年代の民主主義思想を扱う。具体的には、1950年代に趙炳玉が書いた著書や新聞の社説や雑誌記事・論文などの社説の分析を通じて、当時の彼の民主主義観について、主に政治制度・民意・政党・反共主義・経済と自由権についての認識を中心に分析する。そして、彼の民主主義思想と大統領であった李承晩との比較を行い、両者の共通点と相違点を明らかにし、さらに相違点が生まれた背景について述べることにする。

第1節　先行研究分析と問題提起

　趙炳玉の活動や思想を扱った先行研究としては、チョ・ユンヒョン[02]（1972、韓国語）、キム・ムヨン[03]（1989、韓国語）、李秀日[04]（2000、2001、2015、韓国語）、カン・

---

[01] ここでいう立憲主義とは、「法の支配」と定義し、「法による支配」と区分する。立憲主義および「法の支配」と「法による支配」の違いは次を参照。阪本昌成、『法の支配：オーストリア学派の自由論と国家論』、勁草書房、2006年。佐藤幸治、『立憲主義について：成立過程と現代』、左右社、2015年。樋口陽一、『近代立憲主義と現代国家［新装版］』、勁草書房、2016年。プシェボルスキー・アダム編、アン・ギュナン、その他訳、『民主主義と法の支配』、フマニタス、2008年（原語韓国語）。

[02] チョ・ユンヒョン、「趙炳玉博士編：反共の熱血闘士」、『北韓』、第7号、北韓研究所、1972年（原語韓国語）。

[03] キム・ムヨン、「人物評伝趙炳玉の親米反共路線と極右テロ」、『歴史批評』、第7号、歴史問題研究所、1989年（原語韓国語）。

[04] 李秀日、「1920年代中後半維石趙炳玉の民族運動と現実認識」、『歴史と実学』、第15-16号、歴史実学

053

ヘギョン[05] (2006、韓国語)、ファン・ビョンジュ[06] (2008、韓国語)、陳徳奎[07] (2008、韓国語)、キム・グォンジョン[08] (2010、韓国語) などが挙げられる。これらの先行研究より、趙炳玉が①青年時代のアメリカ留学の影響によって、反共主義と自由民主主義への信奉を終始持ち続けていたこと、②大衆に対する指導、啓蒙、教育を強調するエリート民主主義的な傾向が強かったこと、③民主主義を代議制民主主義でのみ捉え、直接民主主義の考え方が皆無であったことの3つが明らかとなっている。

しかし、筆者が把握する限り、従来の先行研究においては以下の問題点がある。

まず、そもそも趙炳玉の政治思想（特に民主主義思想）を具体的に分析した研究が少ないことである。他の政治家は、民主主義思想に関して記者会見での散発的な発言に留まっていたが、趙炳玉は自らの考えを著書や論文などで具体的かつ体系的に残しているにもかかわらずである。また、これまでの先行研究のほとんどが、趙炳玉の政治思想の特徴を「強烈な反共主義と自由民主主義」であるとし、その紹介に留まり、そのことが具体的にどういう意味を持っていたのかの分析がほとんど行われていない。趙の反共主義と民主主義の特徴を具体的に分析したのは、李秀日 (2001、韓国語) の研究とファン・ビョンジュの研究のみである。しかし、両研究とも人間の理性、個人の自由、漸進的社会改造など民主主義の哲学的な部分の分析（理念としての民主主義）に留まり、政治制度、民意、政党など自由民主主義の実践の部分（制度としての民主主義）に関して趙がどのように思案していたかについては触れていない。すなわち、趙は理念としての民主主義を実際の政治制度にどう転換させていたのかについての分析が欠けている。また、専ら政治的側面の分析であり、経済面を含めた総合的な分析が行われていない。

次に、他の政治家（特に与党政治家）との比較が行われていないため、1950年代の趙らの民主主義思想が与党政治家と比べて、どのように違っていたのかが明らかにされていない。ファン・ビョンジュ (2008) の研究では、李承晩との

　会、2000年。同、「アメリカ留学時代維石趙炳玉の活動と‘近代’の受容」、『典農史論』第7号、ソウル市立大學校国史学科、2001年、同、「維石趙炳玉の8・15実感と政治活動」、『韓国民族文化』、第56号、釜山大学校韓国民族文化研究所、2015年（原語韓国語）。

[05]　カン・ヘギョン、「趙炳玉、反共戦線の先頭に立った‘救国警察’」、『明日を開く歴史』、第25号、2006年（原語韓国語）。

[06]　ファン・ビョンジュ、「1950年代エリート知識人の民主主義認識」、『史学研究』、第89号、韓国史学会、2008年（原語韓国語）。

[07]　陳徳奎、「趙炳玉、民族右派の実践的自由主義者」、『韓国市民講座』、第43巻、一潮閣、2008年。

[08]　キム・グォンジョン、「日帝下趙炳玉の民族運動とキリスト教社会思想」、『韓国民族運動史研究』、第64号、韓国民族運動史学会、2010年（原語韓国語）。

比較が欠けているため、両者の民主主義観の共通点と相違点が明らかにされていない。1950年代において趙と李は、それぞれ野党の指導者的立場と与党指導者でかつ大統領の立場であり、それぞれが対照的な民主主義論を提唱していた。したがって民主主義に対する趙炳玉と李承晩の両者の比較なくして1950年代韓国の民主主義の特徴を明らかにすることはできない。

以上の問題点を踏まえて本章では、1次資料の分析を通じて趙炳玉の民主主義思想の特徴および彼と李承晩の民主主義思想の共通点と相違点を明らかにしていく。

第2節　趙炳玉の経歴

趙炳玉の民主主義思想の内容に入る前に、ここでは彼の経歴を簡単に紹介する[09]。趙は、20世紀の初頭から半ばにかけて活躍した韓国の独立運動家、政治家である。1894年に忠清道の天安で生まれた彼は、少年期まで儒学を学んできた[10]。崇実中学校卒業後、ソウルへ上京し、培材学堂へ入学するなどして英語や西洋の学問を学ぶ。1914年に渡米し1918年にワイオミング大学を卒業。卒業後は、コロンビア大学大学院に入学し、1925年同大学大学院にて経済学博士を取得する。大学院において彼

趙炳玉（조병옥）

は、シムコビッチ（V. G. Simkhovitch）の共産主義批判論とデューイ（John Dewey）の社会哲学、クラーク（J. B. Clark）の資本主義経済学より大きな影響を受けた。趙炳玉の思想の特徴である反共主義思想と反社会主義思想、民主主義の信奉は、この頃に形成された[11]。

博士号取得後に彼は帰国し、実力養成運動を中心とする独立運動を展開する。1945年に日本の植民地支配から解放されたあと、彼は親米反共路線を掲げると同時にアメリカ軍政において警務部長に就任して共産主義者を弾圧する活動をも行った。

---

[09] 趙炳玉の経歴については、晩年に彼が著した『私の回顧録』を主に用いることにする。
[10] 趙炳玉、『私の回顧録』、ヘドン、1986年、43頁（原語韓国語）。
[11] 趙炳玉、前掲書、1986年、57頁。

1948年の大韓民国政府樹立後、趙は、一時期は李承晩政権に参加する。しかし、朝鮮戦争時に李承晩が行った失策を趙炳玉が非難することで、両者の対立が決定的となる。そして彼は、李承晩政権を去る。1954年に李承晩が憲法改正を強行すると、反李承晩・野党活動を積極的に行うようになる。1956年に前国会議長であった申翼煕が死去すると、民主党の指導者となり、亡くなる直前の1959年末まで李承晩の最大の政敵として国会で活動した。

第3節　趙炳玉の政治制度観

趙炳玉の政治制度観の最大の特徴は、議院内閣制の選好であった。例えば、1954年の『東亜日報』のコラムにおいて彼は、「国会は国権の最高機関として権威を立てるべきで、政府機関を監視し、矛盾を指摘しなければならない」と述べている[12]。そして趙は、アメリカのような大統領制の導入には反対の立場を取っていた。その理由として、大統領の専制に陥る危険性を指摘していた。例えば、趙は、それまでの国務総理制度を廃止し、アメリカ的な首席国務院制を導入しようと試みた1954年の憲法改正案に対しても否定的な考えを表明している。彼は、「政党が憲政運営の調節を行っているアメリカと違い、韓国では民主政治の歴史が浅く、憲法違反が日常茶飯事で大統領の権限が強大な韓国の現状において、アメリカのような首席国務委員制を取るべきではない」と述べている[13]。このように、趙炳玉は「大統領の専制」への懸念から大統領制に反対し、国会が行政府を頻繁にチェックする議院内閣制を望ましいとした。

そして、趙は1952年から1950年代後半にかけての憲法改正を通じて自らが理想とする議院内閣制へと政治制度を変更しようと試みていた[14]。

このように趙の政治制度観は、李承晩（第1章参照）とは全く違うものであった。

政治制度をめぐる趙と李の違いは、一見すると単なる政治制度の選好問題であるように見える。ところが詳細に検討してみると、その背景には民主主義をめぐる認識の違いがあることがわかる。

---

[12] 「民主主義に異常あり（下）」、『東亜日報』、1954年、6月11日。（趙炳玉、『民主主義と私』、ヨンシン文化社、1959年、151頁に収録）。
[13] 「民主主義は逆行するのか。主に改憲案是非を中心に（10）」、『東亜日報』、1954年8月23日（趙炳玉、前掲書、138頁に収録）。
[14] 1950年代の趙炳玉の議院内閣制憲法改正に向けての試みについては、ソ・ヒギョン、前掲書、2020年、277-348頁を参照。

趙は、「国会は、国民から直接選出されているので、国権の最高機関でかつ政治の中心機関であり、国会の多数派が内閣を組織して政治を運営すべきだ」という国会中心の代議制民主主義的な考えを持っていた。すなわち、民主政治とは議会政治であると趙炳玉は考えていた。

それに対して李は、前章でみてきたように「大統領など行政府の指導者は自らの支配の正統性の根拠を国会や政党など中間機構や中間組織の信任ではなく、国民の直接信任に基づくべきだ」という考えのもと、国民こそがすべてであり国民の直接の意思によって政治が決まると考えていた。それは、「国会は常に民意を反映しているわけではない」という国会不信に基づくものであった。

そうした認識の違いに基づいて趙と李は、行政府の長の選出方法について対立した。趙は、国会という国民から委任を受けた代議機関が行政府の長を選出（議院内閣制）すべきだと主張した。それに対して李承晩は、代議機関ではなく国民が直接行政府の長を選出（大統領制）すべきだと主張した。このような政治制度をめぐる李と趙の対立は、1950年代後半まで続くようになる。

第4節　趙炳玉の民意観

趙炳玉は、民意に関しても自らの著書などでしばしば言及している。その特徴は①少数派の自由な活動の重視、②多数派こそ民意であるという考えの否定、③民意形成機関としての国会の役割を重視する、この3点であった。趙炳玉は民主政治の発展のためには、選挙の自由な雰囲気を保障し、選挙民各自が支持している人物に投票する「意志の自由」と有能／無能を区別する「選択の自由」を拘束してはいけないとしている[15]。そして、そうした自由な空気を破壊し、国民の「意志の自由」を拘束または妨害することは民主主義の逆行であり、警察国家や独裁国家にしか見られないことだと述べている[16]。すなわち、与野党問わず人々が自由に候補者を選ぶことが民意の発露であり、かつ民主政治の根本だとしている。また彼は、民主政治がうまく行われるためには国民同士が意見を交換し、相互に批判して討論しなければならないとしている[17]。

---

[15]「民主主義に異常あり（上）」、『東亜日報』、1954年6月8日（趙炳玉、前掲書、1959年、145頁に収録）。
[16] 同上。
[17] 趙炳玉、前掲書、1959年、75頁。

趙炳玉は、1954年の憲法改正の際に、李承晩が試みていた国民投票制の導入には、懐疑的な態度を取っていた。彼は著書において、国民投票制度はむしろ独裁政治をまねく危険な制度であることを指摘している。趙炳玉は重要な国策に関して、国民投票を通じて国民が直接決定するよりも国民から委任された国会議員が行うことがより効果的だと述べている。その理由として、以下の2点を挙げている。第1は、当時の韓国国民の知識水準の低さであり、第2は国民投票では正確な民意が反映できないことである。

第1の理由について、知的水準と判断力が国会議員より低い無知蒙昧な大衆では投票の結果の責任を負うことができないし、国民投票制はかえって国会の権威を低下させるに過ぎないと述べている[18]。国民投票制度は無責任な投票者の無知な偏見に国事を任せることになるとして、同制度を辛辣に批判している[19]。

また、国民投票制度は、あくまで完成された議案に対して賛否を投じるだけであるので、自由な討議がそもそもできないがゆえに民意の正しい意思表示もまたできないとしている[20]。その反面、代議政治は討議の政治でもあるので国事に関して討議し、論争することで代案や修正案を出すことができる。それと同時に広範囲に議論を行うことで民意の正しい意思表示が把握できるので、正確な民意の反映ができるとしている[21]。

こういった点を踏まえると、趙炳玉の民意認識には以下の特徴があったといえる。民意というのは、最初から一枚岩でも単一不可分のものでもなく、多様な意見があることを前提とすべきであり、多数派が常に正しくて少数派が常に間違っているわけではない。民意というのは多数派の意見ではないし、多様な意見をめぐっての自由な討論と妥協を通じての調整こそ民意であるとしている。国会は、こうした多様な意見を代弁して集約させ、討論を通じて様々な意見を調整する役割を果たすとしている。したがって民意の発見のためには、少数派が結社や言論活動などを通じて、自らの意見を自由に表現できる環境作りこそが大事で、多数派による少数派の弾圧はあってはならないし、そのような行為はむしろ民意の形成と発見を阻害すると趙炳玉は考えていたのである。また、趙は、国民投票制というのは、ある争点に関して賛成か反対かの2つの回答しかないので、人々の

[18]「民主主義は逆行するのか。主に改憲案是非を中心に（5）」、『東亜日報』、1954年8月15日（趙炳玉、前掲書、1959年、126頁に収録）。
[19] 同上。また、趙炳玉は国民投票制によってフランスのナポレオンやドイツのヒトラーのような独裁者が誕生したとして、同制度は百害あって一利なしのものだとも述べている。
[20] 同上。
[21] 同上。

058　第1部　李承晩政権期主要人物の民主主義思想

実際の考えも把握できないし、多数決より勝者と敗者がはっきり分かれてしまう、いわば勝者総取り制度であるので、敗者である少数派の意見を十分取り組むことができず、当然のことながら民意を反映できないと考えていた。

　以上が趙炳玉の民意認識であるが、それは、李承晩のそれと異なるものであった。李承晩も1945年の帰国以降、民意の重視という言葉を記者会見や談話などで頻繁に用いていたことは前章でも述べた。李の「民意」に関する考えが顕著に表れているのが、1949年に刊行した『一民主義概述』という著書である。ここで李は、当時の韓国国民が1つに団結し、かつ一枚岩になるべきだということを強調し、少数派の意見に対しては否定的に評価する記述を残していた。一民主義の一民は、一枚岩の国民すなわちネイションを意味している。

　そして趙と李の民意認識の相違は、国会議員を含めた代表の役割にも結び付いている。趙は、国会議員が国民から一度選ばれたあと自ら正しいと考えることについて自由に意見表明を行うこともできるし、その行為はどこからも責任を負わないと考えていた。そして国民を代表する国会議員同士が討論して決めた政策は、当然民意の反映だと考えていた。そこから国会議員の役割は、国民からの意見の伝達者（メッセンジャー）であるだけでなく、国民の意見形成のための話題提供者（オピニオンリーダー）でもあると考えていた。

　それに対して李は、代表が正統性を持つのは、国民意思と代表意思の合致した場合のみだと考えていた[22]。そして、定期的な行政府首長選出選挙の実施のみでなく、国民発案や重要争点における国民投票を通じて、常に民意を確認しなければならないとしていた[23]。それは、民意は一枚岩で単一不可分であるという李の民意認識によるものであった。そうしたことから国会議員を含めた代表の役割は、専ら国民の意見の伝達であり、そうした役割から離れる行為は本来の役割から逸脱した私的行為にすぎないと考えていた[24]。

　ここまで趙と李の民意認識の違いについて概観してきたが、1つだけ共通点が存在する。それは民意の対象範囲である。趙と李も、民意の対象範囲として考えたのはあくまで朝鮮半島南部（現在の韓国）に住んでいる人々、すなわち「韓国国民」であった。しかも反共主義の考えを持っていることが条件であり、共産主義者や社会主義者は他者と位置づけ民意の範囲に含めないという考えを持ってい

---

[22] 公報処編、「改憲案と制度に対する総合批判」、大韓民国政府公報処、1952年、14頁。
[23] 「改憲を公約せよ」、『京郷新聞』、1954年4月8日（原語韓国語）。
[24] 公報処編、前掲書、1952年、14頁。

た[25]。そして共産主義者や社会主義者は、韓国国民ではないとして徹底的に弾圧の対象であったことも共通している。民意の確認の仕方については意見を異にしつつも民意の適用範囲については共通認識を持っていたのである。

民主主義というのは理論上はともかく、実際に運営するためには対象範囲を確定する必要がある。すなわち、どこまでが同胞でどこからが他者かという領土と人の区切りが必要となってくる。なぜなら言語、経済的利益などの差異によって全世界にまたがって政治を行うことは不可能であるからだ。民主主義の理念とは「人々による支配」を意味するが、そのためにはその尊重すべき人々の範囲（民意の対象範囲）はどこまでかを確定する必要がある。したがって民主主義は国民国家と必然的に結び付いていく。その際、国家においては、どこまでが国民か、その領土的範囲はどこまでか、という問題に直面する[26]。なぜなら、それは民主主義にとって必要不可欠な投票権の付与の対象範囲と関わるからである。その問題に直面した各国は包摂と排除を通じて国民の範囲を確定していく。

それは1948年に正式に独立した韓国においても、例外ではなかった。特に黎明期における韓国の政治指導者にとって厄介だったのは北朝鮮という存在であった。当時の韓国の政治指導者らは、同じ血統、言語および歴史を持ち、同じ民族であるはずの北朝鮮をいかに他者化するかという課題に直面していたからだ。すなわち、同じ「民族」である北朝鮮の人々を他者化し境界線をひくことで、「韓国国民」を作り上げることも喫緊の課題であったわけだ。そのことは分断国家である韓国の政治的正統性にも直結する問題であった。その際に韓国の政治指導者たちは反共主義という政治的イシューを用いて、人々を1つの国民として統合させようと試みた。そしてそうした反共主義に応じず、共産主義を貫いて活動を行い、政府と敵対する国内の人々は、「非国民」というレッテルを貼って排除し弾圧する姿勢を取った。共産主義を貫いて政府に敵対的な行動を行った人々は、投票権の対象外であり当然民意の対象にも含まれなかった。その点に関しては、李承晩政権だけでなく大韓民国が樹立した1948年当時、最大野党であった韓国民主党（後に民主国民党→民主党へと変貌）も同じであった。

---

[25] その代表例として挙げられるのが、1948年に済州道で起こった4・3事件に対する趙炳玉の対応である。当時警務部長を務めていた趙炳玉は、現地の反乱勢力との妥協を一切拒否して徹底鎮圧を行った。その際多くの住民が無実の罪で犠牲となった。彼は自らの回顧録において同事件のことを「左翼が起こした蛮行」だと述べ、自らが取った行動（強硬鎮圧）を正当化している。趙炳玉、前掲書、1986年、194頁。

[26] 民主主義と対象範囲との関係については、杉田敦、前掲書、2013年、5-11頁。同、『増補版 境界線の政治学』、岩波書店、2015年を参照。

当時の民主党は「少数派の意見をも尊重すべきだ」と繰り返し述べて、多数派の専制に反対する言説を述べていた。しかし、彼らがいう「少数派」には、多数派と同じ反共主義を信奉する韓国国民であるという強固な縛りがあり、国内の共産主義者らは少数派どころか「国民」とさえみなされぬ存在であり、ましてや「民意」の対象とはなりえなかったことは付記しておく必要がある。

第5節　趙炳玉の政党・団体観

　政党についても趙は多くの記述を残している。趙は、政党は民主政治にとって必要不可欠なものであると考えていた。彼は現代政治においては、領土と人口の問題から、もはや直接民主主義の実施は現実的に不可能だと述べている。それを踏まえて「人々は選挙権を行使して国会議員や元首などの政治代表を選出する。しかし、分散された個人は権力機関の前ではあまりにも無力で主権の侵害を免れなければならず、国民は自己自身を組織しなければならない。その結果としてできあがった社会組織が政党であり、政党は人々の意見を代弁する存在で、民主政治にとって必要不可欠な存在であり、民主主義政治は政党政治だ」と主張した[27]。さらには、政党を国民の政治的訓練機関でもあるとして、その役割を肯定的に捉えている[28]。

　趙は、韓国の政党発展のための提言も行っている。具体的には、①国家と経済との癒着を防ぎ自由経済原則に基づく経済秩序の形成、②野党の自由な活動と国民の国政批判など意志表示の自由の保障、③政府自身が民主主義の実践模範になること、④民主主義教育の普及に努めること、以上の4つを挙げている[29]。

　そうした点を踏まえた上で、趙炳玉は、現状の韓国政党政治を批判している。例えば、彼は、与党である自由党と他の野党との間に、李承晩政権の指示を受けて警察の介入や弾圧などの差別や妨害を受けていると批判する[30]。また、趙は、韓国の青年団体と農民団体、労働団体、婦人団体と自由党との関わりについても、辛らつに次のように批判している[31]。「大韓婦人会に入った婦人はみな自由党であ

---

[27]　趙炳玉、前掲書、1959年、169頁。
[28]　趙炳玉、前掲書、1959年、170頁。
[29]　趙炳玉、前掲書、1959年、171-173頁。
[30]　趙炳玉、前掲書、1959年、76-77頁。
[31]　趙炳玉、前掲書、1959年、77頁。1950年代当時の韓国には、青年団体と農民団体、労働団体、婦人団体が存在していた。李承晩はそれらの団体を大韓青年団（1953年まで）、農民会、労働総同盟、婦人会などに統合させていた。しかし、それらの団体は中間団体ではなく李承晩政権の翼賛団体と化し、

り、労働団体や青年団体に入った労働者や青年も自由党になるので、理論上この国は野党に属する人物が1人もいないと言わざるを得ない」[32]。そして趙は、民主主義が正常に発展するためには、自由党と重複する団体は解散するか、自由党とのつながりをなくすか、いずれかを取るべきだと指摘している[33]。そして与党の失策を批判しつつ、牽制して代案を出すことが野党の役割であるとした[34]。1955年に民主党を結党したのはそうした目的のためだとしている[35]。

　民主政治にとって、政党を必要不可欠な存在だとみなしていたことと、政府による諸団体の統合や統制を批判し、自立した中間団体の重要性を説いた点で、趙は先述した自由主義やアメリカの多元主義の社会や考えから強く影響を受けた可能性が高い。アメリカにおいては、政党だけでなく政治的マシーンといった様々な中間団体がロビイング活動を行いながら互いに競争している。また、アメリカでは、利害の多様性を容認し、そうした諸利害の対立に伴う「調整」を理想とする多元主義の考えが強く根付いている[36]。趙は、政治的マシーンなど専ら政治的利益に基づいて行動する団体には、否定的な考えを持っていたけれども、政党を含め様々な諸団体が共産主義に抵触しない限りでは、政府に対して自由に異議申し立てを行うようにすべきだと考えていた。

　かくして趙炳玉は、政党などの中間団体の存在を肯定的に見ていた反面、李承晩はこれを否定的に見ていた。これが両者の民主主義思想の主な違いであった。

第6節　趙炳玉の反共主義観

　趙炳玉の民主主義思想の特徴は、反共主義を内包し、その反共主義を何よりも優先する「反共民主主義」であったことである。これまで多くの先行研究においても、そのことが指摘されている。実際彼は、著書や記者会見などで反共主義に関する言説を多く残していることも既に指摘されている。その反面で、従来の先

　　　李承晩政権と与党である自由党がコントロールしていた。
[32] 同上。
[33] 「民主主義に異常あり（中）」、『東亜日報』、1954 年 6 月 9 日（趙炳玉、前掲書、1959 年、148 頁に収録）。
[34] 「新党組織の意義と展望（2）」、『京郷新聞』、1955 年 2 月 20 日（趙炳玉、前掲書、1959 年、201 頁に収録）。
[35] 同上。
[36] アメリカの多元主義の思想および社会の特徴については、次を参照。ダヴィッド・ニコルス著、日下喜一、鈴木光重、尾藤孝一訳『政治的多元主義の諸相』、御茶の水書房、1981 年。石田徹、『自由民主主義体制分析：多元主義・コーポラティズム・デュアリズム』、法律文化社、1991 年。平田美和子、『アメリカ：都市政治の展開マシーンからリフォームへ』、勁草書房、2001 年。

062　第 1 部　李承晩政権期主要人物の民主主義思想

行研究では、なぜ趙炳玉が反共主義思想を終始待ち続けていたのか、彼の反共主義思想がどれほど徹底的なものであったのかについての分析は欠如していた。

趙炳玉の反共主義の徹底性は、共産主義と社会主義のみでなく、社会民主主義を掲げた勢力や人物に対しても向けられている。例えば、彼は自らの回顧録において、1950年の国会議員選挙時に同じ選挙区で出馬して競争相手であった趙素昂を社会主義者だと決めつける[37]。しかし、実際の趙素昂は、資本主義と社会主義の中間形態をとって政治均等、経済均等、教育均等という三均主義を掲げた人物であり、趙素昂の思想は社会主義というよりは、むしろ社会民主主義に近い。それにもかかわらず、趙炳玉は趙素昂を社会主義者だと断定していた[38]。このようなことから、社会主義のみでなく社会民主主義のようなグレーゾーンも一切認めないという趙炳玉の考えがはっきりと読み取れる。

共産主義や社会主義だけでなく、社会民主主義なども一切認めなかったのはなぜであろうか。その点に関して、趙炳玉は自らの回顧録で次のように述べている。

> イギリス労働党が社会主義を政策として掲げているといって、韓国の社会主義者はそれを事例として頻繁に用いている。しかし、イギリスのようなフェビアン社会主義の理論と伝統が確立していない社会では、社会主義というのはいわゆる所有財産権の否認と階級闘争、国際主義という三大要綱の共産主義と共通の理論体系を持っている。したがってイギリス社会主義以外の他の国の社会主義というのは結局共産主義の亜流だとみなさざるを得ない。また社会主義国家ないし各国社会党は、共産主義と政治的取引を行って民主主義に対抗しているのが、今日の国際政治の実情である。したがって、自由民主主義を党是としようとする新党の性格的本質としては当然、白色、赤色全体主義はもちろん共産主義の亜流である社会主義までも排除しなければならなかったのである[39]。

イギリスのような独自の社会主義理論と伝統がない社会では、社会党的なるものは、結局は共産主義の亜流にすぎないと趙炳玉は主張していたのである。しかし、趙炳玉の社会主義と社会民主主義を同じだとみなす定義には、問題点がある。

---

[37] 趙炳玉、前掲書、1986年、244-245頁。
[38] ただし、趙炳玉が趙素昂を社会主義者だと断定した理由の1つとしては、朝鮮戦争中、趙素昂が北朝鮮軍によって半ば強制的に北朝鮮に行かされ、そのまま現地で滞在したことも考えられる。
[39] 趙炳玉、前掲書、1986年、317-318頁。

確かに彼の定義だと、冷戦期におけるクレメント・アトリー労働党政権時（1945-1951）や後のハロルド・ウィルソン労働党政権時（1964-1970、1974-1976）とジェームズ・キャラハン労働党政権時（1976-1979）におけるイギリスの行動は理解できる。しかし、ウィリー・ブラント社会民主党政権（1969-1974）とヘルムート・シュミット社会民主党政権時（1974-1982）の西ドイツやフランソワ・ミッテラン社会党政権時（1981-1995）のフランスは趙炳玉的理解からすれば社会主義国家であり、当然アメリカではなく、ソ連が友好国となっていたはずである。しかし、実際はそうはなっていない。また、趙炳玉は社会主義と社会民主主義の具体的な違いについても言及していない。

　一般的に社会主義と社会民主主義の違いとして挙げられるのは、①議会政治の否認／容認、②一党独裁の肯定／否定である。例えば、イギリス労働党とフランスの社会党、ドイツの社会民主党など社会民主主義を掲げる政党は、暴力革命および階級闘争の否定と議会を通じての漸進的改革と議会政治を容認する多党制を認めている。また、プロレタリア独裁の理念の下での暴力革命の実現、議会政治の否定、そして一党独裁を掲げる共産主義、社会主義とは違う姿勢も取っている。それにもかかわらず、趙炳玉はそこを看過している。

　共産主義と社会主義は同じで、社会民主主義までも社会主義の一部だとみなす趙炳玉の徹底した反共主義思想は、実際の政治においても現れている。例えば、1954年の憲法改正の際に、李承晩は多くの野党議員の反対を押し切って憲法改正を強行した。第7章で詳述するが、李承晩大統領の強硬な憲法改正の実施に対して反対していた多くの野党人物たちは、反李承晩連合の結成のために野党統合を試みる。その際に争点となったのが、かつて共産主義活動を行った後に転向した曹奉岩および彼に追随する勢力を受け入れるかどうかであった。

　転向後の曹は、社会民主主義の立場を取っていたが、彼を受け入れるかどうかをめぐって賛成派（民主大同派）と反対派（自由民主派）に分かれていた。そして趙炳玉は、曹奉岩が共産主義者だとして彼の合流に頑なに反対する[40]。結果的に曹を排除する意見（自由民主派）が主流を占め、1955年に反対派は民主党を結党する。追い出された曹奉岩は自分の支持者を中心として進歩党を立ち上げ、野党勢力は統合されることなく終わる。その背景には、趙炳玉的な反共主義者思想を軸とし

---

[40] 趙炳玉、前掲書、1986年、318頁。回顧録で趙炳玉は、曹奉岩の著書などを見ると本質的に共産主義者で政治的方便として転向したにすぎないとしている。そしてその理由から曹奉岩の合流に反対したと述べている。

た野党主要人物の、曺に対する強い不信感があったものと思われる。

　曺奉岩への不信感は、1956年の大統領・副大統領選挙にも波及した。当時の民主党の大統領候補であった申翼熙が選挙期間中に急逝すると、趙炳玉を中心とする民主党は、同じ大統領候補であった曺奉岩への投票ではなく、無効票を投じるよう呼びかける[41]。そして1959年に曺奉岩が北朝鮮からのスパイであるという疑惑から生じた進歩党事件が発生した際にも、趙炳玉を含めた民主党は彼が根っからの共産主義者だとして李承晩に同調する立場を取った。

　そうした趙炳玉の徹底した反共主義は、李承晩と共通するものがある。李承晩はアメリカで独立運動を行っていた1920年代に、ハワイで韓国人団体が発行する雑誌『太平洋雑誌』で「共産党の当不当」というタイトルの記事を投稿して共産主義の問題点[42]を指摘するなど、既に植民地時代から反共主義思想を持っていた。李は、帰国後の一時期までは共産主義に対しても融和的なジェスチャーを取るものの、韓国の初代大統領に就任する1948年前後においては、学校教育やメディア、軍隊など社会の多方面において、既に反共主義を徹底させていた。

　以上の点を踏まえて、趙炳玉の反共主義認識については、以下のようなことがいえる。彼は反共主義に関して徹底した考えを持ち、それに抵触する考えを（社会民主主義などグレーゾーンの思想でさえ）一切認めない姿勢を取っていた。そして野党民主党の指導者になった後も、李承晩政権と自由党の政策を独裁だと批判すると同時に、曺奉岩と彼の政党である進歩党に対しても共産主義勢力だとして批判した。そして1956年の大統領選挙時においても、「最悪より次悪がましだ」という考えのもと、無効票を投じて李承晩の再選に事実上貢献している。その後の政治においても、趙炳玉が率いる民主党は、民意、政党認識などで近い考えを持っていたはずの曺奉岩ら進歩党と共闘することはなく対立を繰り返し、むしろ反共主義を共有していた李承晩と協調することの方が多かった。趙も李も反共主義を最優先させるという意味において、反共民主主義の考えを持っていたことがこのことからもわかる。

---

[41]「どの候補も不支持、民主党で解明書を再次発表」、『京郷新聞』、1956年5月10日（原語韓国語）。

[42] 同記事において彼が指摘する共産主義の問題点は以下の5つである。①財産を平等に分け与えてしまうことで、多くの人たちが働く意欲を失ってしまう。②資本家たちをなくしてしまうと財政家同士の競争がなくなってしまい、商業と工業が発達しづらくなってしまう。③すべての人民の知識を高めて今の知識人と同じようにするのは難しいので、知識人階級をなくすことは不可能である。④平等や自由思想の考えを持つ宗教団体をなくしてしまうと世の中の損害が大きくなる。⑤無政府主義を主張しているロシア自身も実際は政府や指導者、軍隊を持っており、彼らの主張は机上の空論に過ぎない。「共産党と当不当」の論文の原文掲載については、ユ・ヨンイク、前掲書、2013、129-132頁を参照。

第7節　趙炳玉の経済観と自由権観

　1954年の『東亜日報』のコラムにて趙炳玉は、自らの経済思想を述べ、それを表す概念として「新民主主義」を提唱する。彼が新民主主義という概念を提唱した背景には、当時の韓国の時代状況が関係している。1950年代の韓国は、深刻な経済危機に陥っていた。当時の韓国は、朝鮮戦争が終結して間もない時期であり、戦争によって多くのインフラが破壊され、人々は自らの生活をアメリカからの経済援助に依存せざるを得ない状況に陥っていた。こういった背景から彼は、新民主主義という概念を打ち出して事態の改善を図ったのである[43]。

　趙炳玉の経済思想である新民主主義の特徴は、①従来の独占資本主義に対する批判、②経済的不平等の是正、③社会民主主義の考えに否定的で新民主主義と社会民主主義の両者を区別する試み、この3つであった。

　まず、趙炳玉は、従来の経済活動の自由のみを認め、貧富の格差の是正になんら関心を示さない資本主義に対して批判を加えている。彼は経済的平等をもたらさない形式的民主主義による資本主義社会で起こっている経済的不平等および労働者と資本家との対立に注目しなければならないとしている。そして真の民主主義の実現のためには、経済的平等と政治的平等を並行させなければならず、片方が実現しただけでは真の民主主義とはいえないと述べている[44]。

　そういう考えに基づき、趙炳玉は経済的不平等の是正について述べる。そこで彼がモデルケースとして考えていたのがアメリカであった。中でも彼は、ウッドロー・ウィルソン大統領（在任：1913-1921年）の「新しい自由（New Freedom）」とフランクリン・ルーズベルト大統領（在任：1933-1945年）のニューディール政策に注目している。大恐慌の際にルーズベルトは、ニューディール政策を実施し、大規模な公共事業を通じて国家による雇用創出、物価統制、労働基本権を保障する政策を行った。そうしたニューディール政策の内容を踏まえ、趙炳玉は、同政策によりアメリカでは社会主義や社会民主主義的な経済政策を掲げずともうまく民主政治を運営できたとして、同政策に対して肯定的な評価を行っている[45]。一方で

---

[43]「新民主主義を提唱する（1）」、『東亜日報』、1954年12月17日（趙炳玉、前掲書、83頁に収録）。
[44]「新民主主義を提唱する（2）」、『東亜日報』、1954年12月18日（趙炳玉、前掲書、1959年、85頁に収録）。
[45]「新民主主義を提唱する（5）」、『東亜日報』、1954年12月21日（趙炳玉、前掲書、1959年、94頁に収録）。

066　第1部　李承晩政権期主要人物の民主主義思想

趙炳玉は、韓国では物資が不足した貧困状況に陥っているので生産力の増加を最優先させなければならないと考えた。そのためには、統制経済を行って国家が経済に干渉すると人々の生産の意欲が減少する結果につながりかねないために自由競争こそを認めなければならないと述べている[46]。また、富の再分配のためには、まず経済競争による経済成長と生産力の増加を最優先させるべきであり、国家の行き過ぎた統制はむしろ両者を妨げるものと考えていたのである[47]。そうした点を踏まえて、彼は「制限された資本主義」を実施すべきだと述べている。ここで言う「制限された資本主義」というのは、従来の自由放任のような企業の経済活動を政府が無制限に放っておくのではなく、物価調整など国家がある程度干渉しなければならないが、全産業の国有化や企業の経済活動への行き過ぎた干渉や介入には反対するという考えを示すものであった。

　完全な自由放任政策を批判し、国家の制限＝ある程度の経済介入は認めつつも、先述したように彼は社会主義のみでなく社会民主主義にも批判的な立場を保持していた。彼が、社会民主主義を是認できない理由を次のように述べている。

　　　すなわち、社会主義ないし社会民主主義は、共産主義のような所有権の撤廃と生産分配手段の共有を通じて、階級のない社会を建設しようとするプロレタリア独裁政治のための一国社会主義の革命政治や国際社会主義革命政治ではないかもしれない。しかし、自由主義経済原則による生産手段の自由競争を否定して、その国家的統制による強力な経済統制によって経済の平等だけを重要視している。そのため、その国家の統制による経済圧力は下手をすると公共の福祉という名の下で国民の基本的人権を蹂躙し政治平等を軽視して、国家が持っている政治権力は独裁政治に変化しやすい。したがって、社会民主主義や共産主義ファシズムは、主義の本質や政策的政策において多少の違いはあるかもしれないが、全体主義的立場で批判してみると、経済的平等と公共の福祉を国家的統制で促進しようとし、政治

---

[46] 同上（趙炳玉、前掲書、1959年、95頁に収録）。
[47] こうした統制経済に関する趙炳玉の考えは、まさに国家による経済介入の逆機能を喝破するものであった。国家による経済介入は、本来の自由経済の利点である相互競争に伴うイノベーションの増進を妨げるのみならず、国家による過度な福祉政策は人々の勤労意欲に背き、経済成長の停滞と財政赤字の増大を招くというデメリットも存在する。そうした結果起こったのが英国病といった1970年代のイギリスの慢性的な経済停滞や財政赤字、1980年代のソ連を含めた東欧の社会主義諸国の経済停滞であった。趙炳玉は後に起こるこうした国家による経済介入の逆機能を予測したのである。

的平等である国民の自由権を侵害する点では、同じである[48]。

　この記述からも趙炳玉は、社会民主主義を社会主義や共産主義と同一視していたことがわかる。すなわち、自由競争を否定し国家が経済統制を行っている点で3つとも同じであると主張しているのである。
　趙炳玉は社会民主主義については、生産手段の強力な国家統制を取っている点で共産主義と変わらないとして否定的に述べつつも、アメリカのニューディール政策に対しては肯定的に評価している。趙炳玉は、ニューディール政策を資本主義の修正であり、それに対して社会民主主義は共産主義、社会主義の分派の1つだとみなしていた。
　しかし、国家が経済に対して自由放任政策を取るわけではなく、介入している点で両者は同じである。趙炳玉は、社会民主主義とニューディール政策の違いをどう認識していたのであろうか。実は、「新民主主義を掲げる」という『東亜日報』のコラムでも、後の『民主主義と私』という著書においても、社会民主主義とニューディール政策との違いについてはっきり説明した記述はない。著書からの記述に基づいて推測すると、その違いは、主要産業の国営化の有無であると考えられる。実際、趙炳玉は産業の中で特に銀行の官営化について反対し、銀行民営化を主張した。なぜなら、金融と国家が結びつくと政経癒着、国家による独占資本が形成されると懸念したからである。他方、趙炳玉は、国民の経済不平等を是正するために国家がある程度介入しなければならないという考えを持っていた。そうなると当然、水道のような公共財など国民の生活に関わる分野などについて関わらざるをえなくなるが、一体どこまで政府は経済に関与すべきなのかに関して、趙炳玉ははっきりとした記述を残していない。少なくとも主要産業の国営化、官営化に対しては懐疑的であったことが見て取れる。
　趙炳玉は、1954年に自らの経済思想として新民主主義という概念を打ち出したのに対して、実は李承晩もその5年前の1949年に一民主主義という経済概念を打ち出していた。それは①生活の向上、②地域差別打破、③男女平等、④身分平等、という4大原則を打ち出しており、完全な自由放任政策ではなく国の経済介入を認めていたこと、自由放任な資本主義でも国家統制の社会主義でもない「第3の道」を取ろうとしていた点において、ここでも趙と李の共通項が見えてくる。

---

[48]「新民主主義を提唱する（10）」、『東亜日報』、1954年12月27日（趙炳玉、前掲書、1959年、111頁にも収録。

068　第1部　李承晩政権期主要人物の民主主義思想

①富の一定の再分配と②反共主義、以上2点について、趙炳玉と李承晩は共通していたわけであるが、以下の点で異なっていた。それは、これまで繰り返し述べてきた①政党など中間団体に対する評価、②意見の多様性に対する評価、に加え、③自由の捉え方の違い、以上3点であった。

　李承晩が最も重視していた自由観とは、対外的独立、すなわち他国からの自由であった。国内で各自が互いに自由に意見を出し合って対立していくと、それが国内混乱へとつながり、再び外国の支配をもたらすと指摘している。そのため意見の違いから国内が分裂することを最も警戒していた。李承晩は、その代表例が1910年「日韓併合」であったとしている。李承晩は、青年期から『独立精神』などの著書において個人の自由よりも国家の自由を優先しており[49]、両者が衝突した場合には、個人の自由を留保すべきだという考えを持っていたが、老年期に入っても同様の考えを持ち続けていた[50]。

　むろん、趙炳玉も対外的独立の重要性を軽視していたわけではない。普段から趙炳玉は、ソ連の対外的な侵略野心を繰り返し強調し、共産主義諸国に対して対外的独立を守ることが重要であることを記者会見などで述べている。その反面、反共主義に抵触しない限りでの個人の自由と基本的人権を尊重する考えを持っていた。そして先述したように趙炳玉は、李承晩と違い、政党や意見の多様性について否定的に捉えていない。むしろ、経済的不平等の是正や対外的危機などを口実として、警察を用いた言論弾圧や野党弾圧を行うことに対して批判している。例えば、彼は次のように述べている。

　　　すなわち国家は社会環境の統制と改善および調節をその職能とすべきであり、またそれを政治の要諦としなければならない。そして国家の職能としては、外寇と内患の予防に属する国防力として国民に平和の恵沢を及ぼすべきであり、法と秩序を維持して各個人が安心して自由に自分の創意を発揮できる自由な環境を作ってあげなければならない[51]。

　民主主義というのは、多様な意見の表現など個人の自由を保障することを目的とするので、経済的不平等の是正以外の国家権力の干渉は、いかなる理由でも容

---

[49] 李承晩著、キム・ヒョソク、キム・チュンナム訳、前掲書、2008年、194頁。李承晩著、ユ・ヨンイク訳、前掲書、2002年、318頁。
[50]「太盟性格は追後計画各国会合必要」、『京郷新聞』、1949年8月27日（原語韓国語）。
[51]「新民主主義を提唱する（完）」、『東亜日報』、1954年12月28日（趙炳玉、前掲書、1959年、114頁に収録）。

認できないと考えていたことがわかる。まとめると、①政党など中間団体に対する評価、②意見の多様性に関する評価、③自由の捉え方の違い、以上3点が李承晩と趙炳玉との民主主義観の違いであった。

第8節　趙炳玉と李承晩の間で民主主義思想の相違が生じた要因

　第3節から第7節にかけては、趙炳玉と李承晩の民主主義思想の共通点と相違点について述べてきた。それではこうした相違点はなぜ生じたのか。実は、李承晩は韓国人で初めてアメリカで博士号を取った人物である[52]。2人ともアメリカに留学して現地で民主主義思想を学んでいたにもかかわらず、互いの民主主義思想は相当に異なっていた。

　その理由は、2人の生まれた時代と出自の違いによる可能性が高い。李承晩は、趙炳玉より約20年早い1875年に生まれた。この時代には、身分制度だけでなく、儒教の知識量で官吏に登用する科挙制度が依然として残っており、身分制度と科挙制度がなくなるのは1894年になってからであった。当時の時代背景から李承晩自身も19歳まで科挙の準備を行っており、儒教に関する勉強を徹底して行っていた可能性が高い。彼は29歳（1904年）で渡米するが、それ以前の青年期には朝鮮王朝時代の文化や思想からも影響を強く受けていたことだろう。

　李承晩の出自は独特なものであった。彼は、没落した両班出身（士大夫）であったが、王族の末裔[53]でもあった。そうした出自の背景から彼は、周囲に対して特に大統領就任後においては、王のように振る舞っていたことだろう。

　李承晩がアメリカで教育を受けた後も、上記のような伝統的朝鮮王朝の思考を持ち続けていたことは、周りの人物の証言からも読み取れる。例えば、長年にわたって李承晩の側近を務めた許政は、李承晩について、「李博士は、アメリカで勉強して長年暮らしながら民主主義を取得したにもかかわらず、王家の末裔としての支配意識、または両班意識がかなり強い方であった」と述べている[54]。そうした李承晩の王族認識は、同じく李承晩の側近を務めたロバート・オリバー（Rob-

---

[52] 第1章でも述べたように、李承晩は1904年に渡米し、ジョージ・ワシントン大学で学士号を取った後ハーバード大学で修士号を取り、1910年にプリンストン大学で博士号を取得した。李承晩のアメリカでの博士号取得は、1925年にコロンビア大学で博士号を取った趙炳玉よりも15年早かった。
[53] 李承晩は、朝鮮3代国王太宗（在位：1400-1418年）の長男であった譲寧大君の16代目の子孫であった。
[54] 許政、『明日のための証言』、セムト、1979年、53頁（原語韓国語）。

ert Tarbell Oliver）の著書でも言及されている。また、大統領就任後も李承晩は、国民を百姓にたとえ、自身のことをいうとき（1人称）には「寡人[55]」という言葉を、自身と国務委員との関係には「分付」と「下問」という朝鮮王朝時代に王が使う言葉を用いていた[56]。

それに対して趙炳玉は、朝鮮王朝から身分制度と科挙制度がなくなった1894年に生まれている。趙炳玉自身も幼少期には儒学を学んでいたが、あくまで「教養」のためであって、李のように科挙に受かるために徹底的に勉強していたのとは異なる。そして思想形成が行われる前であろう20歳には渡米して、現地で教育を受けた。

こうした両者の年齢と出自・経験の違いが互いに異なる民主主義思想を持つ主要因であった可能性が高い。

趙炳玉と李承晩の民主主義思想の違いを踏まえてみると、以下のことがいえる。それは、同じ西洋思想の影響を受けていたとしても、その思想をそのまま鵜呑みにするのではなく、生まれた時代と出自などの諸要因によって取捨選択が行われることで、影響力が異なってくるということである。非西洋文明圏において西洋文明を受容する際には、自分の今までの経験と照らし合わした上での調整が行われる。したがって同じ西洋文明を受容していても人それぞれで受け入れ方に違いが生じてくる。その代表例が民主主義に対する趙炳玉と李承晩の捉え方の違いであった。

小　括

本章では、序章で述べた研究目的①を解明するために、1950年代韓国の保守野党の代表人物である趙炳玉の民主主義思想を検討し、かつ李承晩との比較を行った。そして、分析を行った結果、趙炳玉は、議院内閣制を選好し、多様な民意の想定と言論と少数派の意見の尊重、および政党を民主主義にとって必要不可欠な存在であるとする認識、これら3点の特徴を持っていたことを明らかにした。それによって、李承晩との民主主義観の相違についても確認ができた。

そして、制度面以外の民主主義のあり方に関する趙炳玉の認識についても確認

---

[55] 朝鮮王朝時代に国王が自らのことをいうときに使った言葉である。
[56] 大統領就任後の李承晩の振る舞いについては、徐仲錫、前掲書、2008年、179-181頁を参照。

してきた。趙炳玉が、領土や人口問題、そして人々の無知などを理由に、国民投票や国民発案など直接民主主義制度の導入には否定的であったことを明らかにした上で、「国民から選出された国会が中心として政治が運営されるべきだ」という国会中心の代議制民主主義の考えを持っていたとも指摘した。それは、李承晩が「国民の民意がすべてであり、常に民意を聞かなければならない」として国民投票や国民発案など直接民主主義制度を導入しようとしたこと、国会と政党を単なる利益団体とみなし、それらの中間機構や、団体ではなく、主権在民の原則のもと国民からの直接信任に基づいて統治の正統性を確保しようとしたこととは違っていたことを明らかにした。

　さらに、趙炳玉と李承晩の民主主義思想の違いが生じた要因についても考察した。筆者は、2人の出自と李承晩の周辺人物の証言に注目し、その要因を生まれた時代と渡米した年齢と2人の身分の違いによるものだとした。

　ここまで第1部では、第1章と第2章にかけて、李承晩と1950年代保守野党政治家である趙炳玉の民主主義思想の特徴と両者の比較を通じて研究目的①を明らかにした。次章以降では、研究目的②の解明のために、李承晩と保守野党との対立が本格的に行われはじめた1950年3月と1952年1月に国会で交わされた憲法改正会議における政府形態論争について述べていく。

第2部

李承晩政権初期（1948-1952）韓国政治の展開

第3章　1950年3月と1952年1月の
韓国国会の憲法改正論議

　第1章と第2章では、李承晩と保守野党政治家（趙炳玉）との民主主義思想の特徴と両者の違いについて詳しくみてきた。李承晩と民主国民党は、1948年に制定された憲法の条文解釈をめぐって対立していくこととなる。そして、国会で勢力を持っていた民主国民党と李承晩政権は、それぞれ1950年1月と1951年11月に議院内閣制と大統領制の骨子である大統領直接選挙の憲法改正案を国会に提出した。両者は、それぞれの政府形態の利点を述べて自らの行動を正当化した。両者の憲法改正の試みは失敗に終わったものの、同時期に行われた論争はその後も続くことになる。

　したがって、本章ではまず、1950年3月と1952年1月に国会で行われた憲法改正会議における政府形態論争に関する分析を行う。具体的には、①1950年と1952年に出された憲法改正案はどういう内容であり、同憲法改正案が提出された背景は何か、②1950年の憲法改正案提出を主導した民主国民党と1952年の憲法改正案を主導した李承晩は、それぞれどのような言説を用いて自らの主張を正当化していき、それぞれの憲法改正会議ではどういった意見が出されたのかを明らかにすることが目的となる。

第1節　先行研究分析と問題提起

　1950年3月と1952年1月の国会における憲法改正会議を扱った数少ない先行研究の1つとして、ソ・ヒギョン（2020、韓国語）の研究が挙げられる[01]。ソの研究では、1950年1月と1951年11月の憲法改正案の提出の背景と内容、憲法改正案をめぐる李承晩と国会議員たちの駆け引き、そして憲法改正案提出から否決に至るまでの過程を詳細に記述している。しかし、ソ・ヒギョンの研究では、1950年1月と1951年11月の憲法改正案の提出の際に、それぞれの憲法改正案の提出を主

---

[01] ソ・ヒギョン、前掲書、133-189頁。

導した民主国民党と李承晩が具体的にどういった言説を用いて自らの主張を正当化したのか、両者の相違はどこにあったのかを明らかにしていない。

先行研究では、両時期に民主国民党と李承晩がそれぞれ憲法改正案を提出した理由は、「自らの影響力を拡大したいと言う政権掌握のため」という説明に留まっている。しかし、1950年1月と1951年11月の憲法改正案提出の際に民主国民党と李承晩が提示した争点は、李承晩政権が崩壊する1960年まで続く問題であるので、両時期の両者の主張を詳細にたどる必要がある。

これらのことを明らかにしていくために使用する1次資料としては、主に国会議事録を参照している。国会議事録以外の資料としては、国務会議録などの政府関係資料および当時の新聞記事や主要人物の回顧録を用いることとする。

第2節　憲法の制定および条文をめぐる国会と李承晩との対立

1945年の日本からの解放後、朝鮮半島南部（現在の韓国）は、米軍政のもとで独立に向けて準備を進めていく。国会議員選挙が行われるようになるのは、1948年5月になってからであるが、同時に憲法制定に向けても本格的に動きがあった。国会では6月2日に憲法起草委員会が構成され、憲法制定に向けての準備が行われ始める[02]。国制形態に関しては、当初の憲法起草委員会で憲法学者の兪鎮午が作成した草案通りに議院内閣制を導入することが決定されたが、大統領制を頑なに主張した李承晩の反対により、大統領制と議院内閣制を混合した政府形態の憲法草案が作成される[03]。その後、国会で憲法条文一部修正が行われ、7月12日に正式に憲法が成立する[04]。

しかし、1948年の憲法には大きな問題点が存在していた。憲法条文の曖昧さである。例えば、ソ・ヒギョンも述べているように憲法67条では、国務総理任命時に国会の承認が必要と明記してあるのだが、憲法68条において国政の最終的な議決権を大統領ではなく国務院に定めていたので、大統領の権力が曖昧であった[05]。また、大統領と国務総理との役割分担も不明確であった。1948年の憲法では、大

---

[02] キム・ソンホ、チェ・ソン、「1948年建国憲法で現れた混合的権力構造の起源」、『憲法学研究』第15巻第2号、2009年、177頁（原語韓国語）。
[03] 兪鎮午、『憲法起草回顧録』、一潮閣、1980年、74-75頁（原語韓国語）。
[04] 『第1回国会定期会議速記録第28号』、1948年7月12日、16頁（原語韓国語）。
[05] ソ・ヒギョン、前掲書、2020年、67-68頁。

統領は国会議員の選挙により選出され、国務総理は大統領指名後の国会の承認により選ばれることになっていたが、政策に関して両者の意見が食い違う場合は、どのように対処すべきなのか憲法上には明文化されていなかった。そういったことから李承晩は、自分に忠誠を誓う人物を国務総理に任命するなどして国務総理の影響力と権限の縮小を図るのだが、その行動は当然国務総理を通じて大統領を牽制しようとする国会との衝突をもたらした[06]。

　このような李承晩と国会との対立において、当時国会で大きな勢力を占めていた民主国民党は、議院内閣制を骨子とする憲法改正によって権力構造の一元化を図って自らの影響力の拡大を試みる。それに対して李承晩は、大統領の直接選挙制に伴う国民の直接的な信任に基づく権力構造の一元化と両院制による国会権力の分割を通じてこの状況の脱却を図ろうと試みていた。

第3節　1950年3月の憲法改正会議

3－1　民主国民党の憲法改正案の提出と李承晩の対応

　民主国民党が憲法改正に本格的に着手するのは、1950年に入ってからである。例えば1950年1月20日には、党内での会議が開かれ、議院内閣制を基本方針とする憲法改正案を本格的に作成することを表明する[07]。この会議では、内閣の首班と内閣の構成員は国会内の多数党から選んで政治を行うべきだという考えが表明された。さらに3月5日には、民主国民党のソウル特別市党部において、議院内閣制の支持理由声明書が出され、党としての主張の正当性を訴えている[08]。

　それでは、民主国民党はどのような言説を用いて自らの主張を正当化したのであろうか。そこで参考になるものが、先ほど述べた議院内閣制の支持理由声明書の内容である。この声明書では次のようなことが述べられている。かなり長いが、民主国民党の考えがダイレクトに述べられている重要な箇所なので、そのまま引用する。

　　　1.国民のための国民による政治を行うことが民主主義の根本綱領であり、

---

[06] 李承晩政権初期 (1948-1950) 憲法の条文をめぐる政府と国会との対立による国政混乱に関しては、ソ・ヒギョン、前掲書、2020年、46-129頁の内容を参照。
[07] 『国道新聞』、1950年1月20日（原語韓国語）。
[08] 『工業新聞』、1950年3月7日（原語韓国語）。

076　第2部　李承晩政権初期（1948-1952）韓国政治の展開

行政首班および各部長官は、国民の代理として国民のために行政の責任を負っているので、その責任を実施すれば民衆はこれを支持するが、責任を遂行できず、失政を行い、国民の生活に不安を与え、国運に不利なことがある場合は必ずその責任を取らねばならない。しかし、現在の憲法の大統領中心制は国政運営が良い場合であっても悪い場合であっても責任を負わせることができず、問責することもできない。そうしたことによって行政各部長官の失政があっても大統領に押し付けその座を守ろうとしたのは過去1年半の間何回もあったのではなかろうか？　主権が国民にあり、国民のための政治の責任を本来負うべき行政府が、失政を犯しても国民に対して責任を負わない大統領中心制は、民主主義の原理に違反するものである。したがって大統領中心制の国の中で民主主義の精神が徹底され、すべての政治条件が備わったアメリカを除いた中南米各国においては、民衆反乱が頻繁に起こり、政治の安定性がない。アメリカも大統領中心制であるが、民主・共和両党の中で大統領が選挙され、大統領は、国民に公約した政策を国会と緊密に連絡を取って国会の承認を得た後に実施するので、その内実は、内閣責任制のような議会政治の性格として行われている。

2. 内閣責任制は、大統領は国家の元首として国家の基本政策を指導する尊厳を堅持し、実際の行政は内閣全体が国民の代表となった国会に責任を持って運営するものであるから、万一失政を行った場合、国会が国民の意思を代表して内閣不信任を決行し、政治の腐敗を防止して政局の安定を図るものである。

3. 国会がこのように内閣を監視するので、政治が正しくなって国民の利益を実践させることができる反面、国会の無理な措置があることに備えて、行政府は国会解散権を持つことになる。国会が不当な不信任案を提出するときは、政府は国会を解散させることになり、せっかく選ばれた国会議員は、国民の世論の支持を取り付けられない限り、不当な不信任案に踏み切ることができなくなる。すなわち、国会は政府不信任権を持ち、政府は国会解散権を持つので、互いに対立し、互いに調和して国政は正しくなり、国家は繁栄することができる。

4. 強力な政策の実施が期待できるという大統領中心制の政府は、かえって政治が安定せず、政権が一貫せず、政府各部の機能を完全に発揮できず、各部の協力を得て期待したこととの距離が離れすぎてしまうということは、

過去1年半の事実が証明するものであり、物価の高騰で民衆の生活がさらに苦境に立たされているのが現実である。責任内閣制の政府は、国会に信任を受けている間、一定の政策を連帯的責任の下で自信を持って遂行できるため、現下で急がれる経済復興民生問題の解決のためにも絶対に必要だ[09]。

　任期が固定されて政府に責任追及ができない大統領制と比べて、議院内閣制は、国民が選出する国会が責任を持って運営し、仮に不正があった場合は内閣不信任決議と国会解散を通じて国民の意思を問う選挙がいつでも可能であるといった理由から、大統領制と比べてより民主的であることをここでは主張している。すなわち、国会は国民から直接選出されているので、国権の最高機関でかつ政治の中心機関であり、国会の多数派が内閣を組織して国政を運営すべきだという内容である。

　これに対して李承晩は、即座に反対意見を表明する。民主国民党が憲法改正に着手した1950年1月に李承晩は記者会見を行い、「内閣責任制は国家政策に大きな関連があり、現行憲法が制定された以上、これを固守しなければならない。もし国会で議員全員が議院内閣制に賛成して憲法を改正するとしても、私は大統領の地位を放棄してでも、国権を強固にするために民衆とともに議院内閣制反対闘争を展開する」として民主国民党の憲法改正案に反対の立場を示している[10]。さらに彼は、1950年3月4日にも談話を発表し「憲法が制定されてわずか1年半しか経っていない現在において仮に憲法改正を行うと、国会や政党が自分たちの都合のいいように憲法が改正でき、民主主義国家の根本が揺らぐだけでなく、それが混乱へとつながることになる。現在の憲法改正は各党派の私利私欲によるものなので、断固として反対すべきだ」と述べている[11]。

　このように李承晩は明白に反対姿勢を取っており、憲法改正案の提出阻止に向けて動き始める。例えば1950年に入ってから、李承晩が憲法改正反対の立場を明確に表明すると、李を支持する大韓青年団などの諸団体によって憲法改正反対国民大会が開かれ、人々を動員した反対デモが行われるようになる[12]。「官製民意デモ」という、いわば国会外からの圧力を通じて、国会での憲法改正を阻止させよ

---

[09] 同上。
[10] 「改憲一作に対して」、『朝鮮日報』、1950年1月28日（原語韓国語）。
[11] 『ソウル新聞』、1950年3月4日（原語韓国語）。
[12] 『ソウル新聞』、1950年2月21日（原語韓国語）。

うと試みたのである。こうしたデモを通じての国会を圧迫する李承晩のやり方は、その後も続いていく。

　1950年に入ってから憲法改正をめぐって民主国民党と李承晩は対立を始める。そして民主国民党は、国会議員79人の署名を得て議院内閣制を骨子とする憲法改正案を1950年1月27日にそのまま国会に提出する[13]。

3－2　憲法改正案の国会での審議

　民主国民党の議員たちが中心となって提出した憲法改正案は、3月9日から国会で審議が始まった。改正前の憲法条文と憲法改正案の条文とを比較したのが表3である。

　表3から、従来の憲法と比べて以下3点の大きな変化が見られる。

　まず、国会による国務院への不信任決議（改正案73条）と大統領の国会解散（第58条）が追加されたことである。それら2つは議院内閣制の主な特徴でもある。

　次に、大統領の権限が削除され、その多くが国務総理に移行されたことである。表3を見ると従来の憲法で、大統領は国務会議の議長（第70条）であり、国務委員の任命権（第69条）も持っていた。しかし、提出された憲法改正案においては、その権限が削除されて、国務総理が国務院の首班で国務会議の議長を務め（改正案第71条）、国務委員の罷免権（改正案71条）と任命権（改正案75条）をも事実上国務総理に与えるという内容になっている。

　そして、国務総理の選出方法が変更されている。従来の憲法では、大統領が国務総理を指名し、国会で承認されたあと大統領が任命すると定められていた（第69条）。改正案では、そうした大統領の権限を削除し、国会の無記名投票で国務総理を選出するようにしている（改正案70条）。改正された条文から大統領は、国会での投票の結果に従い、任命するのみと定められている。

　1950年に民主国民党が提出した憲法改正案は、実は1948年の憲法起草委員会における当初の憲法草案とほぼ同じものである。李承晩が介入する前に憲法起草委員会で定めた憲法草案においては、国会の国務院不信任決議権（第72条）、国会の解散権（第35条、第57条）が定められていた。また、大統領ではなく国務総理が国務院の首班でかつ国務会議の議長であり（第70条）、国務委員と行政部長の任命権（それぞれ第69条と第75条）と罷免権（第71条）も事実上持っていた。それらは表3で挙げているような1950年の憲法改正案と全く同じものであることがわかるだ

――――――――――――――――

[13]「改憲案を遂に提出」、『朝鮮日報』、1950年1月28日（原語韓国語）。

表3　1950年当時の現行憲法と憲法改正案との条文比較

	1950年当時の現行憲法	憲法改正案の修正内容
解散について	解散に関する条文なし	解散に関する条文追加（36条）：「国会が解散された場合は解散された日から60日以内に総選挙を行わなければならない」
大統領の位置づけ	第51条（政府章）：「大統領は行政府の首班であり、外国に対して国家を代表する」	「大統領は国家の元首であり、外国に対して国家を代表する」
解散権について	解散権に関する条文なし	解散に関する条文追加（58条）：「大統領は、国会から国務院に対して不信任の決議が行われた場合は国会を解散できる」
公務員の任免（例外事項）	条文なし	条文追加（63条2項）：「但し、法律で国家各機関の長にその所属公務員の任免が委任された場合はこれを除く」
大統領の国務に関する行為について	第66条（政府章）：「大統領の国務に関する行為は文書にしなければならず、すべての文書には国務総理副署がなければならない。軍事に関するものもまた同じである」	第67条（政府章）：「大統領の国務に関するすべての行為は国務院の同意を得て文書にしなければならず、すべての文書には国務総理副署がなければならず、国務院がそれに責任を負う」
国務院の位置づけ	第68条（政府章）：「国務院は大統領と国務総理、その他の国務委員として組織される重要国策を議決する」	第69条（政府章）：「国務院は国務総理、その他の国務委員として組織される重要国策を議決する」（大統領の記述削除） 条文追加（69条2項）：「国務院は一般国策には連帯的に、各自の行為には個別的に国会に対してその責任を負う」
国務総理の任命	第69条（政府章）1項：「国務総理は、大統領が任命し国会の承認を得なければならない。国会議員総選挙後、新国会が開会された場合は、国務総理に対する承認を再び得なければならない」 2項：「国務委員は大統領が任命する」	第69条（改正案70条）の1項と2項を削除以下のように改正 「国務総理は国会で無記名投票で選定し、その選定に従って大統領が任命する。国会の選定は在席過半数で決定する。国会議員総選挙後新国会が開会された場合は国務総理を再び選定しなければならない。国務委員の任命は国務総理が大統領に提請し、その提請に従って大統領はこれを任命しなければならない」
国務院の長	第70条（政府章）1項：「大統領は、国務会議の議長になる」 2項：「国務総理は、大統領を補佐し、国務会議の副議長になる」	第71条（政府章）：「国務総理は国務院の首班として国務会議の議長になる。国務総理は、国務会議の決議に服従しないか国務院の統一を阻害する国務委員の罷免を大統領に提請し、その提請を受けた大統領はその国務委員を罷免しなければならない」
国務会議での議決事項	条文なし	改正案72条3項に「国務会議で議決された事項は、大統領が決済しなければならない」という条文を追加
不信任決議について	不信任決議に関する条文なし	不信任決議に関する条文追加（73条） 1項：「国会で国務院または国務委員に対する不信任決議案が可決された場合は、7日以内に国会解散されない限り、国務院が総辞職するかまたは該当する国務委員が辞職しなければならない」 2項：「前項の不信任決議を行う場合には、議員50名以上の発議によって在籍議員過半数の賛成がなければならない。国務院または国務委員に対する不信任決議は記名投票にて行う」
国務会議の議決事項における国会解散	条文なし	第72条（改正案74条）の国務会議の議決事項において国会解散に関する条文追加

080　第2部　李承晩政権初期（1948-1952）韓国政治の展開

行政府各部長官の任命と国務総理の位置づけ	第73条（政府章）1項：「行政各部長官は、国務委員の中で大統領が任命する」2項：「国務総理は、大統領の命令を承り、行政各部長官を統理監督し、行政各部に分担されていない行政事務を担当する」	第75条（政府章）1項：「行政各部長官の任命は国務総理が国務委員の中で提請すればその提請に従い、大統領はこれを任命しなければならない」2項：「国務総理は、行政各部長官を指揮監督し、行政各部に分担されていない行政事務を担当する」

※下線部は筆者による。

1948年の憲法については、「大韓民国憲法」URL:www.law.go.kr/ 법령 /（最終アクセス日：2024年11月27日）を参照。
1950年に民主国民党が提出した憲法改正案については、『第6回国会定期会議速記録第48号』、1950年3月9日、7–8頁を参照。（いずれも原語韓国語）表3は、先述した情報源をもとに、筆者が独自に翻訳し、作成したものである。

ろう。すなわち、1950年の憲法改正案は、1948年憲法起草委員会の当初の憲法草案への回帰ともいえる改正案であったのだ。

　1950年3月9日から開始された国会での憲法改正審議は、民主国民党の徐相日議員の憲法改正案提出説明書の朗読から始まった。徐議員は、内閣責任制の採用に反対する側の主要な論拠である①時期尚早論、②フランスのように政治が不安定になる恐れ、③政権に対する野心から党派間の争いが生じる可能性、④憲法改正に伴う一党独裁の恐れ、⑤憲法制定を行った制憲国会（1948-1950）でその期間中に憲法改正を行うことの不当さ、こういった5つの反対理由があることを述べた。

　それに対しては、①過去1年半あまりにいろいろな失政が多発したので、それを追及するためには、国会に対して責任を負う内閣責任制が必要であること、②フランスの混乱は政府の議会解散権がないからであり、政府の国会解散権を認める今回の改正案には該当せず、大統領制を採用している南米諸国でも混乱が生じていること、③君主独裁である過去ならまだしも三権分立を取っている今日においてそうした事態はありえないこと、④独裁を是正するための憲法改正案において独裁云々をいうのは見当違いであること、⑤憲法を制定したこの国会において問題が露呈したのであれば本国会で責任を持って憲法を改正すべきこと、と述べて憲法改正に反対する側への反論を行っている[14]。

　憲法改正案に関する徐議員からの説明後に、質疑応答と代替討論が行われたが、憲法改正の賛否に関しては意見が分かれた。憲法改正をめぐる対立構図は、主に、憲法改正に賛成する民主国民党（約69人）と親李承晩勢力ら憲法改正に反対する大韓国民党（約71人）と一民倶楽部（約30人）とに分かれていた[15]。

[14]「大韓民国憲法改正案」、『第6回国会定期会議速記録第48号』、1950年3月9日、4-6頁（原語韓国語）。
[15] 1950年3月当時国会内における勢力分布は1950年3月10日の国会における柳鴻烈議員の発言を参照。

憲法改正賛成派（主に民主国民党）は、主に議会政治と民主主義との結びつきおよび大統領制の独裁と行政府による失政の是正を主張していた。例えば、3月9日に徐議員は「議会政治は政党政治、政党政治は責任政治というのは今日の憲政の常道であり、民主政治の鉄則であるのは常識である」と述べている[16]。また、3月10日に曺泳珪議員（民主国民党所属）も、「元来民主政治の妙味というのは、国会を通じてその国のすべての社会的な矛盾を1つずつ除去していくことで、万が一、この民主政治の妙味が議会政治であることを誤ると、日本やドイツ、イタリアのような一党独裁の危険を内包する。国会自体が行政府の失策を是正できない国において、重大な事態が発生した代表例が中南米である」と述べている[17]。3月13日には、趙漢栢議員（民主国民党所属）が「立憲政治というのは政党政治でなければならず、この政党政治が何を意味するかを考えてみると内閣責任制がこれである」という発言を行っている[18]。さらに同日に李晶來議員（民主国民党所属）は「大統領制では失政があった場合、責任を問うことができないので不正が頻繁に起こるのに対し、責任内閣制では国会が国民の意思を代表して内閣不信任決議を行うので腐敗を除去することができる」と述べている[19]。

　1950年国会の憲法改正会議において「議院内閣制」に賛成する議員たちは、議会政治や政党政治を民主政治と結びつける発言を行っており、「国会は国民から直接選出されているので、国家の最高機関でかつ政治の中心機関である。国会の多数派が内閣を組織して政治を運営すべきであり、さらに国民の利益を代弁している政党が国会など政治の場で中心となって活動すべきだ」という旨の主張を行っていた。

　一方の反対派は、議会独裁と一党独裁を用いて憲法改正反対の主張を展開した。例えば、3月10日には、曺奉岩議員（大韓国民党所属）が「憲法を改正すると、国会で力を持つ勢力（政党）が国政を左右する一党専制に陥る危険がある」と指摘している[20]。また、同じ日に許永鎬議員（大韓国民党所属）も「大統領の独裁を防止するという理屈で改憲案を推進しているが、民主国家韓国の大統領を君主国家の君主と同じように解釈するのはおかしい。また、失政は大統領制だけでなく議院内閣制においても起こりうることである。むしろ、国会の大多数の支持を受ける

　　『第6回国会定期会議速記録第49号』1950年3月10日、4頁（原語韓国語）。
[16]「大韓民国憲法改正案」、『第6回国会定期会議速記録第48号』、1950年3月9日、18頁（原語韓国語）。
[17]「大韓民国憲法改正案」、『第6回国会定期会議速記録第49号』、1950年3月10日、38頁（原語韓国語）。
[18]「大韓民国憲法改正案」、『第6回国会定期会議速記録第51号』、1950年3月13日、19頁（原語韓国語）。
[19]「大韓民国憲法改正案」、『第6回国会定期会議速記録第51号』、1950年3月13日、30頁（原語韓国語）。
[20]「大韓民国憲法改正案」、『第6回国会定期会議速記録第49号』、1950年3月10日、11-12頁（原語韓国語）。

国務総理こそそれを牽制する手段がなく、一党独裁に陥る可能性がある」として大統領独裁よりむしろ政党政治による一党独裁を懸念する発言を行っている[21]。3月11日には、朱基瑢議員（一民倶楽部所属）が「現改正案が通るなら、大統領は何の権限も持たないロボットになるので、国政を円滑に運営することができなくなる。また、国会が大きな力を持つので、上院が存在しない場合は国会の独裁に陥る危険性がある。また、私たちの国会の現状では一党専制に陥る危険性がある」と述べている[22]。

　こういった賛成／反対派の意見から、1950年3月の国会における憲法改正会議の際に争点となったのが、どちら（議院内閣制か大統領制）の独裁をより懸念すべきなのかということであった。それは、すなわち、大統領による一党独裁となるか、あるいは議院内閣制導入により権力の一元化（行政と立法の密着）から生じる特定多数政党の専制（国会で多数を有する政党が行政府も掌握）となるか、どちらをより警戒すべき事態とみるかという議論でもあった。

　憲法改正案は、1950年の3月14日に表決に入る。表決の結果、在籍議員179人（総議員200人）中、賛成79、反対33、棄権66、無効が1という結果となり改正案は否決される[23]。憲法改正には、総議員の3分の2以上の賛成が必要であったが、4割強しか賛成票は得られなかったのである。

　民主国民党が提出した憲法改正案が、国会を通過できなかった最大の要因は、国会において親李承晩勢力が大きな比重を占めていたこと、にもかかわらず親李承晩勢力と無所属の議員を民主国民党が十分に説得できずに審議中ずっと論争が続いたこと、以上の2点が挙げられる。当時の国会勢力図は、親李承晩勢力が国会内で過半数、中立の無所属を合わせると7割を占めていたため、憲法改正案を通過させるには彼ら（131人）のうち約半数の支持（65人）が必要であった。しかし、実際の国会の審議においては彼らの多くを説得することができず、大統領独裁の是正を主張する民主国民党に対して議会独裁と一党独裁を理由に反対する意見が出されて論争が続いた。最終的な表決において彼らの一部（主に無所属）の支持を得たものの、親李承晩勢力の多くが棄権票を投じ、わずかに4割の賛成を得るに留まった。

---

[21]「大韓民国憲法改正案」、『第6回国会定期会議速記録第49号』、1950年3月10日、42-44頁（原語韓国語）。
[22]「大韓民国憲法改正案」、『第6回国会定期会議速記録第50号』、1950年3月11日、2-3頁（原語韓国語）。
[23]「大韓民国憲法改正案」、『第6回国会定期会議速記録第52号』、1950年3月14日、7頁（原語韓国語）。

第4節　1952年1月の憲法改正会議

4-1　李承晩政権の憲法改正の試み

　民主国民党による議院内閣制への改憲案は否決されたが、その2年後に再び憲法改正の話が浮上する。今度は、大統領選出方法をめぐってであった。李承晩は、1951年から従来の国会による間接選挙から国民による直接選挙への憲法改正を試みる。そして1951年の末には、憲法改正案を国会に提出するに至る。李承晩政権が提出した憲法改正案が国会において議論し始めた翌52年1月17日に李承晩は、次のような談話を発表して憲法改正案の正当性を訴える。

　　　4年前に憲法起草委員会が憲法を制定する際、大統領は国民が直接選定し、国会に上下院を置くことで協議したが、当時は時間上の問題で実施することはできず、臨時に大統領は国会で選挙し、後日再び修正するということになったのだ。その後、本大統領は国会議員に繰り返し勧告し、今回の改憲案を国会に提出して通過することにしたのだ。国会議員たちが今まで改憲案を扱わなかった理由は、民衆が直接選挙をすることになれば自分たちの権利を失うことになる。そのためにこの案件に賛成してこなかったのである。今では自由党が成立し各地方の民意で決定するという公論ができて以降、国会内において数人の政治家の主導で1日も早く投票し、大統領直接選挙と両院制改憲案を拒否しようとするのだという。これが事実なら、国会が民意を代表する機関として行うはずの国事は不透明であり、自分たちの私事権力のみを図っており、その重責を果たしていないと認めざるを得ないだろう。以上2つに対する全国民の意見が同一であることは、我々がすべて知っていることである。したがって、国会で憲法改正に拒否する国会議員に対しては、全民衆がこれを支持しないだろう。国会内で公正に物事を考える議員は、政治家の運動に惹かれず、ひたすら国民全体の意思を尊重することを願うところである[24]。

　ここで李承晩は、主権在民の原則上、国民が政治指導者を当然直接選ぶべきで

---

[24] 『自由新聞』、1952年1月19日（原語韓国語）。

084　第2部　李承晩政権初期（1948-1952）韓国政治の展開

あり、大統領は国会ではなく、国民に対して直接責任を追うべきだと発言している。それにもかかわらず、国会が国民による大統領の直接選出に反対していることは、国民の意思に反するものであり、自分たちの既得権の護持に過ぎないとして国会を批判している。同発言は「大統領は、正統性の根拠を国会や政党など中間機構や中間組織の信任ではなく、国民の直接信任に基づくべきだ」という李承晩の認識に基づくものである。

第1章でも述べたように、李承晩は青年期から壮年期にかけて大統領制を選好していた反面、政党に関しては「私利私欲の団体」だとして否定的な考えを持っていた。また、彼は、「民意」という概念を最も重視しており、政党や国会などの中間団体を迂回することなく国民との直接的な意思疎通を好む態度を取っていた。1952年1月に李承晩が提出した憲法改正案は、大統領直接選挙を通じて国会ではなく国民からの直接の支持を図ろうとする、彼の長年の憲法構想がダイレクトに表れたものである。

1951年末から李承晩は、憲法改正に向けて本格的に動き始める。国務会議において憲法改正および改正を支持する議員の確保のために新党結党の準備が話し合われる[25]。また、国会での工作も始め、多くの議員を包摂して自由党＝院内自由党を結成する。さらに院外（国会外）でも李承晩と憲法改正を支持するために別の自由党＝院外自由党が結成される。そして1951年12月には、憲法改正案が提出されるに至る。

しかし、憲法改正案をめぐって院内自由党と院外自由党は、行動を別にしていた。院外自由党は、大統領直接選挙と李承晩を大統領として支持を表明する。ところが、院内自由党は、民主国民党が再び推進しようとしていた議院内閣制への憲法改正を支持すると同時に次の大統領として張勉の支持を表明する[26]。そして院内自由党の多くは、李承晩政権が推進していた大統領直接選挙の憲法改正案に対して反対票を投じるようになる。

4－2 憲法改正案の国会での審議

1951年11月に李承晩政権は、大統領の直接選挙と上下両院制を骨子とする憲法改正案を国会に提出する。李承晩政権が提出した憲法改正案は、翌年の1月に

---

[25]『国務会議録』、1951年11月18日（原語韓国語）。
[26] 憲法改正案と次期の指導者選出をめぐる院内自由党と院外自由党間の対立については、李在鶴著、李応善編、前掲書、2004年、48-49頁、を参照。なお、李在鶴本人は当時院内自由党に所属しており、議院内閣制への憲法改正に賛成していた。

国会の本会議で議論されることになる。

1952年1月17日から開始された国会での憲法改正審議は、当時の国務総理代理の許政[27]の憲法改正案提出説明書の朗読から始まった。

国務総理代行であった許政は、憲法改正案が提示する両院制は、①国会の慎重でない議決と過ちを回避でき、②多数党の専制を防止できること、③また政府と国会の衝突を緩和できること、④上院において比較的老練で円満な人物を選出できることがメリットだと述べた。国民による大統領の直接選出についても、国民主権の民主主義国家においてはすべての公務員は国民の公僕であり、当然国民の意思が直接反映されるべきで、大統領・副大統領の間接選挙は民主主義の理想に沿わないことが改正案を出した背景であると述べている[28]。

しかし、李承晩政権が提出した憲法改正案は、国会内で否定的な評価を受けた。特に反発したのが民主国民党と院内自由党であった。

両院制に対する反対意見としては、①憲法改正案の条文上の問題、②国会の弱体化と機能不全、③非現実性、この3つが主であった。

まず、①憲法改正案条文上の問題を最初に指摘したのが趙柱泳議員（院内自由党所属）である。彼は憲法改正審議が始まった1月17日に、「現行の憲法改正案においては、上院と下院の意見の相違があった場合にどう調節するかが書かれていない」として憲法改正案の内容の不備を指摘している[29]。同日に李鎮洙議員（院内自由党所属）も趙柱泳議員と同趣旨の発言を行っている[30]。また、同日に邊光鎬議員（民主国民所属）は「両院制を採用していない中で、大統領に法案提案権と法律拒否権を与えると法律案を通過させるのは困難になるのではないか」と懸念する発言を行っている[31]。

②の国会の弱体化と機能不全を懸念する声としては、1月18日の厳詳燮議員（院内自由党所属）が発言を行った。彼は「統治権を立法、司法、行政の3つに分けることでその権利が弱体化するように、上下両院制に分けると立法府の権力が弱体化する恐れがある」と発言している[32]。上下両院制導入に伴う国会の弱体化の懸念については、同日、徐範錫議員（民主国民党所属）も発言している[33]。

---

[27] 当時の国務総理であった張勉は、外交交渉のため、1952年当時海外に出かけていた。
[28] 「大韓民国憲法改正案」、『第12回国会定期会議速記録第8号』、1952年1月17日、4-5頁（原語韓国語）。
[29] 「大韓民国憲法改正案」、『第12回国会定期会議速記録第8号』、1952年1月17日、5-6頁（原語韓国語）。
[30] 「大韓民国憲法改正案」、『第12回国会定期会議速記録第8号』、1952年1月17日、21頁（原語韓国語）。
[31] 「大韓民国憲法改正案」、『第12回国会定期会議速記録第8号』、1952年1月17日、15頁（原語韓国語）。
[32] 「大韓民国憲法改正案」、『第12回国会定期会議速記録第8号』、1952年1月18日、5頁（原語韓国語）。
[33] 「大韓民国憲法改正案」、『第12回国会定期会議速記録第8号』、1952年1月18日、10頁（原語韓国語）。

③の非現実性という指摘は、当時の韓国の現状と両院制の歴史の2点から批判がなされた。当時の韓国の現状からの批判は、主に戦時中であるからが理由である。1月17日には、先述した趙柱泳議員と張洪琰議員（民友会所属）は「戦争がまだ終わっていないのにもかかわらず、新たに上院選挙と大統領選挙を実施することは現実的に不可能ではないか」と指摘している[34]。また、両院制の歴史を例に挙げて批判したのが先述した厳詳燮議員であり、「両院制の起源は、イギリスにおいては貴族と市民階級との妥協によるものであり、アメリカにおいては、各州の人口比例に伴う平等を是正するためにできあがったものである。両国と違ってそうした対立がない我が国において両院制を導入するのはおかしな話であるし、導入する理由もない」と批判している[35]。

　以上のような両院制に対する反対意見が出されたわけであるが、大統領直接選挙に関しても反対意見が続出した。大統領直接選挙に関する討議の際に出た主な意見としては、①時期尚早論および漸進的移行論、②大統領の権限強化に伴う国会と少数派の抑圧の懸念という2つであった。

　まず、時期尚早論および漸進的移行論では、先述した「戦時中である」という現状認識に加え、市町村選挙といった地方選挙における国民直接選挙からの漸進的移行にすべきだと主張する声が相次いだ。例えば、1月17日に金意俊議員（民友会所属）は、「世界中を見ても（1952年当時）大統領直接選挙を行っているのは、フィリピンのみであり、アメリカにおいても間接選挙が取られている。また、ソウル市長や各道知事も直接選挙ではなく、大統領による任命制であるのに、大統領選挙のみを直接選挙にすべきだという理由がわからない」と発言している[36]。また、1月18日に徐二煥議員（民友会所属）も地方選挙と地方の長が間接選挙と任命制になっているにもかかわらず、大統領制だけ直接選挙にすることについて懸念を示している[37]。

　こうした反対派の主張には、1949年に制定された地方自治法が背景として存在していた。1949年7月に国会は、地方議会議員の国民直接選挙を定めた地方自治法を定め、翌月の8月に施行する。しかし、法律が施行されたにもかかわらず、李承晩政権では当時の治安状況などの国内情勢を理由に、施行から3年が経つ1952年においても地方選挙が実施されないままの状況であった。こうした地方

[34]「大韓民国憲法改正案」、『第12回国会定期会議速記録第8号』、1952年1月17日、7頁、13頁（原語韓国語）。
[35]「大韓民国憲法改正案」、『第12回国会定期会議速記録第8号』、1952年1月18日、3-4頁（原語韓国語）。
[36]「大韓民国憲法改正案」、『第12回国会定期会議速記録第8号』、1952年1月17日、19頁（原語韓国語）。
[37]「大韓民国憲法改正案」、『第12回国会定期会議速記録第9号』、1952年1月18日、12頁（原語韓国語）。

の実情を踏まえ、先述した金・徐両議員は、ソウル市長や各道知事の直接選挙からまずは実施すべきだという漸進的・段階的な直接選挙制移行を主張して李承晩が提出した憲法改正案に反対したのである。

　大統領の直接選挙に伴う少数派の抑圧を懸念する意見も存在した。例えば1月18日に徐範錫議員は、「大統領が提案した改憲案は、国会を弱体化させようという意図に過ぎない。民主主義を口実に現実に逆行しようとする独断的な行動は容認できない。外国の例を見ても、メキシコなどで大統領の直接選挙で数千人の殺傷を出したことは厳然たる事実であるので、これは独裁勢力を助長するに過ぎない」と発言している[38]。大統領直接選挙の際の公権力の行使に伴う少数派の弾圧を懸念していたのである。また、同日金正實議員（院内自由党所属）も大統領直接選挙制を採用したドイツのワイマール共和国憲法においてアドルフ・ヒトラーが登場したこと、大統領直接選挙を採用している南米諸国において混乱が生じていることを理由に反対する発言を行った[39]。

　こうして李承晩が提出した憲法改正案に対しては、様々な議員が反対したわけであるが、表決の結果、在籍議員163人中、賛成19票、反対143票、棄権1票の圧倒的多数で否決される[40]。

　李承晩が提出した憲法改正案が否決された最大の要因は、やはりその非現実性にあった。1952年1月当時の韓国は戦争中であり、かつ地方選挙が1回も行われたことがなかった。地方選挙も実施されていないのに、そこを飛び越して大統領直接選挙を実施しようとしたことは、やはり話の筋が通らなかったのだろう。当時の議員たちの多くもその点を指摘したにもかかわらず、李承晩を含め政府関係者たちは国会においてその点に関して十分に弁明することができなかった。それが憲法改正案の否決へとつながったわけだ。

　しかし、李承晩はこの結果に納得しなかった。例えば2月6日に行われた記者会見で、「民衆の大多数は大統領直接選挙を望んでおり、それが民主国家の原則である。大統領は民意によって選出すべきである」と発言し、1月の国会での表決は国民の意志と相反するものであることを暗示する発言を行っている[41]。李承晩は、憲法改正案が否決された直後から再び憲法改正を試みようと動き始めた。

　他方、民主国民党を中心とした国会議員においても、再び議院内閣制への改憲

---

[38]「大韓民国憲法改正案」、『第12回国会定期会議速記録第9号』、1952年1月18日、10-11頁（原語韓国語）。
[39]「大韓民国憲法改正案」、『第12回国会定期会議速記録第9号』、1952年1月18日、19-21頁（原語韓国語）。
[40]「大韓民国憲法改正案」、『第12回国会定期会議速記録第9号』、1952年1月18日、23頁（原語韓国語）。
[41]「還都してこそ民心安定」、『京郷新聞』、1952年2月8日（原語韓国語）。

を目指す動きが出現するようになる。例えば、大統領直接選出と上下院両院制の
憲法改正案が否決されてから約2か月半後の4月初旬から、議院内閣制への憲法
改正案提出のための署名運動が行われるようになる[42]。そして約2週間後の17日
には、議院内閣制を骨子とする憲法改正案が再び国会に提出される[43]。これに対
抗して李承晩は、民主国民党を中心とする国会議員が提出した憲法改正案に反対
すると同時に大統領直接選挙を骨子とする憲法改正案を再び提出しようと試みる。
憲法構想をめぐる李承晩と民主国民党との対立は、再び尖鋭化していくのであっ
た。

第5節　憲法改正案から見る民主国民党と李承晩政権の言説の相違

　第3節と第4節では、民主国民党と李承晩の憲法改正案の提出と国会での論争
について具体的に見てきた。それでは民主国民党と李承晩政権の憲法改正案と、
それぞれの改正案を正当化するために用いた言説には、どのような違いがあった
のだろうか。両者の相違をまとめたのが表4である。

　表4から、民主国民党と李承晩政権の憲法改正案は、①行政府と国会との関係、
②行政府長の選出方法に相違が見られる。これまで繰り返し述べてきたように民
主国民党は、国会での国務総理選出と不信任決議による権力構造の一元化を図っ

表4　民主国民党と李承晩政権の憲法改正案内容比較

	民主国民党の憲法改正案	李承晩の憲法改正案
憲法改正理由	大統領独裁の是正。国会の頻繁なチェックによる責任政治の具現	国民の行政指導者の直接選出。国会の慎重な審議と国会の独裁の是正
憲法改正内容	大統領の権限縮小と国務総理の権限強化。国会の国務総理選出と不信任決議、大統領による国会解散権を明記	大統領直接選挙と両院制の導入の明記
憲法改正案の特徴	国会の国務総理選出に伴う権力構造の一元化 議会主権の徹底化	国会ではなく、国民からの直接選出に伴う権力構造の一元化。議会主権の否定
改正案提出の際の正当化言説	国民から選出された国会とその国会の中で活動する政党が政治の中心を担うべき	主権在民の原則上、行政府の長は国会ではなく国民が直接選出を通じて国民から直接信任と責任を負うべき
行政の長の信任と責任の所在	国会	国民

民主国民党と李承晩政権それぞれの憲法改正内容と理由および正当化言説については、『第6回国会定期会議速記
録第48号』、1950年3月9日、4-8頁および『第12回国会定期会議速記録第8号』、1952年1月17日、3-5頁を参照。
(いずれも原語韓国語) 表4は、先述した情報源をもとに、筆者が独自に翻訳し、作成したものである。

---

[42]「内閣責任制改憲案」、『京郷新聞』、1952年4月6日 (原語韓国語)。
[43]「責任内閣制改憲案」、『京郷新聞』、1952年4月18日 (原語韓国語)。

た。それは、国民から代表される唯一の選出機関である国会が政治の中心を担うべきだという認識に基づくものであった。それに対して李承晩は、国会による権力構造の一元化を否定的に捉えると同時に、大統領直接選挙という国会選挙とは別の代議制民主主義制度を通じての権力構造の二元化を図った。それは、国会という中間組織を迂回することなしに、国民から直接信任と責任を負うべきだという李承晩自身の認識に基づくものであった。

　そうした民主国民党と李承晩の見解の相違は、それぞれの国会の捉え方に基づいていた。民主国民党は、国民が議員を選出した以上、国会が唯一の民意の代弁機関だと捉えていた。そうした唯一の民意の代弁機関である国会が、政治の中心を担うのは当然だという論旨を用いていた。それに対して李承晩は、仮に議員が国民から選出されていても、選出後は議員の判断に基づいて独自の行動を取るので、国会は民意を代弁する機関とはならず、当然国会で下される判断が民意を代弁するとはみなさなかった。そうした国会不信から李承晩は、国民からの直接選出を通じて民意を確認し、国会ではなく国民に直接責任を負うように試みた。国会の捉え方に対する両者の違いは、行政府による長の正統性の根拠（国民から選出された国会によるものかそれとも国民の直接の信任か）への捉え方の違いにもつながった。

　上記のようにして、民主国民党と李承晩はそれぞれ自らの主張の正当化を図ってきたわけであるが、それは1952年1月以降の両者の行動にも結び付いていくこととなる。詳しいことは次章で述べていくが、民主国民党は「国会および国会で活動する政党が民主政治を担うべきだ」という従来の主張通り、主に国会内でのその他の政党所属議員との連携を通じて、すなわち国会の枠内の工作によって議院内閣制への憲法改正を試みる。それに対して李承晩は、国民らの動員を通じて国会を圧迫するという行動を取り始めるのである。

小　括
———

　1948年に制定された韓国の憲法は、1950年以降、民主国民党と李承晩によって、たびたび改正が試みられてきた。その背景にあるのは、条文解釈をめぐる民主国民党と李承晩との対立であった。

　例えば、1948年当時の憲法においては、大統領の国務総理の任命における国会の同意を必要とすること（67条）や国政の最終の議決権を大統領ではなく国務院

に置いていた（68条）。したがって、国務総理の最終的な責任の所在（＝大統領か国会）が曖昧であっただけでなく、大統領と国務総理との役割分担、国会の行政府への関与の度合いに関しても非常に曖昧であった。

李承晩は、自身に忠実な人物を国務総理に任命するなどして、国務総理の影響力と権限の縮小を図ることでこの問題を解決しようとした。こうした発想から、国民からの支持を背景に大統領直接選挙導入に伴う国民からの直接信任による権力構造二元化を実現しようとした。そして大統領直接選挙による国会の統制からの自立も計画した。しかし、そうした行動は、国務総理を通じて大統領の権力を牽制しようと考える国会（主に民主国民党）との衝突をもたらした。

一方で、1950年当時、国会で勢力を持っていた民主国民党は、先述した憲法条文上の問題を解決するため、議院内閣制を導入して権力構造の一元化を徹底させることで自らの影響力の拡大を試みた。

それぞれの思惑に基づいて、1950年と1952年に民主国民党と李承晩は憲法改正案を提出したのである。憲法改正案提出の際に民主国民党は、国会とその国会の中で活躍する政党が民主政治の核心であり、両者が政治の中心を担うべきだと主張した。それに対して李承晩は、主権在民の原則のもと、行政府の長は国会ではなく国民が直接選ぶべきだと主張した。

本章では、序章で述べた研究目的②を解明するために、李承晩と保守野党政治家（主に民主国民党）との民主主義観の対立が初めて鮮明化し、争われた1950年から1952年までの時期の分析を行った。そして1950年以後、両者の対立が起こるようになった原因は、1948年憲法の内容上の不備、そして条文解釈をめぐる両者の意見の食い違いであったことを明らかにした。

以上が、1950年と1952年に民主国民党と李承晩政権がそれぞれ憲法改正案を提出した背景と内容上の相違である。それでは、1952年1月以降、民主国民党と李承晩の対立はどのように展開されたのか、次章ではこれを見ていく。

第4章　1952年1月から5月までの
李承晩政権と国会との対立

　前章では、1950年3月と1952年1月に民主国民党と李承晩政権が、それぞれ提出した憲法改正案の内容および国会本会議での審議から否決へと至る過程について述べてきた。それでは、それぞれの憲法改正案が否決された後の1952年1月から（後述する）釜山政治波動という政治的出来事が発生する1952年5月までの4か月の間、民主国民党が大きな影響力を占めた国会と李承晩政権はそれぞれどのような行動を取ったのだろうか。本章では、このことを見ていくことにする。

第1節　先行研究分析と問題提起

　李承晩政権初期（1948-1952）の国会と李承晩（政権）の政府形態・政治制度論争に焦点を当てた研究として、朴明林（2003、韓国語）の研究とソ・ヒギョン（2020、韓国語）の研究が挙げられる。例えば朴明林は、李承晩政権期の憲政史を分析し、国会と李承晩の対立は理論上、代議制民主主義と国民投票民主主義の対立であったと分析している[01]。そして国民投票民主主義を主張した李承晩が勝利し、大統領直接選挙が導入されたことで、国民投票民主主義が代議制民主主義の優位に立つ、後の韓国政治の特徴の契機となったと指摘する[02]。

　また、ソ・ヒギョンの研究は、朴明林の研究では欠けていた政府の主張と国会内での議論に焦点を当てており、政府は議院内閣制の導入に伴う議会独裁と一党独裁を懸念した反面[03]、国会は大統領直接選挙に伴う行政府の不正選挙と野党弾圧を最も懸念していたと指摘している[04]。

　こうした先行研究によって、①李承晩政権初期において国会と李承晩政権が対立した内容、②対立の展開過程、この2点が明らかになっている。

---

[01] 朴明林、前掲書、2003年、118頁、126頁。
[02] 朴明林、前掲書、2003年、122頁。
[03] ソ・ヒギョン、前掲書、2020年、176頁。
[04] ソ・ヒギョン、前掲書、2020年、182頁。

しかし、これらの研究が、単なる図式的な解釈に留まっており、具体的な内容分析を行っていないという問題点がある。朴明林の研究では、李承晩と国会の対立は、国民投票民主主義と代議制民主主義との違いにあると捉えている。しかし、この概念について詳しい説明がなされておらず、後半部分で簡略に述べているだけであり、概念および特徴が明確化されていない。また、具体的な1次資料を用いて論理を展開していないので、当時の両者の争点は何か、そして対立の際にそれぞれの主張を正当化したものは何であったのかについて明らかにされていない。ソ・ヒギョンの研究においても李承晩政権と国会の争点の紹介に留まり、李承晩政権と国会が相手の主張に反対する際に用いていた主張と、その主張の背景に潜む民主主義の内容について深く分析がなされていない。

　次に、両研究では、この時期の李承晩政権と国会の対立を「独裁」と「民主主義」の対立という二分法の構図に性急に落とし込んでいるという問題点がある。例えば、朴明林の研究では、1952年に李承晩が勝利したことで代議制民主主義よりも国民投票民主主義が優位に立ち、その後の韓国の政治が特定個人の権威主義的支配と民主主義制度の機能不全の結果へとつながったとしている。また、ソ・ヒギョンの研究では、憲法改正のために李承晩政権が起こした一連の行動（民意デモ、戒厳令、国会議員逮捕）は、同政府の反民主的な性格が如実に表れたものであり、これらの出来事により韓国の民主主義に深い傷を負わせたとソは批判している[05]。しかし、両者の研究、特にソの研究では、当時李承晩政権が民主主義という言葉を頻繁に用いていたことや、憲法改正の結果によって国民による大統領直接選挙が導入されるなど、以前の憲法と比べてより民主的になったことを説明できない。すなわち、李承晩政権が本当に「反民主的な考え」を持っていたのであれば、なぜ国民が政治指導者を直接選ぶ大統領直接選挙を頑なに導入しようとしたのか、そして民意という概念を頻繁に用いて国民に支持を訴えかけたのかが説明できない。つまり、李承晩政権と国会の対立原因は、単に李承晩の政権掌握によるものという理由だけでは説明できない部分があるのだ。

　こうした問題点を踏まえて筆者は、1952年の国会と李承晩政権の対立の原因を分析していくことにする。

　1次資料は、国会側の主張として、1952年3月に国会が発行した「改憲案否決と護憲決議までの真相」という文書および当時の国会議事録を、李承晩政権側の主張としては、同じ時期に公報処が発行した「改憲案と制度に対する総合批判」

---

[05] ソ・ヒギョン、前掲書、2020年、234頁。

という文書を主に用いることとする[06]。それ以外の資料としては、国務会議録などの政府関係資料および国会議事録などの国会関係資料、当時の新聞記事や主要人物の回顧録なども随時参照しつつ議論を展開していく。

第2節　1952年1月から5月までの李承晩政権と国会との対立の展開

　1952年の李承晩政権が提出した憲法改正案が否決された後も、政府形態そして民主主義をめぐる李承晩政権と民主国民党を中心とする国会、および両者[07]の見解の対立は、収束するどころかむしろ激化していった。

　改正案が否決された後の李承晩は、大衆動員を通じて国会を圧迫する方法を取っていく。例えば、憲法改正案が否決されてから10日後の1月27日には、当時の臨時首都であった釜山において、憲法改正案否決を批判する内容のビラが釜山市内の電信柱と壁に貼られた[08]。また、これと前後して、大韓青年団など李承晩を支持する青年団体の召喚運動指令が相次いで出される。

　李承晩政権と国会の対立が再び本格化するのは、2月に入ってからである。そして、対立に伴い、国会議員召喚運動が行われた。ちなみに、国会議員召喚運動とは、1952年1月、李承晩政権提出の憲法改正案に反対した国会議員を召喚して

---

[06] 本章で「改憲案否決と護憲決議までの真相」という国会発行文書と「改憲案と制度に対する総合批判」という李承晩政権発行文書を主として用いる理由は、両文書が1952年までの民主国民党を中心とする国会と李承晩政権の主張を一番体系的かつ簡潔にまとめており、両者の主張とその特徴を把握しやすいからである。確かに国会と李承晩政権の主張は、新聞記事や国会議事録など他の資料にも表れている。しかし、それらの資料は1952年当時の韓国政治の流れをつかむには適しているが、主張のまとまりが欠けているため、国会と李承晩政権の主張を把握するには不十分である。また、当時の新聞や国会議事録は、その新聞紙の性格や国会の立場を代弁しているので、相手側の主張（特に李承晩政権側）を意図的に歪曲する可能性も存在する。したがって本章では、国会と李承晩政権のまとまった主張を把握するため主に先述した文書を用いることにする。

[07] むろん李承晩政権と国会それぞれが決して一枚岩であったわけではない。例えば、1952年1月の時点に李承晩政権内において当時の副大統領であった金性洙や国務総理を務めていた張勉など、李承晩と微妙な関係を保っていた人もいた。また、国会内においても三友荘派など、国会議員の3分の1近くは李承晩を支持する態度を取り、民主国民党が推進していた議院内閣制への憲法改正に反対していた。しかし、これから本章の第2節と第5章で述べていくように、李承晩政権内においてはほとんどが李承晩に追随していた。また、国会内でも3分の2以上は、議院内閣制への憲法改正に賛成する立場を取っていた。したがって本章では、李承晩政権内のほとんどの人が李承晩の方針を支持し、国会議員の7割以上が議院内閣制への憲法改正を支持していたこと、国会と政府がそれぞれ公式の文書を発行したことを踏まえ、1952年の対立構図を李承晩政権と国会との対立であったと規定することにする。実際、先述した朴明林やソ・ヒギョンなど多くの先行研究においても、1952年の政治的出来事を李承晩政権と国会との対立だと規定している。

[08] 「電信柱ごとに“ビラ”国会議員召喚せよ等の内容」、『京郷新聞』、1952年1月30日（原語韓国語）。

真相（反対した理由）究明をさせるために起こった官製民意デモのことであり、この運動は、憲法が改正される1952年7月まで続いた。

　例えば、2月18日には「憲法改正に反対した国会議員たちを召喚して真相究明をさせよ」という国会議員召喚デモが国会議事堂の周辺で行われる[09]。こうした国会議員召喚要求に対して李承晩は談話を発表し、「憲法では国会議員を召喚する条件はないが召喚してはいけないという条件もないので法的に全く問題のないことである」として国会議員召喚運動を是認（または支持）する姿勢を取っている[10]。

　李承晩が国会議員召喚の支持を表明したのは、実は1952年が初めてではない。李承晩の政治思想を通時的に分析したキム・ハクジェが指摘しているように[11]、李承晩は大統領に就任する前から、国会議員召喚に関する自らの考えを表明していた。例えば、韓国で第1回国会議員選挙が行われた1948年5月12日（李承晩が大統領に選出される2か月ほど前）に李承晩は談話を発表している。談話の中で李承晩は、「仮に各地方から選出された代表が、民意に違反して暴走する行動で国権を妨げる場合は（彼らを）召喚してでも国家大計を守らなければならない[12]」として、国会議員召喚に肯定的な考えを披露している。したがって「国会議員召喚運動は、李承晩自身の権力延長のための道具に過ぎないもの」という従来の先行研究の主張は、一面的な分析である。1952年に起こった国会議員召喚運動は、当時の李承晩と民主国民党を中心とする国会との対立という、当時の政治状況と大統領就任前から李承晩が抱いていた民主主義思想の通時的な側面が重ね合わさった結果による可能性が高い。

　こうした国会議員召喚要求とデモに対して国会は、迅速に対応を取り始める。デモの後、国会は、デモに関する特別調査委員会を組織して、その実態を調査する。そして2月19日には当時の国会議長であった申翼熙の名義で李承晩大統領に送る質問要項を行政府に送信する[13]。そういった国会の動きに対して李承晩も、再び迅速な対応を取る。2月20日に李承晩は「民意に関して、国会側と政府側とで意見の食い違いが起こっているが、対立を解決するためには民衆意見が何かをまず明らかにすべきである」という談話を発表し、国会の動きを牽制する[14]。さ

[09]『民主新報』、1952年2月20日（原語韓国語）。
[10]『民主新報』、1952年2月18日（原語韓国語）。
[11] キム・ハクジェ、前掲書、2013年、30頁。
[12]『ソウル新聞』、1948年5月13日。キム・ハクジェ、前掲書、2013年、30頁から再引用。
[13]「十三個条項質問書提出」、『京郷新聞』、1952年2月21日（原語韓国語）。
[14]『民主新報』、1952年2月22日（原語韓国語）。

らに2月26日には20日に送られた国会からの質問要項に対する回答を送る[15]。李からの回答を受けた国会は、2月27日に特別委員会は国会議員召喚運動に関する決議書を採択し、李承晩と対立する姿勢を取り続ける[16]。

大統領直接選挙制と両院制への憲法改正をめぐって国会と李承晩が対立している中、国会では、民主国民党を中心に憲法改正案提出および作成に向けての動きが始まる。例えば、4月から憲法改正案提出のために必要な在籍議員3分の2以上の賛同署名に向けての署名運動が展開され、1952年4月4日までに93人の議員が議院内閣制への憲法改正案に署名する[17]。そして最終的には123人の議員（当時の在籍議員183人）の署名を得て、4月17日には民主国民党が議院内閣制の憲法改正案を国会に正式に提出する[18]。1948年に制定された憲法においては、憲法改正を行うには3分の2以上の国会議員の賛成が必要であったが、既に123人の署名を得たので、議院内閣制への憲法改正は時間の問題であった。

議院内閣制への憲法改正案が国会に提出された後、当然のことながら李承晩政権はこの憲法改正案に反対する姿勢を取り始める。例えば憲法改正案が提出された2日後の4月19日に、李承晩政権を代表して李哲源公報処長が議院内閣制への憲法改正に対する李承晩政権の公式見解を発表する。同見解では、「議院内閣制に必要な政党制度が十分に発達していないこと、議会独裁に陥り三権分立の原則が脅かされる恐れがあること、行政府の過誤は経験不足や物資不足であって制度自体の欠陥ではない」と述べながら、国会が提出した議院内閣制への憲法改正案に反対する立場を表明した[19]。また、当時の法務部長官であった徐相懽も公式見解と同様の理由で翌日20日に憲法改正案に反対した[20]。

李承晩政権は、国会議員多数派が議院内閣制の憲法改正案を提出したことに対して、国会議員召喚運動の継続と憲法改正案（国会案）公告の遅延、そして両院制と大統領直接選挙の憲法改正案（政府案）の提出を通じて国会に対抗していく。そして、公式声明を通じて国会の議院内閣制への憲法改正案提出に反対した。また、自身は再び国会に両院制と大統領直接選挙の憲法改正案を提出しようと試みる。そして5月には、同年1月に否決された憲法改正案を一部修正したものを提

---

[15]「大統領国会質問十二条項に回答」、『東亜日報』1952年2月27日（原語韓国語）。
[16]「国会特委大統領答弁に決議文提出」、『東亜日報』、1952年2月28日（原語韓国語）。
[17]「内閣責任制改憲成案 4日現在で93名捺印」、『東亜日報』、1952年4月5日（原語韓国語）。
[18]「非署名議員は60名改憲推移で捺印名簿発表」、『東亜日報』、1952年4月21日（原語韓国語）。
[19]『ソウル新聞』、1952年4月21日（原語韓国語）。
[20]『大邱毎日新聞』、1952年4月22日（原語韓国語）。

出する[21]。

　この憲法改正案に対して国会は、同一会期中に憲法改正案を再び提出することは「一事不再議の原則」に当たるとして李承晩政権を批判する。それに対して李承晩政権側は大統領制と両院制は同じではあるが、憲法改正案の内容が全く同じなわけではなく、他の部分で修正を行ったので、一事不再議の原則には当たらないと主張する。こうして当時の国会は、李承晩政権提出の憲法改正案と国会提出の憲法改正案の2つが出されて審議を待つことになったのである。

　そして両者の対立は、5月に李承晩政権が釜山周辺に戒厳令を発令することで、新たな局面へと展開していくことになる。

第3節　李承晩政権と国会の主張

　前節においては、李承晩政権が提出した憲法改正案が国会で否決された1952年1月から李承晩が釜山周辺に戒厳令を発動する5月までの時期の李承晩政権と国会との対立について述べた。それでは両者はそれぞれどのような主張を行ったのかについて見ていく。用いる資料は、国会側の主張としては、1952年3月に国会が発行した「改憲案否決と護憲決議までの真相」という文書および当時の国会議事録を、李承晩政権側の主張としては、同時期に公報処が発行した「改憲案と制度に対する総合批判」という文書を主に用いる。

3−1　国会側の主張

　2月からの国会議員召喚運動などの民意動員による李承晩政権側の攻撃に対し、国会が特別調査委員会の設置と李大統領への質問事項の送信などを通じて李承晩政権に対抗したことは既に述べた。それと同時に国会では、自分たちの行動や主張の正当性を国民にアピールするために、1952年3月に「改憲案否決と護憲決議までの真相」という34ページの文書を発行する。この文書には、李承晩が提出した憲法改正案を国会が否決した理由や実際の国会本会議での主要議員発言の要旨と李承晩政権の弾圧に対する国会の対応（大統領に送る質疑文や決議文の内容掲載など）について書かれた内容であった。

---

[21]「政府の直選両院制改憲代案昨日国会に提出しようと即時公告」、『東亜日報』、1952年5月15日（原語韓国語）。

冒頭（1頁目）には、国会で李承晩が提出した両院制と大統領直接選挙の憲法改正案を否決した理由が書かれている。その理由として、両院制実施に伴う国会の弱体化と国民の政治的未熟を挙げている[22]。順番にみていくと、まず両院制については、国民の意思を2つに分けることで、国会の機能を弱体化させて国政運営を混乱させる恐れがあるため否決に至ったとしている。すなわち、政府の両院制実施の提案に対して多くの議員が懸念していたのは、両院制度の導入による立法府権限の分割であった。この主張に説得力を持たせるために文書では、憲法改正審国会議（1952年1月17日-18日）で1月18日に発言を行った厳詳燮議員の発言要旨（7-10頁）を載せている。その発言要旨では「大統領の法律拒否権をそのまま認めて、両院制を実施するのは、そのまま国会の権限弱体化へとつながる。現在、国会の力が強いという政府の主張は見当違いで、実際はむしろ国会の権限が弱いのが現状である。その代表例が国会の国政調査と閣僚罷免決議に対する無視、政府予算案のそのままの通過である。また、一院制の弊害として、国会専制と政府との衝突も、国会の内閣不信任決議と政府の国会解散権を与える議院内閣制導入および政党政治の発展と国会中心政治の実施により解消できる」として両院制導入は不要だとしている[23]。

次に、大統領直接選挙の実施については、国民の政治的知識が十分に発達していない場合は、権力に利用されて感情的に流されやすくなるだけでなく、大統領候補支持をめぐって互いに反目しあって、流血事態が起こる恐れがあることが否決の要因としている。こうした国会の主張は、当時の韓国国民の力量を無視もしくは過小評価している点でエリーティズム的な面も見て取れるが、その背景には、大統領直接選挙実施の際に警察などを用いる政府の公権力行使による選挙干渉への恐れがあった。実際に文書では大統領直接選挙の問題点の1つとして、大統領の官権発動による反対候補者の弾圧を挙げている。大統領直接選挙の際には官権が選挙結果に大きな影響をもたらす可能性が大きいので、国民が十分な判断力を持たないときは、政府の意のままに動かされるとしている。

大統領直接選挙に対する反対理由の具体的な内容としては、1月17日国会の憲法改正会議で金意俊議員が行った発言要旨を載せている。大統領直接選挙に対する金意俊議員の発言要旨では、「直接民主主義を採択する他の民主主義国家が採

---

[22] 国会編、「改憲案否決と護憲決議までの真相」、大韓民国国会、1952年3月、1頁（原語韓国語）。
[23] 国会編、前掲書、1952年3月、10頁。なお、厳詳燮議員の発言は、1952年1月18日韓国国会で実際に発言したものである。厳詳燮議員の発言の原文は、「大韓民国憲法改正案」、『第12回国会定期会議速記録第9号』、1952年1月18日、1-9頁を参照。（いずれも原語韓国語）

用していない大統領直接選挙を、採用しようとする政府の意図がわからない。また、大統領直接選挙では、適任者が誰かを判断するのが難しく、我が国のように民主主義の実践段階において国民の政治訓練が未熟な国では政府が選挙干渉を起こしやすくなり、国民が感情に流されやすく、党派心＝自分の仲間たちだけに肩入れする状態を起こして流血事態に陥りやすくなることの問題点がある。また、今の世界潮流は、大統領間接選挙が一般的で、直接選挙制度は時代に逆行するものである」と述べて、大統領直接選挙の導入は、韓国の現状にも合わないし、世界の潮流にも反するとして反対している[24]。

さらに別の「改憲案否決と護憲決議までの真相」という文書の冒頭においては、李承晩政権が行っていた国会議員召喚運動などの民意デモに対しても辛らつな批判を行っている。こちらの文書では「大統領の発言とそれに呼応し、「民意違反」を口実に一部の政治家によって起こされた国会議員召喚運動は、憲法上、国民の代表機関である国会の職権を無視することで、かつ憲法を否定することである。憲法守護だけが国民の自由と福祉を保障する唯一の道であり、護憲のために必死に対抗する」として李承晩政権に対抗する姿勢を明確にしている[25]。冒頭では「李承晩大統領は、一貫して抽象的な民意を掲げて、国会決議に対していちいち民意を確かめなくてはならないと主張し、根拠なく国会議員は私利私欲にとらわれて民意に背反する行動をしていると独断して、官力によって作られた民意を民意として用いて民主政治を脅かしている」として李大統領個人に対する批判も行っている[26]。また「民主主義政治制度は代議政治であり、国民が直接政治に参与できない以上、国民の投票で選出された国会議員が国会を構成してすべての国事を議論させるようにしたのである。国会が民意を代表する所以はそこにある」として国民から選出された「国会」こそが「民意」の担い手だとして、民主政治における国会の正統性も国民にアピールしている[27]。

李大統領に対する国会の批判は、2月19日に彼の手もとへと直接に送り、かつ文書にも掲載されている12項目の質問要項にも表れている。

① 「国会議員の任期は4年とする」という憲法23条の規定は、国会議員の任

---

[24] 国会編、前掲書、1952年3月、11-12頁。なお、金意俊議員の発言は、1952年1月17日に韓国国会で実際に発言したものである。金意俊議員の発言の原文は、「大韓民国憲法改正案」、『第12回国会定期会議速記録第8号』、1952年1月17日、18-20頁を参照（原語韓国語）。
[25] 国会編、前掲書、1952年3月、2頁。
[26] 同上。
[27] 同上。

期中に召喚できないとはみなせないのか。

② 現在行われている国会議員召喚運動が「国会議員は国会内で発表した意見と表決に関して外部に対して責任を負わない」という憲法50条の条項に反するものではないのか。

③ このように憲法を無視すれば、大統領の地位も法によらない方法でいつでも剥奪できることを肯定すべきではないのか。

④ 国会議員召喚に関して何の法規定もないのに、どういう方法で召喚運動をすることができるのか。

⑤ 何人かの扇動や下部組織を通じて行われる方法で、民意が自由に反映されると思うか。

⑥ この方法で国会議員召喚を決定した場合に法的効果が発生すると思うのか。または国会議員が自ら進んで退任すると思うか。もし国会議員が自ら進んで退任しなければどうするつもりか。

⑦ 大統領が談話を発表することで収拾できない混乱が起こることを大統領は予想できないのか。もし混乱が起こった場合、その混乱の責任は誰が負うのか。

⑧ ましてや国際的に波及される影響をどう見るのか。国家と民族の将来に対する悪影響が生じた場合にどのように責任をとるつもりか。

⑨ 憲法制定時に、大統領は「両院制と大統領直接選挙が理想であるが、分断状態である現状を踏まえ、いち早く憲法を制定すべきだ」といったが、当時と比べて今の私たちの事情はどうなったと思っているか。

⑩ 国会で圧倒的多数で既に否決された改憲問題を、戦時中に再び取り上げることは、果たして民主主義の原則に合致し、国家と民族のための唯一の方法だと思うのか。

⑪ フランスやイタリアの憲法でも、大統領は国会で選挙すると規定されているが、そうした国は民主主義国家ではないのか。

⑫ 国会議員召喚投票の主張は、明白な憲法否定で内外的に悪影響をもたらすものであり、談話を取り下げて民衆の心を安堵させる意思はないのか。

上記のような質問内容が書かれていた [28]。

---

[28] 国会編、前掲書、1952 年 3 月、26-27 頁。ただし左記資料では上記のような箇条書きにはなっておらず、ここでは読みやすいように箇条書きで明記した。

この質問要項の趣旨は、国会議員の自律性の原則と法的問題（そもそも憲法や法律で規定されていない国会議員召喚運動を行うことは憲法違反ではないのか）、戦時中であることを理由に李承晩の発言や行動に反対していたことである。

　国会が目指していたのは、議院内閣制への憲法改正であった。そして、それを実行するために用いたのが「国会は、国民から選ばれているので、当然国会が政治の中心を担うべきだ」という言説であった。

　しかし、国会側によるこの主張には、次のような問題点が露呈する。それは、国民にはっきりと政策を打ち出し、国民から責任を負う政党が十分に発達していない中で、議院内閣制を導入したとして、果たしてそれが十分に機能するかということである。そして、もしそうした現状の中で議院内閣制を導入するならば、国会は国民の意向を反映するのではなく、国会議員内の偏狭な利益争いに終始してしまうのではないかという不満も払拭できないでいた。この問題は、当時李承晩政権から指摘された問題であったが、国会は十分な回答を行っていなかった。

3－2　李承晩政権側の主張

　護憲決議や議院内閣制への憲法改正案の提出など、李承晩政権との対決姿勢を強める国会に対抗して、李承晩政権も官製団体を用いての国会議員召喚運動を引き続き展開すると同時に、「改憲案と制度に対する総合批判」という文書を発行するなどして自らの主張と行動の正当性についてアピールをしていた。付録を合わせて75ページの分量からなる同文書は、大統領直接選挙と間接選挙の比較および大統領直接選挙を韓国で実施する必要性、国会が提出した議院内閣制の憲法改正案を批判する内容が書かれていた。

　この文書では、韓国で大統領直接選挙制を実施すべき理由として、三権分立の徹底化と国民意思反映の強化を挙げている。文書では、まず1948年に制定した憲法が大統領間接選挙を採用した経緯について述べられている。「憲法制定時に国会による大統領間接選挙を採択したのは、当時の時間的問題に伴うあくまで臨時的な措置であって永久的な規定ではない。そしてその臨時措置を国会が永久化することは国民の権力を横領する結果に過ぎない」としてこの間接選挙を批判している[29]。そして大統領間接選挙は主権在民の原則に背馳するものだとしている。憲法第2条には「大韓民国の主権は国民にあり、すべての権力は国民から出ている」と書いてあるにもかかわらず、「行政権発動の根源を国民からではなく立法

---

[29] 公報処編、前掲書、1952年、5-6頁。

機関を通じて間接的に行使するのは、民衆の眼を隠す愚民政治に過ぎない。したがって大統領制下での行政首長は、その独立と分権のためにも必ず国民による直接選挙にしなければならない」というのが間接ではなく直接選挙を行う目的であるとしている[30]。

また「国会による間接選挙では、当選する見込みがないから大統領直接選挙を推進しているだけだ」という国会側からの批判に対する反論も行っている。それは、「国会意思」と「国民意思」の一致である。すなわち「私たちが国会意思を尊重する理由は、それが国民の意思を反映できる点においてである。したがって国会意思は常に国民意思と合致しなければならない。もし、一部の人が言っているように、大統領直接選挙に対する国民の希望と国会の意思が背馳することが事実なら、国会の意思は立場を失うことになり、尊重する価値も喪失する」と述べて反論を行っている[31]。

ここで注目すべきは、国会が大統領直接選挙に反対するのに対し、国民は大統領直接選挙を望んでいるとして、国会意思と国民意思が相反していると李承晩政権が主張したことである。相反する根拠として李承晩政権が挙げているのが、国会議員召喚運動である。そして李承晩政権は、国会の正統性が保障されうるのは国民の意思が合致する場合のみであるとしている。すなわち、国会議員の役割はもはや支持選挙区や支持選挙民の意思・利益を実現させることのみであり、そうした選挙区民の利益から離れて国会議員が自ら国益だと（主観的に）考えて行動することに対しては、否定的な考えを李承晩政権が持っていたことが見て取れる。

李承晩政権は、大統領直接選挙とともに両院制に対する見解もこの文書内で表明している。

まず、一院制と両院制のそれぞれの長所／短所を挙げたあと、韓国では両院制が望ましいことを指摘する。その理由として挙げているのが、国会の失政と議会独裁の2つである。すなわち、李承晩政権発行文書では、「彼ら（国会議員）自身の無知と政府との感情的対立によって時間と精力を消耗させた」として国会と李承晩政権の対立による国政運営の混乱の責任を国会に向けているのだ[32]。そしてこうなった原因が一院制にあるとして「一院制でかつ国会の解散権がない現在の我が国の憲法で、議院内閣制を推進するとフランスかそれ以上の国会至上主義に陥

---

[30] 公報処編、前掲書、1952年、7頁。
[31] 同上。
[32] 公報処編、前掲書、1952年、14頁。

る可能性がある。両院制の設置を通じての権力分散と慎重な審議を行うことが望ましい」と述べている[33]。

そうした点を踏まえ、最後に李承晩政権発行文書（「改憲案と制度に対する総合批判」）では、大統領制と議院内閣制に対する評価を行っている。両院制と一院制の記述と同様に、大統領制と議院内閣制の議論についてもそれぞれの長所と欠点について述べた上で、当時の韓国の状況では、議院内閣制の実施は時期尚早だと結論付ける。その理由としては、韓国における政党の未成熟を挙げている。すなわち、李承晩政権発行文書では「フランスのように小政党が乱立している国においては、政策の不統一と政治の不安定をもたらす可能性がある。まして我が国のように未だに政党の基礎が確立されていない国においては、フランスかそれ以上の混乱をもたらしかねない」として議院内閣制の導入はかえって政局の混乱をもたらしかねないことを懸念しているのだ[34]。

大統領直接選挙、国会・政府形態に関する記述の後で、この文書では、これまでの記述を踏まえ、国会が提出した議院内閣制への憲法改正案を批判する論考を展開している。「国会による国務総理指名は、国会内の各派閥の一時的な野合による政権壟断をもたらす可能性を内包し、また不信任決議の乱発を防止する措置が十分ではないため、政府と国会が各々解散権と不信任権を保有しているが、互いのバランスが崩れてしまうと戦前日本のような行政独裁またはフランスのような議会独裁に陥る危険がある」などの理由を挙げて批判している[35]。

李政権発行文書には掲載されていないが、民主主義に対する李承晩の考えは、先述した国会が李大統領へ送った質疑書に対する「回答」に顕著に表れている。先にも見た国会から送られた12項目の質問に対して李は、その12項目にすべて回答し、再び国会に送っている。その回答書を整理すると次のようになる[36]。

① 民主国家の憲法は民意で改正できるし、増補もできる。国会議員の任期中に何でもできるというのは誤った考えである。

② 国会は憲法52条を用いているが、今回の憲法改正案の否決は国会の討議を通じて否決したこと公表されたことを民衆が知り、その案件の否決が（主

---

[33] 公報処編、前掲書、1952年、14-15頁。
[34] 公報処編、前掲書、1952年、24-25頁。
[35] 公報処編、前掲書、1952年、27-31頁。
[36] 国会編、前掲書、1952年3月、30-32頁。ただし左記資料では上記のような箇条書きにはなっておらず、ここでは読みやすいように箇条書きで明記した。

第4章　1952年1月から5月までの李承晩政権と国会との対立　103

権在民原則を規定する）憲法の精神に反することを民衆が修正しようとするものであるから、同条文とは関係ないものだ。

③　国会の権利は民衆を代表した権利であるので、憲法の精神に違反し、憲法の文字のみを用いて民衆の意思に違反することはできない。

④　憲法も民衆が作ったものであるので、民衆が望むのであるならば憲法でも政府でも国会でも何でも直すことができる。

⑤　召喚運動の手続きが不公平であると言っているが、これは事細かな手続きに関するものに過ぎない。手続きに問題があれば是正する。手続きの話は国会議員召喚運動に直接関係するものではない（問題の本質に関わるものではない）。

⑥　召喚運動は民意に違反することを是正する目的のためのものであるから、その結果（副作用）がどうなるかは答えることができない。

⑦　民主国家で民意に従って難しい問題を解決しようとすることには、何の理由もない（当然な）ことであるし、混乱させる余地はない。混乱が生じるとなれば政府が対応する。

⑧　不平分子の話は民主国家の原則通りに解決する。

⑨　憲法を制定しようと試みた4年前と違い、今は情勢も変わり政府の構成も確立して民主制度を原則として打ち立てた政府が将来危機に陥る恐れはない。

⑩　政府の主張が、民意かそうでないかは民意に付して問うと自然と表面に現れるものなので、国会が私利私欲ではなく原則通りに修正して実行することを信じる。

⑪　国民が直接投票して大統領を選ぶと韓国の政治的基礎がより強固になり、よりよい人物が選ばれるという希望が出てくる。国会内の200余名の投票で選ぶ法では、韓国政府は名ばかりで、市民は何の権利も味わうことができない。国会議員の利益を超越して修正することが国会議員の責任（使命）である。

⑫　私の唯一の苦衷は三権分立の精神を守るだけである。その範囲を超える権力行使は韓国民衆の土台を危機に陥れるのみである。

と回答している。

ここまで見てきた李承晩政権発行文書の内容や李承晩自身による回答書を踏まえてみると、李承晩政権は、次のように自らの行動を正当化したといえる。すなわち、国会の意思と国民の意思（民意）が常に一致するとは限らないので、大統

領直接選挙を通じて直接国民に信任を問うべきだと主張し、三権分立の原則を用いて国会を牽制したのである。

繰り返しになるが、李承晩政権が目指していたのは、大統領直接選挙への憲法改正であり、その実行のために用いたのが「国会議員召喚運動で見られるように、国会意思と国民意思は常に同じであるとは限らないので、大統領直接選挙を通じて国民の直接の声を確認すべき」という主張であった。

しかし、この主張からは、次の問題点が浮上する。それは、果たして民意というものが、代表同士の自由な討論の前から、最初から、確固としてあるものなのか、自由な雰囲気のない中で、果たして「真の民意」というものは出てくるものなのか、それは恣意的に操作された「民意」ではないのかという疑問である。仮にそうした状況の中で大統領直接選挙を導入したならば、果たしてその政治制度が十分に機能するのかということである。それは、国会から指摘された問題でもあったわけだが、この指摘に対して李承晩政権は十分な回答を行わなかった。

第4節　両者の主張の争点および民主主義言説の相克

前節では、国会側と李承晩政権側の主張を概観してきた。それでは、両者の争点とは何であったのか。そして互いに「民主主義」というワードを用いて相手を批判していたわけであるが、両者の「民主主義」の違いとは何であったのか。本節では、以上の点を踏まえて、主要争点でもあった①代表の正統性の根拠、②国会と李承晩政権両者の懸念事項、③国会議員召喚運動に関する両者の見解の相違をまとめつつ、それぞれを分析していきたい。

4－1　代表の正統性の根拠

「代表の正統性」たる「国民から選ばれ、彼らを代表することから生ずる」という認識に関しては、李承晩政権と国会の両者ともに同様の認識であった。ところが、当選した後の代表による行動の規定（取るべき行動）に関しては、大きく認識が異なっていた。

国会側によれば、国民が代表を選出した時点で既に「代表の正統性」は生じると主張しており、国民から選出された後の憲法で保障されている4年間の任期においては、国会議員たちは自律性を有するとみなしていた。その4年間において

各議員は国全体のことを鑑みながら、自らが正しいと考える行動を自由に取ることができるし、国会内で行った発言に対して国会外では一切の責任を負わないと考えていた。そうした国会側の見解は、先述した李大統領に送った質疑書にも明確に表れている。李承晩大統領に送った質疑書の内容は**3 - 1**で詳しく述べた通りであるが、中でも重要なのは「①「国会議員の任期は4年とする」という憲法23条の規定は、国会議員の任期中に召喚できないとはみなせないのか、②現在行われている国会議員召喚運動が「国会議員は国会内で発表した意見と表決に関して外部に対して責任を負わない」という憲法50条の条項に反するものではないのか」という①と②の質問要項である。国会側が主張しているのは、代表として議員が選出されている期間中は、当該議員がその期間の民意を代弁しているということである。したがって、任期が切れる選挙期間中ならまだしも、任期の途中に国会の多数派がある決定をしたことが民意違反だとして、国会議員召喚運動を起こすのは見当違いだと批判する。②の質問要項に対しても「国会で行った発言や行為に対して、いちいち国会外で問責されると自由な行動をできない」ことを意味している。すなわち、①と②の質問は国会議員を含めた代表の存在理由の根本を問うわけであり、「国会議員が取った行動をいちいちチェックされると、そもそも国会議員は何のために存在するのか」と述べつつ、李承晩政権の行動を批判するのである。

これに対して李承晩政権側の主張としては、国会の正統性が保障されるのは、あくまで国会意思と国民意思が合致するときであり、当然両者が合致しなくなると国会の正統性は失うことになる。そうした事態に陥らないよう是正していくためには、常に民意を確認し、国会をチェックすることが重要であり、国会議員召喚運動は国会に対する国民の不信感の表明（民意）であるとしている。

当時の国民の大半が、本当に大統領直接選挙を支持していたかは未知数ではあるが、「国会議員は常に民意に従わなければならない」という李承晩政権側の主張は、「代表」の役割を次のように規定する意味を持っていた。それは、国会議員を含めた代表の役割とは、専ら下からの民意を汲み取るメッセンジャーとしてのみであり、その代表自身が、国会で自由な討論を通じた民意形成のための情報と話題提供者、すなわちサポーターとオピニオンリーダーのような役割にはなりえないということである。

以上が李承晩政権の主張であるが、そこで1つ問題となることがある。それは、李承晩政権が国会に対して行った主張が、李承晩政権自身にも当てはまるのかと

いうことである。すなわち、国会議員の役割がメッセンジャーのみであるなら、当然、行政府の代表である李承晩政権もまた同様の役割しか果たしえないはずである。1952年当時の争点はあくまで「国会議員の役割」についてであったので、それが現実の政治状況、すなわち李承晩政権にも当てはまるかについては、あまり論争にはならなかった。実際、先述した国会の李承晩政権への質問書においても③の質問事項以外は、異議申し立ては行われていない。「国会議員だけでなく、李承晩政権にも当てはまるのか」という問題に対して、当事者であるはずの国会側自身が李承晩政権に対してあまり見解を求めておらず、この問題をめぐっての論争は起こらなかった。したがって、李承晩政権側からもあまり多くの見解は出されていない。他方で、李承晩政権側は、先述した国会の質疑書に対する回答文④で、この問題に対して見解を表明している。先述したように回答文④で李承晩政権は、「憲法も民衆が作ったものであるので、民衆が望むならば憲法でも政府でも国会でも何でも直すことができる」と述べている。すなわち、この問題は国会だけでなく李承晩政権にも当てはまるものであり、政府が国民の意に反する政策を行った場合（政府意思と国民意思が異なる場合）、国民は政府を変えることができると主張しているのである。

「代表の正統性」をめぐる国会側と李承晩政権側の主張の相違は、同じく争点となっていた「民意」の捉え方の違いにも関係する。国会側としては、国民から直接選出された国会議員である自分たちこそが「民意の代弁者」だとしており、国会議員を含めた代表の行動もまた、当然「民意」を反映したものだとしている。それに対して李承晩政権側としては、国会議員を含めた代表は終始一貫した行動をしているわけでもなく、民意は時間の経過とともに変化するのであって、国会議員を含めた代表の行動が常に民意を反映しているとは限らないと主張する。そして当時国会外で展開されていた様々なデモは、そうした民意に反する決議を行った国会の行動に対する国民の直接の不満表出であると言及した。

　1952年に最大の争点となったのは、こうした「代表の正統性」問題であった。その際に李承晩政権は、「国会議員が民意に反する行動を取っている」として国会を攻撃したわけであるが、こうした李承晩政権の主張は、1960年には李承晩政権自らに向けられることとなる。詳細は第9章で述べるが、1960年3月の正・副大統領の選挙の際に李承晩政権は、与党であった自由党の中の強硬派を中心として野党候補に対する弾圧と得票操作を行わせ、当時与党の副大統領候補で李承晩

政権のナンバー2であった李起鵬を当選させた [37]。これに反発した人々は、ソウル を中心として大規模な反政府デモを展開する。憲法に書かれておらず、かつ国民 が望んでもいない不正選挙を李承晩政権が無理やり行って、李起鵬を当選させた のは民意に反するものであり、無効であるというのが国民側の主張であった。む ろん正当な手続きを踏んで行った1952年1月の国会の憲法改正案否決から、かな り胡散臭い民意を用いて国会を攻撃した同年の李承晩政権の行動と、1960年のこ の不正選挙に発する反政府デモを一直線上に語るのは暴論であろう。しかし、誤 解を恐れずに述べるならば、1952年の両事件における李承晩政権と1960年にお ける国民、それぞれの主張は実は同じである。それは、「統治機関の意思と国民 の意思は常に一致していなければならず、両者の意見が一致しなくなるか、統治 機構が国民の意思に反する行為を取ったならば、当該機関の正統性は直ちに失わ れる」ということである。李承晩は、自らが行った発言に対して約束を守り、不 正選挙の責任を取って辞任を決断したのである。

　いずれにせよ、1952年当時に李承晩政権と国会の間で論争になったのは、「代 表の正統性」の問題であったが、その根底となったのは代表の委任・責任問題と いういわば代議制民主主義の本質に関わる問題 (国民から選ばれた代表は、国政運営に 関してどれほどの自律性と自由な行動が許されるのか) であったことを忘れることはでき ない。この問題も続いていくこととなる。

4－2　国会と李承晩政権両者の懸念事項

　大統領直接選挙と議院内閣制導入をめぐっても国会と李承晩政権は、互いに異 なる点で懸念事項を抱えていた。それは、国会側が大統領直接選挙の導入の際に 行政権の官権乱用と国民の無知による政治混乱を最も懸念していたのに対し、李 承晩政権では、政党組織の不備に伴う党派間の争いによって生じる国政混乱を懸 念していた。

　国会の懸念は先述した「改憲案否決と護憲決議までの真相」の冒頭箇所でも顕 著に出ている。また、国会の反対理由については既に3－1で詳しく述べたので 詳細は避けるが、国会側が最も懸念していたのは、行政権の発動によって不正選 挙が行われ、そして野党が弾圧されることであった。

　民主主義と関連付けるならば、国会側の主張は、次のように理解することがで

---

[37] 大統領選挙に関しては、相手側の大統領候補であった趙炳玉の急逝による大統領候補不在により、李 承晩の大統領当選が決定されていた。

きる。民主主義にとって最も重要なことの1つには、反対者に対する寛容の精神とフェアな競争環境を維持することがある。それは民主主義自体が多数の支配であると同時に、反対者や少数派に対する権利保護と自由な活動の保障を担保する概念だからだ。また、こうした民主主義が正常に機能するためには、一時の感情に流されず、冷静に物事を判断することのできる市民意識を持った人々が必要となってくる。そうした市民意識の未成熟な中において国民に大きな判断能力が求められる大統領直接選挙を実施したならば、人々は政府の宣伝と扇動に振り回されるだけでなく、政府側（李承晩政権側）も選挙干渉を行いやすくなるので、自由公正な選挙を基盤とする民主政治がかえって脅かされる可能性があるということである。そうした点を踏まえると、1952年当時の韓国においては、民主政治に移行してからあまり時間も経っておらず、民主政治にとって必要不可欠な自由公正な選挙のルールも人々の教養もまだ完全には確立していないので、大統領直接選挙の実施は時期尚早だという見解であった。

「国民の政治的知識が未成熟である場合に、大統領直接選挙を採用すると大きな混乱が生じる」という認識は、実は驚くべきことに李承晩政権も同じであった。例えば先述した「改憲案と制度に対する総合批判」という李承晩政権発行文書でも、国会側の主張と似ている記述が掲載されている。そうした点を踏まえ、国会は大統領直接選挙の実施は時期尚早だと主張していた反面、李承晩政権は、だからこそ大統領直接選挙をいち早く実施していくことで、国民の政治的判断力と知識を徐々に高めるべきだと主張している。李承晩政権の主張としては、行政府の長を直接選ぶ大統領直接選挙を実施するにつれ、国民の政治的経験や知識も徐々に蓄積されていくので、国民の判断能力向上のためにもいち早く直接選挙制度を実施していくべきだとした。

李承晩政権の主張は、議院内閣制の実施には綱領や政策をはっきりさせ、仮に失政があった場合は国民に明確に責任を負う「政党」の存在が必要不可欠となる。しかし、そうした政党がまだ十分に育成／発達していないので、議会を中心とした政治制度の実施は時期尚早であるということであった。そうした李承晩の主張は、はっきりとした事実に裏付けされたものであった。それを証明するものが初代（1948年）と第2代（1950年）の国会議員の選挙結果である。例えば、1948年の初代国会議員選挙においては、国会議席200議席中無所属が85議席と4割以上を占めると同時に単独過半数を占める政党がいなかった。また、第2代国会議員選挙では、議席総数210議席のうち、政党や政治団体などどこかに所属していた当

選議員はわずか84議席（4割）に過ぎず、残りの126議席（6割）は無所属が占めていた[38]。そして当選した多くの無所属議員は政治交渉団体の結成と離脱を通じて流動的に活動していた。李承晩政権は、そうした1952年までの政党状況、および政党に加入しているにもかかわらず所属政党の方針から自立した行動を取り、ほぼ無所属の議員と変わらない国会議員の動向を問題視しているのである。

それは、政党への加入の有無は別として、国会議員として選ばれたこと自体が支持選挙区そして国民を代表しているとみなしていた国会の認識とは異なるものである。李承晩政権の主張は以下のものと解することができよう。それは、きちんとした公約を掲げて国民の支持を集めて責任を負う政党が未発達で、かつ多くの議員が政党に加入していないか加入していても所属政党の方針に反する行動を取って流動的で、時と状況に応じて主張を変える国会議員が多く占めている現状（1952年）において、果たして彼らが、彼らを選出した選挙区の意見そしてさらに広くは国民全体の意見を代表しているといえるのかということである。

李承晩政権の主張は、政党が発達していない現状の中で議院内閣制を導入すると、各議員は国全体のことではなく、私利私欲に走りきわめて偏狭な政治に陥るということであった。それは、「国会議員は常に国のために働くわけではない」といういわば国会不信に基づくものであった。

4－3　国会議員召喚運動

最後の争点は、国会議員召喚運動であった。

一見すると、国会側と李承晩政権の対立の争点は、国会議員召喚運動が真の民意かどうかに関する意見の不一致であるように見える。この問題に関して李承晩政権は当時展開されていたこの運動が民意の反映だと主張していた。それに対し、国会側は、国会議員召喚運動が李承晩政権の扇動に一部の人が呼応したものに過ぎないし、国民の大多数の自発的参加ではないので、当然民意ではないとしていた。国会側の立場からすれば、李承晩政権が起こした一種の茶番劇に過ぎないということであった。

しかし、実はこうした問題とは裏腹に、この問題には民主主義に関する、ある本質的な問題が内包されていたことに注意する必要がある。それは、国民の総意であるなら一旦国会など代表機関で否決／可決されたものであっても、その合意

---

[38] 初代と第2代の国会議員選挙については、中央選挙管理委員会編、『大韓民国選挙史』、1973年（原語韓国語）を参照。

を守らないか再び覆すことができるかということである。すなわち、国民が望んでいるなら、正当な手続きを踏まなくても制度や法を変えられるかということが、争点として存在していたのだ。

　この本質をついた指摘は、先述した国会が李承晩大統領に送った質疑書の中で言及されている。特に重要なのが③、④、⑥、⑩の項目である。

　国会側の主張としては、現行の憲法では国会議員召喚運動など憲法上規定のないものは、国会による憲法改正もしくは法律制定といういわば正当な手続きを経ない限り法的効力を持たないし、無効だということである。国会は、ある行動の正統性の根拠を法の記載の有無に求めていた。

　これに対して李承晩の主張としては、そもそも民主主義とは主権在民の原則に基づくものなので、国民が望むならば、いつでも自由に法も政治指導者も変えることができるとしている。そして憲法条文や法文にないから効力を持たない云々は単なる言葉の綾なので、それを理由に民衆の意思に無視することはできないと述べていた。

　ところで1952年当時の李承晩は、国会での選挙によって選ばれたのであって、国民の直接選挙によって選ばれたわけではなかった[39]。したがって当時の李承晩も自らが民意の代弁者だと自負できる立場ではないはずである。それでは、李承晩は、何を根拠として国会は民意に反していると主張したのだろうか。その根拠として挙げられるのが、国会議員召喚運動などといった釜山周辺での民意デモに加え、地方議会から送られてきた決議文である。1952年4月25日には、市・邑・面という地方末端地域において、5月10日には、ソウルや京畿道、江原道を除いた地域で地方選挙が行われ、いずれの選挙でも親李承晩政権勢力が6割近くの議席を占めて圧勝した。そして、5月29日には、5月10日に選挙が行われた慶尚南道、慶尚北道、全羅南道、全羅北道、忠清南道、忠清北道の6つの道議会の代表団が李承晩を訪れ、国会解散決議文を彼に伝達している[40]。すなわち李承晩は、民意デモや地方代表団からの国会解散決議というボトムアップの意見を用いて自らの主張を裏付けようと試みた。

---

[39] 第3章でも述べたように、1948年の憲法では、大統領直接選挙ではなく、国会による間接選挙が取られていた。

[40] 「現国会を解散」、『京郷新聞』、1952年6月1日（原語韓国語）。

第4章　1952年1月から5月までの李承晩政権と国会との対立　111

第5節　李承晩政権と国会がそれぞれ目指そうとした政治

　ここまで、国会と李承晩政権の主張および両者の争点を整理・分析してきた。それでは、彼らはこうした争点を通して、それぞれがいかなる政治を目指そうとしていたのであろうか。ここでは、前節までの内容をもとに、彼らが目指そうとした政治の特徴と相違点を明らかにしていく。

5－1　「代表の役割」について

　まず、1つ目に挙げられるのが、「代表の役割」についてである。国会側が目指そうとしたのは、個別議員が自らを選出してくれた所属選挙区の利益や意向の拘束から離れ、自らが国益だと考え自由に行動することができることであった。そして、そうした拘束から離れて国政をめぐって他の議員と話し合いを行いつつ妥協と調整を図りながら、国民に対して話題提供と意見形成を助けることが代表の役割だと考えていた。また、国会はそうした国会議員の決定に対して国会外では責任を負わないと考えていた。なぜなら、国会議員による国政の決定をいちいち外部から指摘されると国会議員の自律性が損なわれると考えたからであった。そして、実際に国会議員たちは、国会の場での議員同士で自由な話し合いを通じて国策を決定しようと試みた。1952年の国会による憲法改正案提出もその延長線上にあるものであった。

　それに対して李承晩政権は、代表の役割はあくまでも国民意思の徹底的な具現であるとし、「代表が正統性」を持つのは、国民意思と代表の意思が合致する場合のみだと考えていた。そして国民意思と代表の意思がズレた場合は、代表の正統性は直ちに失われるとみなし、代表は常に国民動向（世論）を意識してチェックを行い、ズレが生じないように努めていた。

　代表は、自らを選んでくれた選挙区の意思・利益に拘束され、代表自身の自律性を限定させるべきか。それとも自らが国益と考えることについて自由に行動することができるようにすべきか。代表はどちらであるべきかに関して李承晩政権と国会は、それぞれ異なる方向性を目指していた。

5－2　行政府の長はどこから信任と責任を負うべきか：代議機関かそれとも直接国民か

　次に挙げるのが、行政府の長による信任とその責任の所在であった。

112　第2部　李承晩政権初期（1948-1952）韓国政治の展開

国会は、国民から委託を受けた代議機関でもある国会が行政府の長を選出し、行政府の長は国会に責任を負うという政治を目指した。すなわち国会は、国民から選出され様々な国民の利益を代弁している国会こそが、当然民意の代表であり、行政府の長はそうした国民の代表機関ともなる国会から信任と責任を負うべきだと考えていた。そして、議院内閣制に基づく議会主権の徹底化と権力一元化を通じて行政府を常に監視・統制する政治を目指した。

　それに対して李承晩政権は、国会という代議機関からの信任と責任ではなく、国民から直接信任を問う政治を目指していた。李承晩政権では、国民意思と国会意思が常に合致するとは限らないという、いわば国会不信の考えのもとで、議会主権と国会による権力一元化を否定し、国会と政府をはっきり分ける権力二元化を目指した。その根拠として李承晩政権が用いていたのが、先述した韓国の政党の現状であった。すなわち、国会がうまく機能するためには、しっかりとした政策を掲げて国民の支持と信頼を得る政党の存在が必要不可欠であるが、そうした政党に当時の韓国社会では不備があり、国会議員の大半が無所属で民意をしっかり代弁できていない国会の現状では、行政府の長が国会に信任と責任を負う議院内閣制は向いていないと考えていた。そして、国会という代議機関を迂回することなく大統領直接選挙実施に伴う国民から直接支持を通じて、政治的正統性を得ようと試みたのであった。

小　括

　1951年末から本格化した国会と李承晩政権間の対立は、1952年1月の国会での政府提出による憲法改正案の否決後も続いていく。李承晩政権と国会は、パンフレットの発行や記者会見などを通じて自らの正当性を国民にアピールしていた。

　その際に争点となったのが、代表の正統性、韓国の現状において最も懸念すべきもの、国会議員召喚運動の是非、この3点であった。そしてそれは、代表の役割問題、行政独裁／議会独裁のいずれを懸念すべきか、国民の直接意思は代議制民主主義に優越するのか、といういわば民主主義思想の根幹につながるものであった。

　本章で確認してきた争点については、国会と李承晩政権それぞれが目指そうとした政治の相違点によるものであった。国会側は、国会による権力一元化と代議

制民主主義を徹底させる政治を目指していた。それに対して李承晩政権は、権力一元化と行政府の長と国民との直接委任責任関係の確立、国民の直接の政治参加の機会を拡大する政治を目指していた。両者の対立は李承晩政権が釜山周辺に戒厳令を実施し、国会議員を本格的に圧迫するようになる5月下旬まで続くことになる。

　本章では、序章で述べた研究目的の②を解明するために、李承晩と保守野党政治家（主に民主国民党）との民主主義観の対立が本格的に行われた1952年1月から5月までの時期の分析を行った。そして、国会と政府記録の分析を通じて、同時期における両者の争点を明らかにしてきた。

　次章では、戒厳令発布後の李承晩政権による国会議員の逮捕と官製民意動員を通じて憲法を強制的に改正した「釜山政治波動」という出来事について述べていく。

第5章 釜山政治波動の勃発

　本章では、1952年5月から7月に韓国で起きた「釜山政治波動」という李承晩と国会が対立した政治的出来事について扱う。この出来事をめぐって、李承晩と国会はそれぞれどのように自らの主張を正当化したのか、そして実際に対立はどう展開されたのかを明らかにしていく。

第1節　先行研究分析と問題提起

　まず釜山政治波動に関する先行研究としては、主に国内政治史、国外史、憲政史、以上、3つの分野で研究が行われてきた。

　国内政治史の研究においては、主に釜山政治波動の具体的な展開過程およびこの出来事の政治史的な意義について研究が蓄積されている。代表的な研究としては、キム・イルヨン（1993、韓国語）とキム・ギョンホ（2001、韓国語）、藤井たけし（2013、韓国語）の研究が挙げられる。キム・イルヨンの研究においては、釜山政治波動が、国会議員たちの政治的性格を変化させたターニングポイントであったとする。また、釜山政治波動の結果、これまで反政府的であった国会議員たちが親政府的な性格へと変貌したことも指摘している。そしてその結果、反政府勢力の先鋒でこれまで国会で影響力があった民主国民党の力が弱体化し、政府を牽制する勢力が消滅したと述べている[01]。また、キム・ギョンホの研究も、キム・イルヨンの研究と同様、釜山政治波動という出来事により、政府に対抗する牽制勢力が没落する結果になったことを指摘している[02]。藤井たけしの研究では、当時、韓国最大の青年団体であった大韓青年団と釜山政治波動との関わりについて述べている。具体的には、大韓青年団の中で、特に大きな勢力を占めていた朝鮮民族青年団系列に着目し、釜山政治波動の際にこの勢力がどのように活動していたの

---

［01］キム・イルヨン、「釜山政治波動の政治史的意味」、『韓国と国際政治』、第9巻第1号、1993年、63-66頁（原語韓国語）。
［02］キム・ギョンホ、「釜山政治波動の本質と政治史的意味」、『21世紀政治学会報』、第11集第1号、2001年、67頁（原語韓国語）。

かに焦点を当てて分析を行った。そして釜山政治波動とそれに伴う大統領直接選挙への憲法改正の際に大韓青年団、特にその傘下にある朝鮮民族青年団系列が大きな役割を果たしたことを明らかにした[03]。

外交史研究においては、近年の外交資料公開に伴い、釜山政治波動に関する海外の反応と関わりについて分析がなされている。釜山政治波動に対してアメリカはどう反応し、海外メディアでどのように報じられたのかについて分析している。主な先行研究としては、羅鐘一（1988、韓国語）、イ・チョルスン（2001、韓国語）、イ・ワンボム（2003、韓国語）の研究などが挙げられる。羅鐘一の研究では、1988年当時までに公開されていた外交資料を駆使して釜山政治波動の際のアメリカ国内の反応について分析している。彼は、釜山政治波動に対してアメリカ国内での意見は一枚岩ではなく、軍事的な手段を用いてでも李承晩の排除を求める強硬路線と、何かしらの妥協を李承晩に求める慎重路線に分裂していたことを指摘している。軍事介入による李承晩排除計画までも練り上げられたものの、最終的には李承晩政権と国会とを妥協させることを優先して、当時、張沢相によって国会で提出されていた憲法改正案を両者に呑み込ませることで事態の鎮静化を図ったとしている[04]。イ・チョルスンの研究では、アメリカ国内での意見対立に焦点を当てて分析を行っている。イ・チョルスンは、特にアメリカ国務省とアメリカ軍部との間で意見の対立が顕著であったとしている。この出来事の際に、アメリカ国務省の人間は「自由民主主義の原則を打ち出すアメリカの威信損傷をもたらす」として、軍事をも含めた積極的な介入を軍部に求めたとしている。それに対してアメリカ軍部は、「戦時中に李承晩を排除することは戦争遂行において悪影響をもたらし、アメリカの軍事安保を損なわせる行為だ」として介入に消極的な姿勢を取っていたとしている。こうしたアメリカ国務省とアメリカ軍部の意見対立は、アメリカの国益（アメリカの威信損傷防止を優先すべきか、それとも軍事安保を優先すべきか）をめぐる認識の違いであったとしている[05]。イ・ワンボムも同様に、釜山政治波動の際のアメリカの対応について分析を行っている。この時期、アメリカは、当初こそ李承晩の排除と李承晩に代わる代替人物の擁立案が出されたものの、最終的には穏健な解決策に終始し、李承晩政権内部での強硬派人物の排除と、与野党内穏健派の支援によるポスト李承晩時代に向けての計画を練り上げる方針

---

[03] 藤井たけし、『ファシズムと第3世界主義の間で』、歴史批評社、2013年（原語韓国語）。

[04] 羅鐘一、「1952年の政治波動」、『韓国政治学会報』、第22巻第2号、1988年（原語韓国語）。

[05] イ・チョルスン、「釜山政治波動に対するアメリカの介入：アメリカの国家利益規定をめぐった国務部と軍部の論争を中心に」、『韓国政治研究』、第10巻第1号、2001年、351-353頁（原語韓国語）。

へ進んでいったと結論付けている[06]。

憲政史研究では、釜山政治波動がその後の韓国憲政史にどういった影響を及ぼ
したのかについて研究を行っている。代表的な研究としては、朴明林（2003、韓
国語）とクォン・ザギョン（2013、韓国語）、ソ・ヒギョン（2020、韓国語）が挙げら
れる。例えば朴明林は、李承晩政権初期の国会と李承晩の対立は理論上、代議制
民主主義と国民投票民主主義の対立であり、釜山政治波動によって国民投票民主
主義を主張した李承晩が勝利し、大統領直接選挙が導入されたことにより、国民
投票民主主義が代議制民主主義に優越する後の韓国政治の特徴の契機となるター
ニングポイントであったこと指摘する[07]。また、クォン・ザギョンは、釜山政治
波動は、憲法を用いて民主主義を侵食させる後の韓国政治の特徴の発端となった
出来事であったとしている[08]。ソ・ヒギョンの研究では、釜山政治波動の前後の
時期における国会の動向について分析し、釜山政治波動とそれに伴う憲法改正は、
李承晩の反民主的な考えが顕著に表れたものであり、後の韓国の憲政史に負の側
面をもたらしたとしている[09]。

こういった先行研究により、釜山政治波動に関する事実関係はかなり明らかに
なってきた。しかし、筆者が把握する限り、これらの先行研究では次のような問
題点がある。

それは、個々の分析対象が、主に出来事の具体的な展開過程という事件史中心
に留まっており、対立している陣営の主張の内容および特徴について明らかにで
きていないことである。したがって1952年憲法改正をめぐる当時の国会と李承晩
政権の争点とは何であったのか、そして対立の際に両者はそれぞれどのような主
張を行って自らを正当化したのか、それぞれの主張の特徴は何かについて明らか
にしていない。こうした問題点を踏まえ、本章では釜山政治波動期における李承
晩政権と国会の主張の特徴および争点を整理していく。

1次資料としては、官報などの政府関係資料および国会会議録、当時の新聞記
事や主要人物の回顧録などを用いる。

---

[06] イ・ワンボム、「張勉と政権交代：アメリカの代案考慮とその放棄過程を中心に、1952 ～ 1961」、『韓
　　国民族運動史研究』、第34巻、2003年、8-18頁（原語韓国語）。
[07] 朴明林、「韓国の初期憲政体制と民主主義」、『韓国政治学会報』、第37巻第1号、2003年、122頁（原
　　語韓国語）。
[08] クォン・ザギョン、「憲政危機と対応に対する歴史的考察：李承晩改憲と政治波動を中心に」、
　　『Crisisonomy』、第9巻第2号、2013年、215-216頁（原語韓国語）。
[09] ソ・ヒギョン、前掲書、2020年、232-237頁。

第2節　戒厳令の実施と国民動員による国会への脅し

2-1　戒厳令の発動

　国会議員召喚運動と地方選挙の実施を通じて国会を圧迫していた李承晩は、さらなる措置として5月24日に戒厳令を発動する。

　李承晩政権が、戒厳令を実施したのは1952年5月24日が初めてではない。1948年の政府樹立後から李承晩政権では、1950年朝鮮戦争が起こる前に起こっていた軍事反乱や各地のパルチザン活動に対する取り締まりや対応として、頻繁に戒厳令を実施していた。そして1950年6月に朝鮮戦争が勃発すると戒厳令の実施は常態化していく。これにより、韓国では戒厳令が全国や地域ごとで宣言と解除が繰り返されるようになっていた。

　宣言と解除が繰り返されていた戒厳令は、1952年4月に再び解除される。4月6日と20日の2回にわたって解除の布告が行われた。理由としては、様々な要因が考えられるが、最大の要因としては当時実施を予定していた地方選挙のためである。1952年に入ってから李承晩政権は、韓国の歴史上初めての地方選挙を実施しようとしていた。そのため、全国で地方選挙を実施するためには、国内の治安状況が安定していることを証明する必要があったのだ。1952年当時はまだ朝鮮戦争の停戦条約も締結されておらず、両軍の38度線付近での膠着状態が続いていた。こうした状態ではあったものの、韓国の治安が安定に向かいつつあり、地方選挙を実施しても問題はないということを証明するために李承晩は戒厳令を解除したのである[10]。そして1952年4月25日には、市・邑・面という地方末端区域での地方選挙が、5月10日には北朝鮮と国境を接しているソウルや京畿道、江原道を除いた道（日本でいう都道府県に近い）での選挙が行われた[11]。

---

[10] 1952年に入って李承晩政権が地方選挙を急遽実施しようとした背景には、当時李承晩政権が推進しようとしていた両院制、そして大統領直接選挙への憲法改正が関係している。1951年11月に政府は大統領制と議院内閣制を骨子とする憲法改正案を提出し、翌年1月に国会で話し合いが行われた。しかし、当時の国会では、①戦時中である現状において上院と大統領選挙を新たに実施するのは現実的にみて不可能であること、②地方選挙も実施していないにもかかわらず、それを飛び越して大統領直接選挙を実施することは辻褄が合わないこと、などを理由に国会で否決される。こうした批判に対して李承晩政権は、地方選挙の実施によって国内治安が安定するようになったと話の整合性を証明することで①と②の指摘に対処しようとしたのである。

[11] 地方選挙の結果は、李承晩政権の意向通り与党勢力が圧勝する。例えば市の地方議会選挙では、合計378議席中約半数である180議席を与党勢力（自由党114議席、国民党29議席、大韓青年団40議席、大韓独立促成労働総同盟5議席）が占めていた。残り178議席は民主国民党（7議席）、その他（9議席）、無所属（172議席）がそれぞれ占めていた。邑議会選挙でも合計1115議席中与党勢力が約6割

そして道議会選挙が終わってから約2週間後となる5月25日午前0時に、李承晩政権は再び戒厳令を宣布する[12]。再宣布した理由として李承晩政権は『官報』で「後方地域内で活動する共産党ゲリラを完全に掃討し、共産勢力の浸透を封鎖して後方治安を確保するため」だと述べている[13]。1952年当時は、先に述べた戦争の膠着状態が続き、それと同時に後方地域である全羅南道と慶尚南道の境に位置する智異山という山で、共産党ゲリラがパルチザン活動を行っていた。李承晩政権の鎮圧作戦により、智異山の共産党ゲリラは大きな打撃を受けたものの、完全掃討には至っていなかった。李承晩政権は、それを口実として戒厳令を再び宣布したのである[14]。

　戒厳令を宣布した李承晩政権は、それを政敵弾圧のために利用し始めるようになる。戒厳令が宣布された翌日5月26日には、バスに乗って国会に行こうとした国会議員47人が臨時国会議事堂の前で軍人（憲兵）たちに連行されるという事態が起きる[15]。李承晩政権は、国際共産党の活動に関与したとして、連行した国会議員の一部を拘束する[16]。韓国ではこれら一連の出来事を釜山政治波動と呼んでいる。

　そして李承晩は、27日に声明書を発表し、戒厳令を宣布した経緯と国会議員の

の664議席（自由党274議席、国民会155議席、大韓青年団229議席、大韓独立促成労働総同盟6議席）を占めていた。残り451議席中民主国民党はわずか7議席を得たに過ぎず、残りはその他（14議席）と無所属（430議席）が占めていた。面議会でも総議席16051議席中与党勢力が9095議席（自由党4056議席、大韓国民党16議席、国民会2437議席、大韓青年団2574議席、大韓独立促成労働総同盟12議席）を占めていたのに対し、民主国民党はわずか21議席（残りはその他が68議席、無所属が6867議席）を得るに留まった。道会選挙でも総議席306議席中与党勢力が約7割である215議席を占め、民主国民党はわずか4議席（残りはその他2議席、無所属85議席）を得たに過ぎなかった。地方議会の選挙結果は、「国会意思と国民意思が離れている」という李承晩自身の主張を裏付けるものであった。地方選挙での勝利後李承晩は、地方議会を用いて国会を圧迫する戦術を取り始める。
[12]「非常戒厳宣布（国務院報告第37号）」、『官報』、1952年5月24日（原語韓国語）。
　　5月25日に戒厳令を宣布した地域は以下である。全羅北道（戒厳司令官：李鍾贊）：鎮安郡、長水郡、任実郡、南原郡、淳昌郡、井邑郡。全羅南道（戒厳司令官：李鍾贊）：順天市、潭陽郡、谷城郡、求礼郡、光陽郡、昇州郡、和順郡、宝城郡。慶尚南道（戒厳司令官：元容徳）：釜山市、東萊郡、密陽郡、梁山郡、蔚山郡、河東郡、山清郡、咸陽郡、居昌郡。いずれも1952年5月当時の行政区域に沿ったものである。
[13] 同上。
[14] なおソ・ヒギョンは、李承晩政権による1952年5月25日の戒厳令宣布は、憲法で規定された国会の承認なしに行われたものであるので、憲法違反だとしている。ソ・ヒギョン、前掲書、2020年、205頁。
[15] 同上。
[16] 拘束された議員の名前は以下である。5月26日に拘束された議員：鄭憲柱議員（院内自由党所属）、李錫基議員（院内自由党所属）、梁炳日議員（民主国民党所属）、張洪琰議員（民友会所属）。「二六日国会流会議員捜索旋風で成員不足により」、『朝鮮日報』、1952年5月28日。5月26日正午のバスで連行された議員の中で逮捕：任興淳議員（民主国民党所属）、徐範錫議員（民主国民党所属）、金意俊議員（民友会所属）、李容高議員（無所属）。「45受難議員」、『京郷新聞』、1952年5月30日。5月30日逮捕：郭尚勲議員（無所属）、朴定根議員（無所属）。その後、権仲敦議員も拘束される。

逮捕と抑留理由について説明する。その声明書において李承晩は「現危機の責任は共産主義者の陰謀、ゲリラ活動および反抗的な国会議員である」と述べ、国会議員たちを批判しつつ、李承晩政権自らの行動を正当化した[17]。

　この李承晩が取った行動は、明らかに憲法違反であった。なぜなら1948年の憲法49条では、「国会議員は現行犯を除き、会期中国会の同意なしに逮捕または拘禁されず、会期前に逮捕または拘禁された場合に国会の要求があれば国会中釈放する」と規定している。憲法の条文からすれば、国会議員の逮捕は現行犯のみに限られ、国会の同意なしに疑惑だけでの逮捕は禁止されているはずであった。また、当時の戒厳法でも第17条に「戒厳宣布中、国会議員は現行犯を除いた外は逮捕または拘禁されない」として憲法第49条と同様の規定が記されている。

　こうした違法行為に対して李承晩は、反共主義というフレームワークを用いて自らの行動を正当化した。先述した27日の声明書において、李は「国会議員の中に共産党と通じる者がいる」として国会を無視しての処置を行ったわけだ。

　李承晩政権は、法規定を無視した戒厳令の発布を正当化するために、それが戦時中であることを強調した。こうした李承晩政権の行動は、（完全に同じというわけではないが）カール・シュミットのいう「例外状態」を連想させるものである。カール・シュミットは『政治神学』において、政治状況を「通常状態」と「例外状態」に分けて分析している。そして主権者とは、この例外状態を定めるものであるとしている。例外状態とは、国家の存立事態が脅かされている状態であり、例外状態において国家存立は、シュミットによれば、通常の政府形態や法の支配に優先されるという。そして例外状態においては、法の規定より主権者の決定が優先されると述べている。なぜなら、法の規定は、静態的でそれが機能するのは日常政治＝通常状態においてのみであり、動態的である例外状態ではもはや機能しないからだ。ドイツ政治思想史の研究者である蔭山宏は、例外状態を次のように述べている。

　　　ここからシュミットは、「国家の存立」は「法規の効力」より優先している、という重要な結論を導き出す。国家が存続していることは政治的決定がなされていること、それをなしうる主権者が存在することを意味する。その際「決定」は「いかなる規範にも拘束されておらず」、本来の意味で

---

［17］「戒厳宣布は秩序維持策。議員逮捕は地下工作関係」、『朝鮮日報』、1952年5月29日（原語韓国語）。ソ・ヒギョン、前掲書、2020年、205頁から再引用。

「絶対的なもの」になり、国会はその権利に基づき法を停止することができる。秩序における決定と規範の占める位置関係は、通常状態であるか例外状態であるかに応じて異なり、通常状態において決定の要素は後退するのに対し、例外状態においては決定が優位に立ち、規範は後退する。すなわち、シュミットにとって国家の存立こそ第一義的に重要であり、国家形態や憲法は副次的な意義をもつものだった[18]。

　1952年当時の李承晩政権は、共産党の勢力やそれに通じる人たちが国会内で多く存在している状況において、通常の憲法で定めた国会議員の不逮捕特権などの法規定は、国の生死に関わる緊急事態ではかえって状態を悪化させると主張していた。戦時中という例外状態において、法の規定を無視した戒厳令宣布と国会議員の逮捕という、いわばシュミットのいう決定の側面が法の規定より優先されたのである[19]。李は、戦時に伴う行政権の拡大といういわば自らに有利な状況を利用して、自らが目指した政治を維持／推進しようとした。

　さらに、国際共産党と関わっていることを口実に、一部の国会議員を逮捕したあと、李は、国会に対して脅しをかけ始める。1952年5月29日には、李は記者会見で「国会が国民の要求意見に反しないように、国会を解体することを国民は要求している」と主張して自らの行動を正当化した[20]。国会が大統領直接選挙憲法改正案の否決という民意に反する行動をとっているだけでなく、国家の敵であるはずの共産党とも内通している国会に対して、国民は辟易としており、国会解散を国民は望んでいると述べたのである。そして6月2日にも李は、「憲法改正案に賛成しないと国会を解散する」と国会に脅しをかけていた。

---

[18] 蔭山宏、『カール・シュミット：ナチスと例外状況の政治学』、中央公論新社、2020年、23頁。
[19] むろん1952年5月の李承晩政権の行為が、シュミットのいう例外状態と全く同じであるわけではない。シュミットは、危機的な状況に対して法秩序を維持するために法を一時停止することができるという意味で例外状態という概念を用いていた。しかし、当時の李承晩政権が戒厳令を発布した建前（共産党勢力の掃討と共産党に通じる議員の逮捕）はともかく、本音は憲法改正のためであった。シュミットのいう法秩序の維持ではなく、むしろ法秩序の変更のために戒厳令の発布を行ったのである。また、李承晩政権の戒厳令の発布は、当時の戒厳法を無視した上で行ったものであった。それは、緊急要件などの要件と権限を定めて、あくまで法の枠組みのもとで行うべきだとしたシュミットのそれとは違うものであった。国家の基本秩序を脅かす危機状態において規範よりも決断が優先されるという意味ではシュミットと同じであるが、使用目的と手続きに関しては異なっていたといえる。シュミットの例外状態の内容としては、先述した蔭山宏の著書に加え、仲正昌樹、『カール・シュミット入門講義』、作品社、2013年および、カール・シュミット著、田中浩、原田武雄訳、『政治神学』、未来社、1971年を参照。
[20] 「国民は国会態度に嫌気。国会はその資格を喪失」、『朝鮮日報』、1952年5月29日（原語韓国語）。ソ・ヒギョン、前掲書、2020年、205頁から再引用。

2－2 官製民意デモと地方からの圧迫を通じた国会への脅し

　李承晩は、地方や釜山周辺での民意動員を通じて、自らの主張の正しさを証明しようと試みていた。例えば5月27日には、慶尚南道道議会で国会解散と総選挙を要求する決議文が通過される[21]。国会解散要求の理由としては、「国会が民意に反する行動（大統領直接選挙憲法改正案の否決）を取ったため」であった。5月29日には、慶尚南道、慶尚北道、全羅南道、全羅北道、忠清南道、忠清北道の6つの道議会の代表団が李承晩を訪問し国会解散決議文を彼に伝達した[22]。

　戒厳令と地方からの民意動員を通じて、国会を圧迫する姿勢を取る李承晩政権に対して、国会側も対抗姿勢を見せ始めていた。例えば戒厳令が宣布されてから3日後の5月28日には、国会で戒厳令解除の決議案を通過させた[23]。また、同じ日には李承晩政権によって拘束されていた9人の議員の釈放決議案を通過させる[24]。さらに、6月12日に国会は李大統領の国会への出席を要求する[25]。これに対して李承晩は、国会からの出席要求を拒否し、代わりに書簡を送る。6月14日に国会に送った書簡には次のようなことが書かれていた。

> 　現在の政治事態としては、行政府と立法府において解決できる段階は既に過ぎ去り、民衆と国会の間の協議で迅速な限度内純理での解決がかなり迫っているこの時期に空談や未練的手段で解決できないのが現状であります。
>
> 　国会が民意をあまりにも無視し、限度を過ぎた権利を使用し続ける中、民衆がこれ以上我慢できず、大多数の各道、各郡の正式の代表が来て国会解散を要求したのです。本大統領は代表に対して何日か時間をもらえると純理で解決できることを試みようとしてその責任を負い、国会議員のみなさんにこの機会を提供しようとするものです。国会議員のみなさんはこれを覚悟なさって、いち早く民間公論に従って紛争を片付けることを望んでいるのであります。
>
> 　もしそれができず、個人の利権や党派的闘争で見通しが定まらず、意見も一致しないような慣習を続けると民衆の怒りを解くことは難しいでしょ

---

[21]『ソウル新聞』、1952年5月30日（原語韓国語）。

[22]「現国会を解散」、『京郷新聞』、1952年6月1日（原語韓国語）。

[23]「釜山市の戒厳解除案28日九六対三で可決」、『朝鮮日報』、1952年5月30日（原語韓国語）。

[24]「九議員釈放動議案提出」、『東亜日報』、1952年5月29日（原語韓国語）。

[25]「大統領出席要請に関する件」、『第12回国会定期会議速記録第75号』、1952年6月12日、1-3頁（原語韓国語）。ソ・ヒギョン、前掲書、2020年、214頁から再引用。

うし、その結果に伴う紛糾の状態を免れることができないでしょう。

　現在、共産主義勢力の侵略により国家の安寧が関わっているこのときに、多くの同胞が生命を犠牲にしながら物資を提供し、私たちの破壊された国家と死の危機に陥っている民族を救援し、我が国の軍人が多くの血を流して戦っています。こうした時期に民族の代表である国会議員が全民族の使命を拒絶し、自分たちの権利のみを拡大しようとする中で、このような波乱が生じることにまで至っているのは一般がみな痛嘆していることであります。

　したがって、みなさんが即時に愛国心を発揮して、いち早く大統領直接選挙と国会両院制の憲法改正案を他の条件を付けずに即時に通過させ、国民の要求を実行するよう決定しますと、本大統領は民衆に担保して国会を解散するには至らずに民意に服従し、進めることを自らの責務とするところです[26]。

　現在の事態を単なる李承晩政権と国会との対立ではなく、国民と国会との対立と読み替えて手紙の内容を主張しているのである。すなわち、国民は自らの主権行使の拡大である大統領直接選挙を望んでいるにもかかわらず、国会議員は自らの既得権の護持のために権限を過剰に行使し、国民の意思と利益に反する行動と取っていると述べているのである。こうして1952年当時起こっていた民意デモを、民意の表出だと主張して自らの行動を正当化したのである。

　これまで繰り返し述べてきたように、こうした李承晩の行動と考えは、儒教の伝統的な一君万民「的」な考えに近いかもしれない。一君万民思想の根拠となる儒教の民本主義はあくまで「民」が政治の根本だという考えであり、西洋の民主主義思想のような主権在民思想ではない。また、儒教の民本主義思想においては、民主主義のように指導者を直接選ぶという発想もない。ここで李承晩の行為を一君万民「的」思想と述べたのもその所以である。しかし、政治指導者が中間団体の意見ではなく、下からの直接的な意見を尊重するという点で両者は共通している。

　李承晩政権と国会との間で対立が激化する中、6月20日には、反李承晩勢力への弾圧事件である「国際倶楽部事件」が起こる。この事件は、6月20日に元副大

---

[26]「大統領出席要請に関する回簡（報告処理）」、『第12回国会定期会議速記録第77号』、1952年6月14日、2-3頁（原語韓国語）。ソ・ヒギョン、前掲書、2020年、214-215頁から再引用。

第5章　釜山政治波動の勃発　　123

統領の李始栄と3週間前に辞表を提出した金性洙副大統領（この時点ではまだ辞表が受理されていなかった）、また趙炳玉など反李承晩勢力の中心人物が釜山市内の国際倶楽部という食堂で会合（大会）を開き、護憲救国宣言文なる宣言書を発表していたが、この大会を妨害するために、途中で暴力団が乱入し、暴力騒動が起き[27]、第1部でも見てきた趙炳玉などが警察に連行されるにまで至る[28]。

　この事件に対して当時内務部長官を務めていた李範奭は、国際倶楽部事件の次の日（6月21日）に談話を発表し、「彼ら（＝反李承晩勢力）は無許可の集会という違法行為をしただけでなく、根拠もない不穏文書を海外向けに発表しようとした。法は民衆の前で公正であることを示す必要があるので、秩序破壊分子を法にのっとって処罰するつもりである」という声明を発表する[29]。証拠不十分の文書を海外に流出させて李承晩政権の混乱をもたらすという、国内秩序破壊（内乱陰謀）の疑惑で彼らの逮捕を正当化したのである。

　国際倶楽部事件から5日後の6月25日、当時開かれていた記念大会の途中で、李承晩大統領暗殺未遂事件が起こる[30]。犯人は柳時泰という人物であったが、この暗殺未遂事件の黒幕には民主国民党の存在があるという疑惑が生じ、李承晩政権は関連人物の逮捕に踏み切っていく。

　このように戒厳令の宣布以後、李承晩政権と国会（特に反政府議員）の対立による、国内の混乱は収めるどころか、むしろ激化していくのであった。

第3節　戒厳令後、韓国国会における憲法改正案の審議

3－1　韓国国会での憲法改正案に関する議論（1952年6月21日－28日）

　戒厳令宣布後、国際共産党事件などによって数多くの国会議員が逮捕される中、国会提出の憲法改正案と李承晩政権が提出した憲法改正案の公告期間満了に伴い、6月21日に国会で憲法改正会議が開かれることになる。同日は、国会と李承晩政権提出の憲法改正案のそれぞれの代表者が、憲法改正案提出理由について説明する予定であった。しかし、国会提出の憲法改正案においては、筆頭署名者（代表

---

[27]「文化同志懇談会流血裡で中断」、『京郷新聞』、1952年6月22日（原語韓国語）。なお、同事件により、何人かが負傷を負った。
[28]「趙炳玉氏等の逮捕説」、『東亜日報』、1952年6月30日（原語韓国語）。
[29]「重大な犯罪」、『朝鮮日報』、1952年6月22日（原語韓国語）。
[30]「李大統領狙撃企図。昨日忠武路広場記念式途中で」、『東亜日報』、1952年6月26日（原語韓国語）。

124　第2部　李承晩政権初期（1948-1952）韓国政治の展開

者）が国会に出席しておらず、代理人も出なかったので、李承晩政権提出の憲法改正案のみ趣旨説明が行われた[31]。

　本来なら当時の法務部長官であった徐相懽が憲法改正案の提出要旨を説明するはずであったが、喉の調子の問題という理由で法務部長官ではなく、当時法務部次官を務めていた鄭在煥が要旨の説明を行った。

　鄭在煥法務部次官は、李承晩提出の憲法改正案の主な内容である両院制、大統領と副大統領の直接選挙、国務委員と大使や公使任命における国会承認の3つの説明を行った。まず、両院制については「国会の軽率な議決と過ちを回避できること、多数党の専制を防止できること、政府と国会の衝突を緩和できること、上院には経験豊富で円満な人物を選出できるという長所を持つことから、アメリカやイギリスをはじめとする多くの民主主義国家は両院制度を採用している」と説明した[32]。また、大統領と副大統領の接選挙に関しては、「国民主権を根本原則とする民主主義国家においては、すべての公務員は主権者である国民の公僕であり、いつでも国民に対して責任を負う。大統領も公務員の1人であるだけでなく、行政府の首班であり、国家を代表する重責を持つため、他の公務員よりも主権者である国民の意思が直接反映されるべきである。国会から大統領を選ぶのは民主主義の理想から離れるだけでなく、三権分立を原則とする我が国においても妥当ではない」と述べた[33]。国務委員と大使や公使任命における国会承認に関しては、「国会と政府の緊密かつ円満な連絡協力を確保しようとする趣旨のもと、国会の意思を忖度し、改正案第69条第2項での国務委員の任命に対する下院の承認、または第62条2項では大使と公使の任命に対する上院の承認を規定し、国会の権限を強化したものである。大統領の公務員任命権に対し、自ら進んで重大な制限を加えた」と説明を行った[34]。

　こうした鄭在煥法務部次官の説明の後、黄炳珪議員（自由党合同派所属）が李承晩政権と国会の憲法改正案の両方に対して質問を行った。まず、李承晩政権提出の憲法改正案についての質疑として「①今年（1952年）2月中に政府案として大統領直選制と上下両院制を提案して否決されたものと同一趣旨の案を、5月14日に再度政府案として提出して上程したわけであるが、再度提案しなければならない理由は何か。②条文の32条には上院議員の一部を官選とするようになっているが、

---

[31]「憲法改正案」、『第12回国会定期会議速記録第83号』、1952年6月21日、1頁（原語韓国語）。
[32]「憲法改正案」、『第12回国会定期会議速記録第83号』、1952年6月21日、5頁（原語韓国語）。
[33]「憲法改正案」、『第12回国会定期会議速記録第83号』、1952年6月21日、6頁（原語韓国語）。
[34] 同上。

第5章　釜山政治波動の勃発　125

それは我が国の民主主義の発展において政府が独善化するだけでなく、民意をかえって弱める恐れがあるのではないか。③その次の69条改正において国務委員の任命の際に大統領が国務委員を任命するために下院の承認を得るようになっている。それは現実的に運営可能なものなのか。任命をめぐって大統領と意見の衝突が起こるのではないか」という3つの質問を提示した[35]。また、国会提出側の憲法改正案については「①大統領選挙を前にした政治変動期において国務委員責任制改憲案を提出した理由は何か。政治的野心が含まれていないか。②68条、70条の改正において閣僚責任制にした理由の1つとして、大統領独裁を理由として挙げているが、首相が行政首班になったら、一党独裁の恐れがあるのではないか。③60条2項においては、不信任決議を国会として2回以上行わなければ解散権は与えられないことになっているが、この機能は行政府を弱体化させ、立法府の独裁をもたらすのではないか」という内容の質問を行っている[36]。

　21日の黄炳珪議員が行った質問に対して李承晩政権側は趙柱泳逓信部長官が、その6日後の27日の国会で次のような回答を行っている。「①現在提案されている、政府が提出したこの改憲案は内容が異なるものなので、一事不再議の問題にはならない。また、民衆が大統領直接選挙を望んでいるので、当然同制度を導入すべきである。②上院制において官選制は非常に不当ではないかという質問があったが、これは見方の違いで制度的問題というよりも運営の問題だ。③民意を代表する下院に国務委員承認権を与えることで、政党政治を促すことができる。また、大統領は自分が任命したのではなく、民意を直接反映する下院の承認を受けることで、今日まで続いている大統領に対する非難攻撃を免れることになる[37]」。

　また国会側としては、黄炳珪議員に対して同日に回答を行っている。国会側を代表として李宗鉉議員（無所属）が回答を行った。彼によれば「①議院内閣制への憲法改正案の提出は、政権掌握ではなく、現在の国政混乱を是正するためである。これを是正するためには政党を基盤として内閣を構成する政党政治しか方法がない。②大統領に政権を任せようが、国務総理に政権を任せようが同じではないかといったが、民族の象徴である現大統領に責任を問うこと自体が間違っている。③政府改憲案は民意を問うところがないように作られたものである。しかし、

---

［35］「憲法改正案」、『第12回国会定期会議速記録第83号』、1952年6月21日、7-8頁（原語韓国語）。
［36］「憲法改正案」、『第12回国会定期会議速記録第83号』、1952年6月21日、8-9頁（原語韓国語）。
［37］「憲法改正案」、『第12回国会定期会議速記録第85号』、1952年6月27日、3-5頁（原語韓国語）。

126　第2部　李承晩政権初期（1948-1952）韓国政治の展開

国会の憲法改正案は、国会が過ちを犯したときは解散をして、国民に再度確認するという、民意を問う正当な法的手続きを想定している」と回答をしている[38]。

その後は、李忠煥議員（自由党合同派所属）が、次のような7項目にわたる質問を行っている。「①憲法98条により、2つの改憲案が、時を異にして公告されたわけだが、それらを同時に表決できるのかそれとも1つずつこれを表決することになるのか。②内容の異なる2つの改憲案のうち、字句を修正せずに、そこから必要な条文だけを選び、新たに1つの案を作ったとするならば、これは憲法改正案に対する修正と見るかどうか。そしてその場合、新たに公告しなければならないのか、従来の公告期間だけでこれが一般国民に対する公告に対するものかどうか。③一事不再議の原則に抵触しないということを国民の前に明確にするためには、今起こった召喚問題について、これを具体的に召喚という文字を書いてはどうか。また、もし国会で憲法が通過したとしても、これを国民に問う国民投票という制度を行うのは当然ではないか。④もし国会の決議が国民の意思を反映できないときは憲法としてこれをどのように制裁し、どのように是正するのか。⑤なぜ国会の解散制度についての規定が書かれていないか。⑥憲法第40条には、依然として大統領の法律案に対する拒否権が残っているが、それに加えて両院制を設けて通過できなくなるとどうするのか。⑦国務委員がそれこそ民意に背き、また腐敗したときどうするのか。やはり下院の承認だけでは不十分ではないか。国務委員に対して不信任案を出す制度も必要ではないのか[39]」。

この李忠煥議員に対して李承晩政権側は、6月28日に回答を行っている。逓信部長官の趙柱泳と法務部長官の徐相懽がそれぞれ回答を行った。まず、趙柱泳逓信部長官は、「①政府提出の改憲案と国会側の両方を同時に議論することが可能なのかに対する答弁は政府がするのではなく、国会で自律的に規定するものである。国会が提出した内閣責任制については、政府は反対である。しかし、この2つの法案を総合審議して、その中の上下両院制、大統領直選制以外の問題であって国会議員側で提出した法案の中で採択する問題については、国会の多数決で決定する問題である。②上院制度の問題については既に答えたので割愛する」という内容であった[40]。

徐相懽法務部長官は、趙柱泳逓信部長官が回答しなかったものについての補足

---

[38]「憲法改正案」、『第12回国会定期会議速記録第85号』、1952年6月27日、8-11頁（原語韓国語）。
[39]「憲法改正案」、『第12回国会定期会議速記録第85号』、1952年6月27日、5-8頁（原語韓国語）。
[40]「憲法改正案」、『第12回国会定期会議速記録第86号』、1952年6月28日、1-2頁（原語韓国語）。

第5章 釜山政治波動の勃発 127

説明を行う形で「憲法改正案の中に議員召喚制度、国民投票制度などを入れなかったのは時間上余裕がなかったからだ。政府の意図としては、まず大筋だけを今回の改正案の骨子として国会に提出し、改憲した結果から大統領の選挙を国民の直接選挙によって行い、国会は上院・下院の両院制にすること、その大綱だけを定めて提出したのである。残りの問題は、相当の日数をかけ研究して適当な案を再び国会に提出する予定である。②大統領の法律拒否権問題は、大統領制を採択した他国の憲法においても法案拒否権が与えられているので問題ないものである。また、上院があり、上下両院で異議なく完全に通過した法案は実情に合わせた場合が多いはずなので、1つの院のみで法律案を作って政府に送るものとは異なり、拒否権が行使される場合は実際においては少ない。③国務総理の国務委員任免提案制は、大統領を中心とする憲法ではあまりそのような前例がないだけでなく、必ずしもこのようにする必要も感じていないので記入しなかった」と述べた[41]。

趙柱泳逓信部長官と徐相懽法務部長官の回答が終わったあと、朴性夏議員（自由党合同派所属）が質問を行った。「①7割以上から8割近い一般民衆は誰が大統領に適切かも十分知らない。国会議員の選出にも、自分の意思表示を発揮できていないのに、大統領選挙にはそうならない保障はあるのか。②自由な雰囲気の中での民衆の意思で韓国元首を選定することが難しいのが現状である中で、これを実現できるためにはどういう風に進めていく予定なのか。③一院制の国会においてすら国会が民意に反するといわれているのに、定員の一部を官選で選出する上院制度を導入すると、国の実情は上下両院を持ち、国会万能になってしまい、実に民衆は難しい状況になってしまうのではないか。それによって民衆は本当に難しい状況に陥ってしまうのではないか。④財政が緊迫している現状において上下両院制を作るのは現実的に難しいのではないか[42]」。

これに対して徐相懽法務部長官は、「①一般の国民は無知な人が多いという理由で大統領直接選挙を懸念する人が多いが、国会議員選挙にしても同じである。一般国民が非識字から脱したときに、大統領直接選挙を行うべきだというこの論は話の筋が通らない。また、民衆はある意味、愚かに見えるが、大衆は賢明なものでもあるので、選挙を行うと必ず公正な結果になる。②両院制による権利の争奪の恐れであるが、絶対そうはならない。むしろ下院が間違えたことがあると仮

---

[41] 「憲法改正案」、『第12回国会定期会議速記録第86号』、1952年6月28日、2-3頁（原語韓国語）。
[42] 「憲法改正案」、『第12回国会定期会議速記録第86号』、1952年6月28日、3-5頁（原語韓国語）。

128　第2部　李承晩政権初期（1948-1952）韓国政治の展開

定しても、上院があることによって改善できるだろう。③国民の統治を行っていくのに必要な制度や必要な管理というのは財政問題に関係なく実施すべきだ」という回答を行っている[43]。

　6月21日からは、国会提出と李承晩政権提出の憲法改正案について両方の議論が行われた。しかし、召集された国会議員の数が定足数に満たなかったため、表決に移ることができなかった。それだけでなく、両者の意見の相違によって話がまとまらない状態が続いた。

3−2　張沢相の抜粋改憲案の提出および国会議員たちの対応

　李承晩政権と国会との対立激化に対し、韓国国内の一部の政治家やアメリカがなんとか折り合いをつけさせようと試みていた。奔走した代表的人物が当時国務総理を務めていた張沢相であった。彼は、6月初旬に李承晩政権提出の憲法改正案と国会提出の憲法改正案の要点を折衷させたもの（通称：抜粋改憲案）を提示した[44]。その骨子としては、李承晩政権提出の憲法改正案（大統領制）の核心的部分である大統領直接選挙と両院制を認めつつ、同時に国会提出の憲法改正案（議院内閣制）の核心たる国務総理および各個別国務委員の不信任決議を認めるという内容であった。最終的にこの張が提出した憲法改正案が、国会では受理されることになった。

　李承晩に反対する国会議員らは、アメリカと国連（UN）からの支援に期待し、憲法改正案可決に必要な定数を満たせないように、国会から逃避するなどして非妥協的な姿勢を貫き続けた。しかし、アメリカが李承晩を支持する姿勢を表明すると、反李承晩派の国会議員も妥協せざるをえなくなる。さらに反対派議員らは、李承晩が、官権を動員して逃避していた国会議員を捜索して連れ戻したことなどにより、徐々に国会に戻るようになる。そして、定員数が充足した形で、遂に7月4日に国会で憲法改正会議が開かれる。

---

[43]「憲法改正案」、『第12回国会定期会議速記録第86号』、1952年6月28日、5-6頁（原語韓国語）。
[44] この抜粋改憲案の出典（張沢相独自のものか、それとも他人が提示したものを張沢相が代表して出したのか）に関しては、これまでにいろんな説が出ている。例えば、イ・ワンボムは、抜粋改憲案の内容の起源について①UN韓国再建委員会事務総長マシュー（フランス人）と駐韓アメリカ大使ムッチョが対立の調整のために当初、李承晩と密接な関係であった許政に提示して断られたあとに張沢相に渡ったという説、②張沢相とその周辺人物が直接作ったという説、③李承晩との裏交渉のために民主国民党など野党が直接作ったという説、などがある。抜粋改憲案の起源については、イ・ワンボム、「韓国政権交替の国際政治：1950年代前半期アメリカの李承晩除去計画、後半期アメリカの李承晩後継体制模索と1960年4月李承晩退陣」、『世界政治』、第28集第2号、2007年、142頁（原語韓国語）の内容を参照。

3－3 国会での憲法改正案通過と大統領・副大統領選挙の実施

　7月4日に再開した国会の憲法改正会議は、張沢相が提出した抜粋改憲案を中心に議論が進んだ。そして、再開した憲法改正会議では、短い時間の手続きを経て同日中に表決へと進むことになった。

　憲法改正に関する手続きを簡潔に済まして、早速表決に移ろうとした当時の国会の雰囲気は、会議に参加した議員の発言からも見て取れる。例えば白南軾議員（無所属）は、「数か月前から議論になって検討していて、国民も憲法改正案提出の経緯をよく知っているので、読会を省略してその場で表決すべきだ」と主張する[45]。これに対して当時臨時議長を務めていた申翼熙は、「同意するには、第1読会を終えて第2読会に入るのだが、第2読会にここで進めば抜粋条項が話せないことになる。したがってそのことに同意してからいうように」と述べている[46]。申翼熙の発言には、戦時中かつ戒厳令の実施という、いわば例外状態のもとであったとしても、憲法や法律で定められた通常の手続きを最低限でも守ろうとする姿勢が見て取れる。申翼熙臨時議長の発言を受け、白南軾議員は、第1読会を終え、第2読会に入ることに同意する。それと同時に第2読会へ移ることに関して表決が行われる。表決の結果、在籍議員160人中、賛成133人、反対0人により第2読会に移ることが決定する[47]。

　表決を経て直ちに第2読会に入ったわけであるが、第2読会の冒頭に李宗鉉議員が「第2読会を逐条しても時間がかかるだけなので、抜粋条項を一括して表決すべきだ」と発言し、そのまま表決に移ることを提案する。李宗鉉議員の発言に補足する形で李載瀅議員（院内自由党所属）は、「抜粋条項について一括して表決することとし、抜粋され残った他の条項も国会で出されたものと政府側で出された全条項を再び一括して表決することに同意する」と述べている[48]。そうして行われた表決の結果は、在籍人数166人中賛成151人、反対0人で可決される[49]。他方で、抜粋した条項に入っていない条項も一括して表決すべきだという李載瀅議員の提案は、在籍議員166人中賛成0人、反対141人で否決された[50]。

　その後、第3読会に入ることになる。第3読会後の憲法改正案の表決は、起立表決にすべきだということが提案され、同規則の賛否について表決に入る。そし

---

[45]「憲法改正案」、『第13回国会定期会議速記録第12号』、1952年7月4日、14頁（原語韓国語）。
[46] 同上。
[47] 同上。
[48]「憲法改正案」、『第13回国会定期会議速記録第12号』、1952年7月4日、15頁（原語韓国語）。
[49]「憲法改正案」、『第13回国会定期会議速記録第12号』、1952年7月4日、16頁（原語韓国語）。
[50] 同上。

て表決の結果、在籍議員166人中賛成133人、反対0人で可決された[51]。

　こうして憲法改正案の表決方法に関する表決が行われたすぐ後に、張沢相国務総理が提案した憲法改正案の可否をめぐる表決が起立方式で行われた。そして表決の結果、在籍議員166人中賛成163人、反対0人の圧倒的多数で可決される結果となった[52]。1950年初頭に民主国民党が憲法改正案を提出して以来、約2年半続いていた憲法改正問題の決着が、ここに一応ついたのである。

　既にいくつかの先行研究が指摘しているように、1952年7月4日の国会での憲法改正案可決は、立憲主義と現実政治とのせめぎあいの中での妥協の産物であった。すなわち、戦時中＝国家存立の危機という例外状態および国民の直接意思を用いて法の支配と正当な手続きを無視した李承晩に対して、彼の主張にうまく折り合いをつけて、（形式上ではあるが）通常のルール通り、国会での可決という、いわば法の枠内での決定は一定程度保たれたのである。

　そして憲法改正が行われてから約1か月後となる8月5日に、第2代大統領選挙と第3代副大統領選挙が実施されることとなった。その大統領候補として、自由党所属の李承晩と無所属であった曺奉岩、李始栄（民主国民党と連携）、申興雨の4人が出馬した。選挙の結果、李承晩が有効投票数の約75％（無効票を合わせると約72％）という圧倒的な支持を得て大統領に再選する。また、副大統領候補としては、自由党所属の李範奭と自由党合同派所属の李甲成、朝鮮民主党所属の李允栄、民主国民党所属の趙炳玉、大韓独立促成労働総同盟の錢鎮漢、大韓女子国民党所属の任永信、無所属の咸台永、白性郁、鄭基元の9人が出馬した。そして選挙の結果、朝鮮民主党の咸台永が総投票数の41％を得て副大統領に当選する。

　第2代大統領選挙は、李承晩が自らの主張の正しさを証明する選挙として終わりを迎えた。すなわち、1951年11月の憲法改正案提出後、李承晩は、「国会意思と国民意思は同じでなければならないにもかかわらず、両者の間でズレが生じている」ということを繰り返し述べてきた。そして1952年1月に、李承晩が提出した憲法改正案が国会で圧倒的多数で否決された後、李承晩は、「国会が民意に反する行為をしている」と述べ、国会ではなく国民との直接の疎通を試みた。そして国会の大多数が李承晩を支持しなかったのとは反対に、大統領直接選挙の結果においては、国民の大多数が李承晩を支持したのである。

　そして、大統領直接選挙での国民の圧倒的な支持を基盤として李承晩は、安定

---

[51]「憲法改正案」、『第13回国会定期会議速記録第12号』、1952年7月4日、17頁（原語韓国語）。
[52] 同上。

した政治基盤のもと1956年まで政治を運営していくこととなる。

小 括

　本章では、序章で述べた研究目的②を解明するために、1952年5月から7月まで韓国で起きた釜山政治波動について分析を行った。そして、当時の新聞記事や国会議事録、国務会議録や官報などの政府記録の分析を通じて、同時期における両者の争点と対立の展開過程について明らかにした。

　1951年11月に李承晩が提出した憲法改正案は、1952年1月に国会によって否決された。その後、李承晩は、下からの民意動員と戒厳令の発布を通じて国会を圧迫するような行動を取った。

　釜山政治波動期における李承晩政権と国会との対立は理論上、状況主義および国民の直接意思と立憲主義および代議制民主主義との対立であった。李承晩が当時の国家危機を背景として、国会より国民の直接意思を重視した反面、国会側は法の支配と自分たちの民主的正統性を主張した。その対立の結果は、1952年7月に李承晩の意向に沿った内容の憲法改正が行われることとなった。

　さらに第2代大統領選挙では、李承晩が「国会意思と国民意思のずれを是正する必要がある」という、自らの主張の正しさを証明したのであった。そして1952年1月に、李が提出した憲法改正案の国会による否決後に国民への「民意」を諮る目的で、大統領直接選挙を行い、その結果は、国民の74.6%という圧倒的な大多数が李承晩を支持するという結果に終わった。

　釜山政治波動においての戒厳令の発布により、国家の危機状況を理由として大統領による恣意的な越権行為（法の規定を無視した行為）が認められた。現状の危機状況を強調する言説の手法は、李承晩政権崩壊まで一貫して続くこととなる。

　このように、1948年の憲法条文解釈から始まった李承晩と保守野党政治家との対立は、1952年7月の憲法改正へとつながった。しかし、1952年7月の憲法改正後も条文上の不備により、2年後の1954年11月に再び憲法を改正する必要に迫られる。次章では、この1954年11月に憲法改正が行われた背景と当時の争点について見ていくことにしたい。

132　第2部　李承晩政権初期（1948-1952）韓国政治の展開

第3部

李承晩政権中期（1952-1956）
韓国政治の展開

第6章　1954年11月の憲法改正論議

　第5章では、憲法条文をめぐって政府と国会間で対立が生じ、1952年7月に憲法改正へと至る過程について述べてきた。しかし、憲法改正が行われた後も条文内容で問題が生じ、1954年に李承晩政権は、再び憲法改正案を提出するに至る。それでは、1954年の憲法改正案が出された背景は何か、憲法改正案の内容はどのようなものであったのか、1954年に国会で行われた論争の争点とは何か、この3つを明らかにすることが本章の目的である。

第1節　先行研究分析と問題提起

　1954年11月の憲法改正に焦点を当てた研究としては、チョン・サンウ（2003、韓国語）とソ・ヒギョン（2014、韓国語）、イ・チャンホン（2018、韓国語）の研究が挙げられる。チョン・サンウの研究では、1954年の憲法改正によって、国民投票制度など直接民主制が導入されるなどの肯定的な側面があったと評価している。その反面、大統領の権限強化や国会の形骸化、四捨五入の理屈を用いて一度否決された決議を半ば強制的に覆すなどといった、後の韓国の憲政政治にとって負の側面をもたらしたとしている[01]。また、ソ・ヒギョンの研究では、特に初代大統領の任期制限撤廃に焦点を当てて分析を行っている。ソ・ヒギャンによれば、初代大統領の任期制限撤廃に関して与野党議員間で賛否論争が起きたが、論争の争点は状況主義（situationism）と民主主義（democracy）の対立であったとする。すなわち、憲法改正賛成論者は、国家が危機的状態に陥っている現状（1954年）においては、李承晩のようなリーダーシップのある人物が、国家を治め続けるべきだという状況主義を用いて憲法改正を支持した。それに対し憲法改正反対論者は、任期延長に伴う独裁化の恐れ、例外主義の否定と国民平等の徹底といった理由から、

---

[01] チョン・サンウ、「1954年憲法改正の性格に対する批判的考察」、『法史学研究』、第28号、2003年、248-249頁（原語韓国語）。

134　第3部　李承晩政権中期（1952-1956）韓国政治の展開

憲法改正に反対したとしている[02]。また、イ・チャンホンの研究では、1954年の憲法改正によって国務総理制度が廃止されることで、1948年まで続いた大統領制と議院内閣制との混合政府形態から、54年以降は純粋な大統領制へと変貌したと述べている[03]。

これらが1954年憲法改正議論に関する主な先行研究であるが、筆者の把握する限りでは、これらの先行研究では次の問題点がある。それは、国会で行われた論争について詳しく具体的な検証がなされておらず、憲法改正案の内容と表決結果の紹介だけに留まっていることである。例えば、チョン・サンウの研究では、憲法改正に賛成する与党と憲法改正に反対する野党は、それぞれどういった言説を用いて自らの主張を正当化したのか分析されていない。したがって、1954年当時の憲法改正をめぐる与野党間の論争空間がわからない。イ・チャンホンの研究においても当時の国会での論争内容および両者の主張の相違を整理していない。したがって従来の先行研究では、1954年当時、どういう点において両者の意見が食い違っていたのかが判然としない問題点がある。

こうした問題点を解決するため、本章でも1次資料は、主に国会議事録を用いることとする。また、国会議事録以外の資料としては、国務会議録などの政府関係資料および当時の新聞記事や主要人物の回顧録を用いる。

第2節　1954年憲法改正案提出の背景

1954年の憲法改正案提出の背景としては、1952年7月の憲法改正後にも残り続けた憲法条文内容の不備があった。イ・チャンホンも指摘しているように[04]、1948年の憲法に内在された根本的な問題点（国務総理と国会との関係、大統領と国務総理との役割分担の不明確など）は、1952年憲法改正後もそのまま温存されていた。例えば、新しく改正された憲法においては、国会による国務院への不信任決議の条文が追加されたが、国務院の位置づけは、そのまま議決機関とされていた。国務院の政治的位置づけおよび国会による国務院へのコントロールの如何、大統領と国務総理との権限分担が1948年以来の李承晩と民主国民党との対立の発端であっ

---

[02] ソ・ヒギョン、「韓国憲政史と改憲：大統領の任期議論を中心に」、『韓国政治外交史論叢』、第35巻第2号、2014年、78頁（原語韓国語）。
[03] イ・チャンホン、前掲書、2018年、60頁（原語韓国語）。
[04] イ・チャンホン、前掲書、2018年、37-38頁。

たわけだが、この問題が未解決のまま1954年まで持ち越されてきたわけである。

第3節　自由党の圧勝と憲法改正案可決に向けての工作

　李承晩政権は、1952年に改正した憲法がいくつかの問題点を有することを自覚しつつ、憲法改正に向けて1954年から再び動き始めるようになる。

　憲法改正案が再び争点となり始めたのは、1954年5月の第3代国会議員選挙時であった。選挙に際して与党であった自由党は、憲法改正をスローガンに掲げる。そして選挙に立候補しようとした自由党所属の政治家に対し、憲法改正案提出に賛成することを自由党からの公式の推薦権付与の条件にした。そして自由党は、党からの公薦権の付与などを通じて立候補者の調整を図っていった。

　選挙結果は、野党候補間の候補者調整がうまくいかず、そして当時の民主国民党が脆弱な組織基盤しか有しておらず、無所属候補が乱立していたことなどの様々な要素により、自由党が圧勝する。全議席（203議席）のうち、自由党が114議席（得票率36.8％）を獲得したのに対し、民主国民党はわずか16議席（得票率7.9％）の獲得に留まった。

　しかし、自由党は、選挙に圧勝したとはいえ、憲法改正に必要な全議席の3分の2以上の議席を得ることができなかった。つまり改正には136以上の議席が必要であったが、22議席が足りなかった。そのため、憲法改正案の提出と可決のために自由党は無所属議員の包摂を行うべく選挙後に動くこととなる。

　今回の憲法改正案に積極的に関わったのは、他でもない李承晩である。特に李は、国民投票制の実施と国務総理制度の廃止を主張した。例えば彼は、国会議員選挙の1か月前に当たる4月6日に以前から主張していた国民投票制の導入について次のように述べている。

　　　私が今まで何回か発表したことがあって憲法改正案を説明したのが何個かあったが、それについて他の人たちがいくつか添付したものもあったし、また議論もあった。しかし、この国会では独立を探そうが失おうがそれに無関心であるので、私が宣言したのは国家安寧に関係する重大問題が起こった場合は、全国民の投票者の3分の2以上の投票で決定したあとに（方針を）定めるということである。（憲法改正案については）韓人であって

も、韓人でなくとも、今日の我々の現状を知る者ではこれ（この案件）に反
対する者はいないと思われる。それにもかかわらず民意に違反した国会議
員の召喚の件などに関してこの国会ではこれに断固と反対しており、国会
で提出できないままである。（まして）それ以外に私が発論したものも（当
然）無効となるので、これらの問題に対して（国会が）このような態度を保
持し続けていると、その他のことに関してはもはやいうこともない。なの
で、各投票区ではこれからは（自由党の）立候補者にこの何個かの改憲問題
を通過させるという条件のためにその決意を聞いて立候補させるようにし、
後に投票したあとも民意に違反したことを行った場合は（議員の）召喚を
行うという条件をつけて投票させるべきである[05]。

　ここで李は、重要な争点については、国会だけでなく、国民投票を通じて国民
の意思を直接問うべきだと主張したのである。さらに総選挙に圧勝してから1か
月後の6月にも、国務総理制の廃止について考えを述べつつ、憲法改正の正当性
を国民に訴えている。

　　私たちは皇帝もしくは君主などという古代の遺物はすべて破壊し、単純
に民主国家になったのでアメリカの制度を採用して三権分立を作り、大統
領が内閣を組織して行政を行うようにしているので、国務総理制度が必要
ないことは、私が常に主張してきたことである。（中略）我が国の行政にお
いて政府を鞏固にし、国内からでも国外からでもどんな勢力であれ、政権
を揺るがせることができないように作ってこそ国権を確立できるのである。
国務総理制を作っておいて他国の害のある習慣を追い変動し始めると政府
が五日京兆（三日天下）で常に鞏固とすることができず、さらにそれに関連
してすべての政治家が勢力争いに明け暮れると、混沌紛糾な状態を防ぐこ
とは難しく、それ以外にも無益な紛争が多く起こるので、私は前から総理
制というものに賛成しなかったのである。国会で制定したので、今までやり過ごしたのであるが、このたびに国会が（総選挙で）新しくなったあとに
憲法改正について話をし、私が今日に来て国務総理制を削除する案件を何
人かに説明し、また国務総理とすべての閣員はこの問題に協議して異議な

---

[05]「改憲を公約せよ」、『京郷新聞』、1954年4月8日（原語韓国語）。

く過ごしてきたのである[06]。

　韓国は、アメリカと同じように三権分立を基礎とする大統領制を採用しているので、それと相反する国務総理制度は不要だと李承晩は主張したのである。李は、国務総理が存在することによってむしろ国政運営が混乱に陥っているので、行政府内の円滑な意思決定のためにも国務総理制を廃止すべきだというのが論理である。
　一方で、民主国民党はこうした李承晩と自由党の動きに対して、反対の立場を取る。例えば9月には、次のように述べている。

　　　総理制および国務院連帯責任制を廃止することは、政党政治の具現を標
　　榜してきた自由党の公約に違反することである。また、我々韓国はアメリ
　　カ式の厳格な分立と相互牽制もなく、連邦組織に対する中央政府の権限の
　　狭小などの条件が具備されていない。また、現行の憲法下においても行政
　　府の権力が過大で政府間の各部署間の総合性がなく、無計画である。もし
　　この（状況の）上に前記条項が採択され、国会の内閣不信任まで廃棄され
　　ると民主主義的責任政治の実現は百年下請けを待つ（実現不可能なことを待
　　つ）ことになるであろう[07]。

　厳格な三権分立と連邦制を導入しており政府の権限が弱いアメリカとは異なり、韓国では中央集権制、立法府に対する行政府の優位が顕著であるのだから、そもそも韓国はアメリカとは政治体制が違うと述べている。そのような状況において、もし、国務総理制度を廃止した場合に、国会による政府へのチェック機能がなくなるので、行政権の暴走と権力乱用を防ぐことができなくなることを警戒しているのである。
　国務総理制廃止をめぐる民主国民党と自由党（李承晩）との見解の違いは、行政権の権限に対する見解の違いに基づいていた。自由党においては、国務総理の存在により、行政府の長が2人存在することによって意思決定がうまく行われず、国政運営が混乱に陥っているとしていた。それに対して民主国民党は、行政府の権限が強すぎる現状（1954年）で国務総理制を廃止すると、立法府（国会）によ

───────────────

[06]「総理制改憲削除必要」、『東亜日報』、1954年6月19日（原語韓国語）。
[07]「責任政治の危機、民国党、改憲反対声明」、『京郷新聞』、1954年9月21日（原語韓国語）。

る行政府（政府）のチェックがますます難しくなることを主張しているのである。自由党は韓国の行政権がまだまだ弱いと主張した一方で、民主国民党はむしろ強すぎると真逆の見解を両者が主張していたのだ。

　1954年の国会議員選挙後、李承晩政権は憲法改正案の作成に取り組むようになる。李承晩政権がいつから憲法改正案の作成準備に着手したのかは定かではないが、ソ・ヒギョンによれば、当時の新聞記事に照らしてみると憲法改正案の起草の準備が始まったのは、憲法改正草案委員会が構成された1954年7月9日頃であったとされ[08]、そして8月12日頃には憲法改正案の草案がほぼ完成したとしている[09]。

　改正案の具体的な内容としては、初代大統領（李承晩）に限り任期制限を撤廃、国務総理制度の廃止と国会による国務院不信任決議権削除、そして憲法改正の国民発案制度および主権と領土変更時の国民投票導入であった[10]。1954年の憲法（1954年当時）と憲法改正案の内容を比較したのが次ページの表5である。

第4節　四捨五入改憲の顛末

　自由党によって提出された憲法改正案は、1954年11月18日から審議が行われる。憲法改正案の審議は、李在鶴議員（自由党所属）による憲法改正案の提出理由の説明から始まった。李在鶴議員は、憲法改正案を提出した動機として、①国家存亡の機に直面している現状（1954年）に対応するため、②韓国の課題を解決して政界の安定を図るため、③1952年憲法改正の理論的矛盾を除去するため、④韓国国民の成熟度合と7年間の経験に照らして韓国の実情に合う国家基本法を制定しなければならないと考えたから、だとしている[11]。さらに李在鶴議員は、憲法改正案の内容と修正・条文を追加した理由についても述べている。まず、国民投票制については、国を守ることを政府や国会にのみ任せるのではなく、国民にも守護させるためであるとしている。次に、国務総理制の廃止については、国務総理

---

[08] ソ・ヒギョン、前掲書、2020年、246頁。
[09] 同上。
[10] 自由党の中心人物として長く自由党内と李承晩政権内で存在感を示しており、1954年の憲法改正案にも直接関わった李在鶴の回顧録によると、当時李承晩が最も関心を示していたのは、国民投票制であったとしている。李在鶴は、「李博士は、かつて政治家たちの過ちにより国が滅んだことを想起してそれを防止しなければならないと考えていた」と述べている。李在鶴、前掲書、2004年、59頁。
[11] 「憲法改正案」、『第19回国会臨時会議速記録第82号』、1954年11月18日、7頁（原語韓国語）。

表5　1954年の憲法と1954年憲法改正案との内容比較

	現行憲法（1954年）	1954年憲法改正案
国民投票規定	国民投票制に関する条文規定なし	国民投票制の条文追加 7条2：大韓民国の主権の制約または領土の変更をもたらす国家安危に関する重大事項は国会の可決を経た後、国民投票に付して民議院選挙権者3分の2以上の投票と有効投票3分の2以上の投票を得なければならない。 前項の国民投票の発議は国会の可決があってから1か月以内に民議院選挙権者50万人以上の賛成を必要とする。 国民投票で賛成を得られなかった場合は第1項の国会の可決事項は遡及して効力を喪失する。 国民投票の手続きに関する事項は法律で定める。
大統領任期制限規定	55条：大統領および副大統領の任期は4年にする。ただし、再選によって1次重任できる。	付則を追加して当事者（李承晩）に限って大統領の任期制限撤廃 付則：この憲法公布当時の大統領に対しては第55条第1項の制限を適用しない。
国務総理制度	44条：国務総理、国務委員と政府委員は国会に出席して意見を陳述し質問に応答でき、国会の要求があった場合は出席答弁しなければならない。 46条：大統領、副大統領、国務総理、国務委員、審計院長、法官、その他法律が定めた公務員がその職務遂行に関して憲法または法律に違反した場合、国会は弾劾の訴追を決議できる。 国会の弾劾訴追は民議院議員50人以上の発議があり、その決議は各院の在籍議員3分の2以上の出席と出席議員3分の2以上の賛成が必要である。 52条：大統領が事故によって職務を行うことができない場合は副大統領がその権限を代行し大統領、副大統領両方事故によりその職務を代行できない場合は国務総理がその職務を代行する。 53条8：大統領と副大統領は国務総理または国務委員を兼任できない。 66条：大統領の国務に関する行為は文書にしなければならず、すべての文書には国務総理と関係国務委員の副署がなければならない。軍事に関しても同じである。 68条：国務院は大統領と国務総理その他の国務委員で組織される合議体として大統領の権限に属する重要国策を議決する。 69条：国務総理は大統領が任命し、国会の承認を得なければならない。 民議院総選挙後、新国会が開会されたときは国務総理に対する承認を再び得なければならない。 国務総理に空席が生じた場合は、10日以内に前項の承認を得なければならない。 国務委員は国務総理の提請によって大統領が任免する。 70条2：国務総理は大統領を補佐し国務会議の副議長になる。 70条3：国務総理と国務委員は国会に対して国務院の権限に属する一般国務に関しては連帯責任を負い、各自の行為に関しては個別責任を負う。 72条：左の議決は国務院の議決を経なければならない。 13その他国務総理または国務委員が提出する事項。 73条：行政各部の長は国務委員でなければならず、国務総理の提請によって大統領が任免する。 国務総理は大統領の命を承り、行政各部長官を統理監督し、行政各部に分担されない行政事務を担う。 74条：国務総理または行政各部長官はその担った職務に関して職権を特別な委任によって総理令または付令を発することができる。	国務総理制度の廃止。国務総理に関する条文削除、もしくは変更

	70条2：民議院で不信任決議をした場合や民議院議員総選挙後最初に集会された民議院において信任決議を得られなかった場合、国務院は総辞職しなければならない。 国務院信任もしくは不信任決議はその発議から24時間以上経過したあとに在籍議員過半数の賛成で行う。民議院は国務院の組織完了または総選挙直後の信任決議から1年以内には不信任決議を行うことができない。ただし、在籍議員の3分の2以上の賛成による国務院不信任決議はいつでもできる。総辞職した国務院は新しい国務院の組織が完了するまでその職務を行う。	国会による国務院不信任制度の廃止、国会による個別国務委員（閣僚）の不信任決議のみ温存 70条2：民議院で国務委員に対して不信任決議を行った場合、当該国務委員はすぐに辞職しなければならない。 前項の不信任決議はその発議から24時間経過したあとに在籍議員過半数の賛成を得なければならない。
国務信任制度に国会よる国務院不信任		

1954年当時の憲法条文と1954年憲法改正案の内容については、「大韓民国憲法」URL：www.law.go.kr/ 법령 /（最終アクセス日：2021年7月28日）および『第19回国会臨時会議速記録第82号』、1954年11月18日、2-3頁を参照。（いずれも原語韓国語）表5は、先述した情報源をもとに、筆者が独自に翻訳し、作成したものである。

の存在が希薄であるのみならず、大統領が国務総理の役割も兼ねているので、そのまま残す必要がないことを説いている。最後に初代大統領の任期制限の撤廃については、国家存亡の機において現大統領（＝李承晩）ほどの適任人物はおらず、国民が彼を選ぶ機会を与えるためだとしている[12]。提出理由の説明が終わった後の、11月18日から24日にかけて質疑応答が行われ、主に野党（特に民主国民党）議員が憲法改正案の内容に対しての質疑を行い、与党議員がそれに回答する形で進行した。与党からは主に張暻根議員（自由党所属）と黃聖秀（自由党所属）議員が、野党議員の質疑に対する回答を行った。11月24日から代表議員らの意見表明を行った後、27日には表決が行われた。その結果、賛成135票、反対60票、棄権7票により、可決に必要な全議席（203票）の3分の2（136票）から、わずか1票足らずで否決されることとなった[13]。

　しかし、国会は改正案の否決発表からわずか2日後に、その決定を覆すことになる。当時の副議長であった崔淳周（自由党所属）は、その理由として「一昨日の否決宣言は計算上の間違いであり、在籍203人の3分の2は135であるので、憲法改正案は通過したと是正する。203の3分の2は135.33であり、小数点は切り捨てるのが一般的である。改正に必要な議員数は135であるので、当然改正案は可決された」と述べた[14]。

　この議決に民主国民党と憲法改正に反対していた無所属議員たちは激高し、その決定を不服として国会から退場する事態となる[15]。その後、残った自由党議員

[12]「憲法改正案」、『第19回国会臨時会議速記録第82号』、1954年11月18日、7-12頁（原語韓国語）。
[13]「憲法改正案」、『第19回国会臨時会議速記録第90号』、1954年11月27日、56頁（原語韓国語）。
[14]「憲法改正案定足数に関する件」、『第19回国会臨時会議速記録第91号』、1954年11月29日、1頁（原語韓国語）。
[15]「憲法改正案定足数に関する件」、『第19回国会臨時会議速記録第91号』、1954年11月29日、4頁（原語韓国語）。

たちだけで再度討議を行い、20人の自由党議員は、当初の賛成135人で否決されたとする崔淳周副議長の宣言は、やはり計算違いによるものであり、賛成135人で改憲案は可決されたとする全員一致の表決による同意案を提出するに至る。このようにして憲法改正案の通過が確定した[16]。

第5節　1954年の憲法改正審議から見る与野党間の論争内容および論点

　第4節では、1954年11月国会における憲法改正案の審議と表決結果について述べた。それでは、1954年の韓国国会においては、政府形態・制度の修正内容にはどのような論争があったのだろうか。この節では、①国民投票制度の導入、②国務総理制度と国務院不信任制度の廃止、③初代大統領の任期制限撤廃、以上3つに分けて述べていきたい。

5－1　国民投票制度の導入に関する論争

　国民投票制度の可否については、憲法改正案の審議が始まった初日（11月18日）から論争が起きていた。

　曹泳珪議員（民主国民党所属）は、「国会議員というのは民意の代弁者である。（なぜ）国民50万人に国民投票発議権を与えたのかがわからない」という発言を行っている[17]。また、翌日の19日には李雨喆議員（無所属）も「国会が国民の意思の代弁者であるにもかかわらず、国民に再び意思を問うというのは国会に対する冒瀆であり、国会の権限を喪失させるに過ぎない」と述べている[18]。さらに同日に曹在千議員（民主国民党所属）も国民投票制の乱用を恐れるという趣旨の発言を行っている[19]。

　曹泳珪議員、李雨喆議員、曹在千議員の質疑・発言に対しては、李在鶴議員と張暻根議員、黄聖秀議員が回答を行った。

　例えば、曹泳珪議員の質疑に対して李在鶴議員は、「世界各国の憲法ではすべて国民に国民投票の発議権を与えている。そうした各国の傾向を踏まえたのみで

---

[16]「憲法改正案定足数に関する件」、『第19回国会臨時会議速記録第91号』、1954年11月29日、12-13頁（原語韓国語）。
[17]「憲法改正案」、『第19回国会臨時会議速記録第82号』、1954年11月18日、17頁（原語韓国語）。
[18]「憲法改正案」、『第19回国会臨時会議速記録第82号』、1954年11月19日、6頁（原語韓国語）。
[19]「憲法改正案」、『第19回国会臨時会議速記録第83号』、1954年11月19日、16頁（原語韓国語）。

ある」と国民投票制度導入の正当性を述べている[20]。

曺在千議員のそれに対しては、張暎根議員が「国会議員や大統領は国民の代表者に過ぎない。しかし、国民の意思に反して国会議員が行動する場合もあるので、各国では直接民主主義制度を採用している。国民を信用できず彼らに最終決定権の付与を否定するのは代表者である私たち自身（国会議員）を否定することであり、また民主政治の否定である」と回答している[21]。

張暎根議員の回答後も、国民投票制をめぐる与野党の論争は続いた。11月22日には、白南軾議員（無所属）が「警察など官権が政治に介入する現状のまま、国民投票を実施した場合、果たしてきちんと民意が発動できると思うのか」という疑念を表明している[22]。同日に、鄭在浣議員（無所属）も、国民投票実施の際の官権介入の恐れを指摘している[23]。11月23日には、李哲承議員（無所属）が、「官製団体によって起こった1952年の憲法改正に照らしてみると、国民投票は政府による強権投票になるだけである」とやはり同様の恐れを警戒している[24]。

白南軾議員、鄭在浣議員、李哲承議員の発言からもわかるように、当時野党議員と憲法改正に反対する無所属議員が懸念していたことは、国民投票実施の際の警察による介入であった。当時の韓国において警察は、内務部長官の指揮下にあったが、1954年の国会議員選挙のように、李承晩政権の指示を受けて警察による官権介入が行われていた。そのため国民投票実施のためには、警察など官権の影響力から解放され、国民が自ら自由に意思表示ができるようにする必要があった。そうした是正なくして、国民投票を実施することは問題が多いと、当時の野党国会議員たちは主張していたのである[25]。それに対し与党から「乱用の恐れがある場合、それを是正していけばいいだけの話で、それを理由として反対するのはおかしい話である」という張暎根議員の発言や「国民投票制の実施要件は主権の制約もしくは国家安寧に関する重大事項に限られている。国会の可決が必要

---

[20] 「憲法改正案」、『第19回国会臨時会議速記録第82号』、1954年11月18日、20頁（原語韓国語）。
[21] 「憲法改正案」、『第19回国会臨時会議速記録第83号』、1954年11月19日、21-24頁（原語韓国語）。
[22] 「憲法改正案」、『第19回国会臨時会議速記録第85号』、1954年11月22日、3頁（原語韓国語）。
[23] 「憲法改正案」、『第19回国会臨時会議速記録第85号』、1954年11月22日、6頁（原語韓国語）。
[24] 「憲法改正案」、『第19回国会臨時会議速記録第86号』、1954年11月23日、17-18頁（原語韓国語）。
[25] ソ・ヒギョンも国民投票制の問題について同じような指摘をしている。すなわち、ソ・ヒギョンは、「後進国の事例を見ると、その効果（国民投票制）は大概マイナスである。執権者が国会を迂回した権力強化策として頻繁に使ったからだ。（中略）。大衆としての有権者は宣伝と扇動にかなり脆弱な存在だからだ」と述べている。ソ・ヒギョン、前掲書、2020年、251頁。本文でも述べたように、1954年当時の韓国において行政権力と警察権力が密接に結びついていたが、その状況のまま国民投票制を導入すると、官権が投票に介入する恐れがあった。

第6章　1954年11月の憲法改正論議　143

であることが定められているので乱用の恐れはない」と李忠煥議員が述べるに留まった。官権の介入を懸念する野党議員に対し、与党議員は十分な回答を行うことができなかった。

国民投票を実施する際の官権の介入を懸念する声は、11月27日の錢鎮漢議員（無所属）の発言にも表れている[26]。

さらには国民投票制の導入に伴う、国会のさらなる権限弱体化を懸念する声も相次いだ。先述した19日の李雨喆議員の発言だけでなく、26日には蘇宣奎議員（民主国民党所属）が「もし、政府の意図に反する法律を国会が可決した場合、政府は民意を発動して国民投票を実施させ、それを白紙にするであろう。その場合、国会は機能を喪失し、無力な存在に陥る」と疑念を述べた[27]。

国民投票制導入をめぐっての論争内容を踏まえてみると、当時の与野党間で起こった論点は次のようなものであったといえる。それは、国民の直接意思は代議制の原則に優越するのか、民意とは国民から委任を受けた代議機関による決定なのか、それとも重要争点に関する国民投票を通じての国民の直接意思表示なのか、という争点であった。当時、国民投票制度導入に反対した野党議員たちは、この制度の導入により国会の決定が覆されることに伴う、代議制の機能不全を懸念していた。また、彼らは、「国民が代表者を選んでいるので、当然代表者が国民の利害を代弁しており、当然国民意思と国会意思は同じである。したがって国民投票の導入は必要ない」と主張していた。すなわち、国民投票制がなくても、国会での話し合いによって民意が把握できるはずだと主張していたのである。それに対して国民投票制に賛成する与党議員たちは、国民の直接意思は代議制に優越するとして、「国会意思と国民意思は常に同じだとは限らないので、国民投票を実施して常に民意（国民の直接意思）を確認すべきだ」と主張していた。すなわち、国会が民意と異なる決定を行うこともあるので、重要な争点は、国民投票を通じて国民からの直接の民意を聞くべきだと主張していたのである。与党と野党の間では民意の捉え方に関しても意見の隔たりが存在した。

5－2　国務総理制度と国務院不信任制度の廃止に関する論争

国民投票制の実施とともに論争が起きていたのが、国務総理制度および国務院不信任制度の廃止についてであった。これについて野党議員は、行政権の肥大化

---

[26]「憲法改正案」、『第19回国会臨時会議速記録第90号』、1954年11月27日、4-5頁（原語韓国語）。
[27]「憲法改正案」、『第19回国会臨時会議速記録第89号』、1954年11月26日、4頁（原語韓国語）。

を理由に挙げて両制度を廃止することに反対した。

　11月18日に先述した曺泳珪議員は、「国務院不信任制度を削除したのは、大統領の権限を強めようとする意図ではないのか。また、大統領の権限拡大は民主主義に逆行するものではないのか」という疑義を表明[28]。さらに11月20日には曺在千議員が、「連邦制や政党制など、行政権の乱用を防止する制度が存在しない韓国の現状においては、国務総理制度と国務院不信任制度を廃止するのは危険だ」と懸念を示している[29]。また、11月22日に鄭在浣議員が、「国民から選ばれた国会によって政府を監視する国務院連帯責任制を廃止することは国民主権の具現を制約するだけである」と述べた[30]。11月24日には、金義沢議員（無所属）が「現行憲法は、国家権力を行政府に集中させるものだ」と他の議員と同様の懸念を述べ[31]、11月25日の尹亨南議員（無所属）[32]や11月27日の慎道晟議員（民主国民党所属）[33]と金寿善議員（無所属）[34]も行政権の肥大化を理由として国務総理制度と国務院不信任制度の廃止に反対した。

　こうした批判に対して与党は、そもそも大統領の権限は拡大されておらず、三権の権力分立を徹底化させることで、行政の効率化を図ることができるという理由を用いて、野党議員および無所属議員からの批判をかわそうとした。大統領権限が拡大されていない証拠として与党議員が用いたのは、国会による国務委員個別不信任条項であった。例えば11月18日に李在鶴議員は、「今回の憲法改正案では、国会による国務委員の個別不信任が明記されているので、大統領の権限は拡大していない」と述べている[35]。同日の黄聖秀議員[36]や11月20日の張暻根議員も李在鶴議員らも同様の発言をしている。

　大統領の権限拡大については、大統領制への移行に伴う三権の権力分立の徹底化を用いた。例えば、11月20日に張暻根議員は、「民意を代表するのは、国会のみならず、国民が大統領を直接選んだ場合、大統領にも当てはまることである。立法権、司法権、行政権の三権を分立させて互いに牽制させるべきだ」と述べて

---

[28]「憲法改正案」、『第19回国会臨時会議速記録第82号』、1954年11月18日、16頁（原語韓国語）。
[29]「憲法改正案」、『第19回国会臨時会議速記録第84号』、1954年11月20日、6-7頁（原語韓国語）。
[30]「憲法改正案」、『第19回国会臨時会議速記録第85号』、1954年11月22日、7頁（原語韓国語）。
[31]「憲法改正案」、『第19回国会臨時会議速記録第87号』、1954年11月24日、4頁（原語韓国語）。
[32]「憲法改正案」、『第19回国会臨時会議速記録第88号』、1954年11月25日、4頁（原語韓国語）。
[33]「憲法改正案」、『第19回国会臨時会議速記録第90号』、1954年11月27日、20頁（原語韓国語）。
[34]「憲法改正案」、『第19回国会臨時会議速記録第90号』、1954年11月27日、43頁（原語韓国語）。
[35]「憲法改正案」、『第19回国会臨時会議速記録第82号』、1954年11月18日、19頁（原語韓国語）。
[36]「憲法改正案」、『第19回国会臨時会議速記録第82号』、1954年11月18日、23頁（原語韓国語）。

いる[37]。

そして三権の権力分立の徹底化の理由として、与党議員が用いたのが、議院内閣制採用の際に起こりうる多数党の専制であった。例えば、11月20日に張暻根議員は「民主政治と政党政治が未発達のときに多数派が行政権、立法権をすべて担う場合、多数派の権力乱用が生じる恐れがある」と述べ、多数党による専制を懸念している[38]。また、黄聖秀議員も「議院内閣制においては、多数が行政、立法ないし司法を掌握することで、国政を効率よく運営できるというメリットがある反面、すべての権力を掌握しているので、多数党の独裁を招来しやすい」と同様の警戒を表明している[39]。

国務総理制度と国務院不信任制度の廃止については、国務総理と大統領の併存による行政府の機能不全を挙げた。例えば、11月20日に張暻根議員は、「国務委員にとって上司が国務総理と大統領、2人存在するので、行政府の行政運営の責任が大統領にあるのか、国会（憲法の条文上、大統領が国務総理を任命する際には国会の同意が必要）にあるのか不明確であったので、混乱が起こっていた」と述べている[40]。

国務総理制度と国務院不信任制度の廃止をめぐる論争を踏まえるならば、与野党議員間の論点は、三権分立をどう捉えるかという問題であった。すなわち、権力の分立を重視すべきか（与党側の主張）、それとも権力の抑制と均衡を重視すべきか（野党側の主張）が当時の論点であった。

野党議員は、行政独裁を懸念し、国務総理制度や国務院不信任制度を通じて行政に対する頻繁なチェックを行うべきだと主張した。その一方で、与党議員は、行政府（政府）に対する立法府（国会）の影響力を遮断し、徹底した権力分立を行うべきだと主張していた。

しかし、当時の与党議員は、野党議員からの懸念に対して十分な回答を行っていなかった。野党議員が懸念していたのは、「国務総理制度と国務院不信任制度を廃止した場合、警察など官権を掌握した政府による国会への弾圧が生じるのではないか」という点であり、国務総理制度と国務院不信任制度は、そうした行政権の乱用と肥大化を牽制するために必要不可欠な手段であると主張していた。それに対して、先にも述べたように与党議員は、大統領の権限が拡大されていないこと、権力分立の徹底化、行政の効率化、の3つを挙げて回答するに留まっていた。しかし、野党

---

[37]「憲法改正案」、『第19回国会臨時会議速記録第84号』、1954年11月20日、18頁（原語韓国語）。
[38]「憲法改正案」、『第19回国会臨時会議速記録第84号』、1954年11月20日、19頁（原語韓国語）。
[39]「憲法改正案」、『第19回国会臨時会議速記録第85号』、1954年11月22日、14頁（原語韓国語）。
[40]「憲法改正案」、『第19回国会臨時会議速記録第84号』、1954年11月20日、17頁（原語韓国語）。

議員がそもそも懸念していた行政権の乱用と肥大化に対しては、国務委員に対する個別不信任権の規定以外には十分な説明を行うことが与党議員にはできなかったのだ。

5－3　大統領の任期制限撤廃に関する論争

　大統領の任期制限撤廃に反対する野党議員と無所属議員は、「個人の独裁と憲法で定められた法の下の平等に抵触する」ことを理由として用いた。例えば、11月18日に曹泳珪議員は、「すべての国民は法の下で平等であるという憲法8条に抵触するのではないか」との発言を行った[41]。11月20日に曹在千議員は、「現大統領（李承晩大統領）に限って任期制限規定を撤廃することは、一種の制限された君主主義を作るものではないか」として、大統領の任期制限撤廃に対して否定的な質疑を行った[42]。また、11月20日には鄭在浣議員が、「特定個人に限って任期制限撤廃を行うことは憲法第8条に違反する」と述べている[43]。11月24日には、金義沢議員が「権力は1人が長い期間にわたって握り続けると、権力乱用、独裁に陥る危険があることは歴史上の実例を見ても明らかである」と述べた[44]。11月26日には蘇宣奎議員が「実質上においては大統領終身制ではないのか」という発言を行っている[45]。

　こうした野党側の攻勢に対し、与党は、条文内容と当時の時代状況から野党の批判をかわそうと試みた。

　まず与党議員が主張したのは、「憲法改正案の内容はあくまで任期制限撤廃であり、特定個人の独裁を意図したものではない」ということであった。

　例えば、11月19日に野党議員の質疑に対して回答した李在鶴議員は、「今回の憲法改正条文は、（任期制限に影響されずに）国民に選ぶ機会を与えるだけである」として大統領終身制ではないことを述べた[46]。また11月20日には張暻根議員が「今回の憲法改正案の内容は、あくまで国民が望むなら任期制限に関係なく、国民が選ぶことができるようにすることである。当然、国民から支持されると当選し、支持されないと落選する仕組みであるので、大統領終身制ではない」と述べ

---

[41]「憲法改正案」、『第19回国会臨時会議速記録第82号』、1954年11月18日、17-18頁（原語韓国語）。
[42]「憲法改正案」、『第19回国会臨時会議速記録第84号』、1954年11月20日、11頁（原語韓国語）。
[43]「憲法改正案」、『第19回国会臨時会議速記録第85号』、1954年11月22日、8頁（原語韓国語）。
[44]「憲法改正案」、『第19回国会臨時会議速記録第87号』、1954年11月24日、6頁（原語韓国語）。
[45]「憲法改正案」、『第19回国会臨時会議速記録第89号』、1954年11月26日、8頁（原語韓国語）。
[46]「憲法改正案」、『第19回国会臨時会議速記録第83号』、1954年11月19日、8頁（原語韓国語）。

ている[47]。

　11月26日には、丁明燮議員（自由党所属）が、「終身制というのは、ある人物の力量に関わりなく、無条件で任期を死ぬまで務め続けるという原則である。しかし、今回の憲法改正案はそうした終身制の原則と違い、国民が望むなら選ぶ権利を付与しただけである。国民が望まないなら、選ばなければいいだけだ」と回答している[48]。

　また朝鮮戦争（1950-1953）の休戦後間もなく、まだ国内整備が完成していない当時の時代状況からも説明を行っている。

　例えば、11月22日に黃聖秀議員は「超非常時の国難と特別な人物に対して例外規定を作ることは、特権階級を作る例外規定とは違うものである。また、国民の投票なしでの終身制にするものではなく、国民が投票できる例外的な規定を作っただけだ」と説明している[49]。また、11月24日には黃聖秀議員が再び「未曾有の国難において国民が李承晩を望むなら国民が望む通りに選挙する方法を作るべきだということが提案者の考えである」と回答している[50]。同じ日には張暻根議員も、第2次世界大戦という非常事態により、4選を果たしたアメリカのフランクリン・ルーズベルトを例に挙げて、大統領の任期制限撤廃を正当化する発言を行った[51]。

　与党議員は、「国家存立の危機状況」という当時の現実政治の状況を用いて、大統領の任期制限撤廃に賛成する意思を表明していた。しかし、彼らの主張には大きな問題点が含まれていた。それは、「国家存立の危機状況」の基準とは具体的にどのようなもので、誰が判断しているのか、ということである[52]。当時の与党議員は、状況主義的な主張を根拠として展開する際に、具体的で客観的な数値（経済状況、北朝鮮からの軍事挑発、復興の進展度合いなど）を挙げることもなく、漠然と「流動的な危機状態においては、任期制限に関わりなく国民が自ら好む人を選ぶ機会を与えるべきだ」という言葉を繰り返し述べていたに過ぎない。また、「国家存立の危機状況」の判断主体（大統領か国会かそれとも国民か）が、そもそも誰に

---

[47]「憲法改正案」、『第19回国会臨時会議速記録第84号』、1954年11月20日、23頁（原語韓国語）。
[48]「憲法改正案」、『第19回国会臨時会議速記録第89号』、1954年11月26日、34頁（原語韓国語）。
[49]「憲法改正案」、『第19回国会臨時会議速記録第85号』、1954年11月22日、18頁（原語韓国語）。
[50]「憲法改正案」、『第19回国会臨時会議速記録第87号』、1954年11月24日、6頁（原語韓国語）。
[51]「憲法改正案」、『第19回国会臨時会議速記録第87号』、1954年11月24日、15頁（原語韓国語）。
[52] ソ・ヒギョンも「戦争や自然災害、経済恐慌などのような状況なら簡単に判断できるが、日常状態においては、いつなにが非常事態なのか判断しづらい傾向がある」と述べて、当時の与党議員の主張を否定的に捉えている。ソ・ヒギョン、前掲書、2020年、255頁。

あたるのか、それをどう確認できるのかという方法についての認識も欠如していた。したがって、政治指導者（特に大統領）によって恣意的に「国家存立の危機状況」が判断されてしまう可能性があるのだ。このような問題があったにもかかわらず、当時の与党議員はこの問題に対して説得力のある議論を展開できなかった。

　こうした論争内容を踏まえてソ・ヒギョンは、初代大統領任期制限撤廃をめぐって当時与野党間で行われた対立は状況主義と民主主義の対立であったとしている。

　確かに、当時の国会議事録の内容を踏まえてみると、初代大統領の任期撤廃に賛成した自由党の議員たちは、韓国の現実政治状況を強調する状況主義を用いた。国会審議において実際多くの自由党議員が、「戦争が休戦して間もない頃で国家存続の危機に陥っている現状（1954年11月当時）においては、李承晩のような国民の幅広い尊敬を受けているカリスマ性のある指導者が必要だ」と発言していた。

　しかし、初代大統領の任期撤廃に関する争点が、状況主義と民主主義の対立であったというソ・ヒギョンの主張は少し検討が必要である。その最大の問題点としては、そもそも「民主主義とは何か」という定義を行わずに同概念を安易に使っていることである。民主主義（democracy）の語源である民衆（デモス demos）の支配（クラティア kratia）の内容に基づき、「主権在民の原則に基づき国民が国の政治に直接的（投票を通じて重要国策を直接決定）・間接的（政権獲得を目指す競争的な野党が参加する定期的な選挙によって代表者を選出し彼らに国政を委任）に関わるべきという考え」を民主主義だと定義すると、当時行われた憲法改正は、そうした民主主義の原則に抵触しないからだ[53]。なぜなら、この憲法改正の内容は、あくまで大統領の任期制限撤廃であって、国民が大統領を直接選ぶ権利が否定されたわけではなかったからである。実際、1954年の国会の憲法改正会議においては、前述したように「初代大統領の任期制限撤廃は反民主的なものだ」と批判していた野党議員

---

[53] 最も、民主主義の内容は一枚岩ではなく、学者間でも意見が分かれている。歴史上においても直接的な要素（直接民主主義）を重視すべきか（ルソーからシュミットにおける流れ）それとも間接的な要素（間接民主主義）を重視すべきか（ロック、ミルからシュムペーターにおける流れ）に関して思想家間で意見が分かれ今日でも論争が続いている。しかし、直接民主主義を優先するか間接民主主義を優先するかに関して思想家間で意見の相違はあったものの、プラトン、アリストテレスの時代から今日まで一貫して民主主義は「人々の支配」を意味し、それを前提としたうえで論争が起こっている。古代から現代にかけての民主主義理論の系譜と特徴については、デヴィッド・ヘルド著、中谷義和訳、『民主政の諸類型』御茶の水書房、1998年。ロバート・ダール著、中村孝文訳、『デモクラシーとは何か』、岩波書店、2001年。権左武志、『現代民主主義思想と歴史』、講談社、2020年。宇野重規、『民主主義とは何か』、講談社、2020年。空井護、『デモクラシーの整理法』、2020年。山本圭、『現代民主主義：指導者論から熟議、ポピュリズムまで』、中央公論新社、2021年などを参照。

に対し、与党議員は「あくまで任期制限にかかわりなく、国民に選択の自由を与えるだけである。国民が大統領を直接選ぶ権利が奪われるわけではないので、反民主的だという批判は筋違いである。もし国民が今の李承晩大統領を支持しない場合は、選挙を通じて国民が彼を落とせばいい話だ」と反論を行っていた。1954年の憲法改正は、国民の権利が制約される内容ではなく、従来の憲法では明記されなかった国民投票制が導入されるなど、むしろ国民の政治参加の機会が広がったとも考えられる。したがって、1954年の憲法改正案の内容に対する与野党議員間の対立を、単なる状況主義と民主主義の対立だとみなすことはできないのではないか。

さらにいえば、この論争内容を、状況主義と民主主義の対立だと結論付けた場合、後の1972年や1980年の憲法改正との連続性についてもよくわからなくなる[54]。

そのため、1954年の初代大統領任期制限撤廃についての論争内容の本質、そして後の韓国憲政史との連続性を解明するためには、状況主義と民主主義の対立とは別の枠組みを提示する必要がある。以上の問題点を踏まえて筆者は、大統領の任期撤廃をめぐる与野党議員間の論争は「立憲主義と現実政治（状況主義）の対立であった」という枠組みを提示したい。なぜなら野党議員は「法の下の平等と法の支配の原則に基づき特定個人や特定機関の権力制限、法の厳格な解釈と適用」という立憲主義的なロジックを用いて、初代大統領の任期制限撤廃に反対した。それに対して与党議員は「国家存亡の機に陥っている現状においては、例外規定が必要だ」として初代大統領に限っての大統領の任期制限撤廃に賛成したのだ。

こうして見てくると、当時の与野党間で起こった論点は次のように整理できる。それは、国家安保の危機という流動的な状態において、法はどうあるべきなのかという論点であった[55]。つまり、「緊急性」を鑑みて当事者に限っての例外規定を認めるべきか、それとも法の原則を徹底すべきであるのかということであり、それは法に対して政治を介入させるべきであるかどうか、ということでもあった。すなわち、法とは時代状況を鑑みながら常に時代時代に対応していくよう変容していくべきものか、それとも当時の時代状況から超然とした立場を取り法の原理

---

[54] 詳細は避けるが、1972年の憲法改正では、統一主体国民会議という国会ではない特定機関が大統領を選ぶ間接選挙の方式が採られていた。この憲法改正により、国民が大統領を直接的に選ぶことはできなくなった。そして、1980年の憲法改正において特定機関から大統領を選ぶ間接選挙方式が採択され、間接選挙方式は憲法を改正する1987年まで続くこととなる。

[55] 当時の国会での論争内容を踏まえてみると、当時論じられた法とは、自然法ではなく、実定法のみを指すものであった。

原則を徹底すべきかという問題につながる話であった。初代大統領の任期制限の撤廃に賛成した与党議員たちは前者の原則を取っていた。それに反対していた野党議員たちは後者の原則を取っていた。ここでも与党と野党の間では法のあるべき姿に関して意見を異にしていたわけだ。

小　括

　本章では、序章で述べた研究目的②を解明するために、李承晩政権中期（1952-1956）に両者間の対立が本格化した1954年韓国国会の憲法改正議論について分析を行った。そして当時の新聞記事や国会議事録の分析を通じて、1954年に憲法改正議論が行われた背景および国会本会議における与野党の争点について明らかにした。

　1954年11月に憲法改正案が出された背景としては、1948年憲法から続いていた条文上の問題があった。すなわち、1948年憲法においては、①国務総理と大統領が共存すること、②国務院の位置づけが不明確であったこと、③大統領と国務総理との役割分担が不明確であったこと、以上3点の問題を有していた。1952年に憲法改正が行われた後も同問題は解決できておらず、条文が温存されたままであった。同問題に対して李承晩は、国務総理制の廃止を通じて行政府内の権力の一元化を図ろうとした。さらに彼は、大統領就任前から自身の持論であった国民投票制度をも憲法改正案に盛り込んだ。そして自由党内では、初代大統領に限っての任期制限撤廃の条項も作成した。

　①国民投票制実施、②初代大統領に限っての任期制限撤廃、③国務総理制の廃止、以上3点が政治に関する主な改正内容であったが、改正案の内容をめぐって与野党議員間で論争が起こった。

　例えば、国民投票制について与党は、「国民主権の原則のもと、当然国民が国の重要な政策の決定を行うべきだ」と述べ、国会を迂回して国民に直接意思を問う直接民主主義的要素を用いた。それに対して野党は、「国民投票制の実施は国会の弱体化をもたらすだけでなく、実施の際に官権介入が行われる可能性がある」として代議制民主主義の原則を用いて反対した。論点となったのは「民意とは何か」と「国民の直接意思は代議制に優越するのか」であった。

　初代大統領に限っての任期制限撤廃について与党議員は、「国家存立の危機に

第6章　1954年11月の憲法改正論議　151

陥っている現状（1954年）においては、カリスマ性があり人望の厚い李承晩大統領に何回も立候補できる機会を与えて状況を打破すべきだ」と主張した。それに対して野党は、「特定個人に限って任期制限撤廃を求めることは、法の下の平等、法の支配に反する」として法による権力制限と個人の平等の保障、法規定の遵守という立憲主義を用いて対抗していた。論点となったのは、「国家安保の危機という流動的な状態において、法はどうあるべきか」ということであった。

　国務総理制の廃止について、与党は、「アメリカのような大統領制を取っている韓国の政治制度において、当然三権分立を徹底すべきである。国務総理制をもたらすことは、行政府内の一元化を阻害すると同時に国会による不当な干渉を招くだけだ」と主張していた。それに対して野党は、「アメリカのような連邦制を取っていない韓国の現状において国務総理制を廃止することは、政府の暴走を招くだけだ。それを是正するために国会によるチェックが必要だ」と主張した。論点となったのは「現状（1954年）において韓国に最も適している政治制度は何か、権力分立を優先すべきか、それとも権力の抑制均衡を優先すべきか」ということであった。三権分立の捉え方をめぐって、与党と野党は対立していた。

　そして、与野党議員間の論争を経て11月27日に四捨五入の論理で憲法が改正されるに至る。それでは憲法改正に反対した野党議員たちは、その後どのように行動したのであろうか。次章では、1954年11月27日の憲法改正後、野党議員たちの動向について明らかにしていきたい。

152　第3部　李承晩政権中期（1952-1956）韓国政治の展開

第7章　野党勢力間の統合の試みと失敗

　前章では1954年の憲法改正について見てきた。本章では、李承晩政権の強硬的なこの憲法改正に反発した野党議員を中心として、1954年末から1955年にかけて行われた韓国野党間の統合の試みについて述べていく。

第1節　先行研究分析と問題提起

　1955年の野党統合は、李承晩政権期の政治史において重要な出来事であったので、これまでも多くの李承晩政権に関する先行研究において取り上げられてきた。しかし、その多くが、曺奉岩という人物の野党統合との関わりにのみ焦点が当てられ、曺奉岩の人物研究の延長線上での研究も多かった[01]。したがって、1955年野党統合のみを重点的に取り上げた先行研究は少ないのが実情である。

　その中で、数少ない先行研究としては、キム・ジヒョンの研究が挙げられる[02]。キムの研究は、1954年から1955年にかけての野党統合の最大の焦点となった曺奉岩の受け入れをめぐる議論について分析が行われている。例えば、曹の受け入れを反対した人々は自由民主主義というワードを盾にして、受け入れ反対の理由を主張しているのだが、キムの研究によれば、そこで用いられていた自由民主主義というワードは、曺奉岩ら革新系列の人々を排除するための手段にすぎなかったとキムは分析している。その証拠にキムは、後の民主党の創党時の綱領において自由民主主義という言葉が登場しなかったことを挙げている。

　キムの研究は、幅広い1次資料を駆使した実証的な研究であり、彼の研究に

---

[01]　曺奉岩との関係では、チョン・テヨン、『曺奉岩と進歩党』、ハンギル社、1991年、パク・テギュン、『曺奉岩研究』、創作と批評、1995年や徐仲錫、『曺奉岩と1950年代（上）』、歴史批評社、1999年（いずれも原語韓国語）などが挙げられる。また、李英石、『野党40年史』、人間社、1987年、イ・ギテク、『韓国野党史』、白山書堂、1992年、シム・ジヨン、『韓国政党政治史』、白山書堂、2017年（いずれも原語韓国語）のように韓国政党政治史全体の中から1955年の野党統合の試みを扱った先行研究も存在する。

[02]　キム・ジヒョン、「1955年民主党創党期自由民主主義論の排除政治」、『韓国近現代史研究』、第47集、2015年（原語韓国語）。

よって曺奉岩の合流に反対した人たちがどのような主張を行ったのか、野党統合の試みはどのように展開されたのか、その事実関係が明らかになった。

しかし、問題点もある。

まず、キムの研究においては、野党間統合の試みにおいて、その争点（特に経済思想）は何であったのかについての分析が欠如している。例えば、キムは、当時多くの政治家が曺奉岩の受け入れに反対していた理由を彼の経歴と思想であったとしている。しかし、両者の思想が本当に両立不可能であったのかについて分析がなされていない。

もう1つとして、当時多くの保守野党政治家が曺奉岩の受け入れに反対した要因がいかなるものであったのかについての分析も行われていない。キムの研究では、新党結成の際の主要人物の発言と考えが掲載されている新聞記事や雑誌、回顧録などを用いて、新しい党の結成をめぐる思惑については詳細な分析を行っているけれども、当時多くの政治家が曺奉岩の受け入れに反対した構造的な要因（当時の時代状況）については述べられていないのだ。そうした点を踏まえ、本章では、キムの研究を補完する形で、この2点について考察していくことにしたい。

1次資料としては、当時の新聞と野党統合に参加した主要人物の回顧録と著書を用いることとする。また、保守野党政治家と革新野党政治家の記録を用いて彼らの政治、経済思想の比較を行う。革新野党系政治家の資料としては、後に革新野党進歩党の指導者となる曺奉岩の記録物を用いる。保守野党政治家の資料としては、曺奉岩の受け入れに頑なに反対し、後に民主党の中心人物となっていく趙炳玉による著書『民主主義と私』および趙の回顧録を中心に用いる。趙炳玉以外の資料としては、趙炳玉とともに曺奉岩の受け入れを頑なに反対した金度演と金俊淵、張勉らの回顧録と著書を用いることにする。

第2節　1954年の憲法改正に伴う野党勢力間の統合の試み

1954年11月の四捨五入を用いた半ば強硬的な憲法改正を行った自由党に対し、野党勢力は互いに連携を試みる[03]。

---

[03] キム・ジヒョンによると、民主国民党が野党統合を模索したのは実は1954年11月末が初めてではなく、1953年11月22、23日の民主国民党の大会において、新党結成とそれに伴う解党の立場を表明したという。キム・ジヒョン、前掲書、2015年、223-224頁（原語韓国語）。

1954年11月当時の国会における野党勢力は、民主国民党に加え、興士団や朝鮮民主党など様々な勢力が占めていた[04]。その中には、李承晩政権に反対する無所属議員もいた。彼らは、憲法改正案が可決されてからわずか2日後の11月29日に、「護憲同志会」という院内交渉団体を立ち上げる[05]。その護憲同志会には、四捨五入という強引な方法で憲法を改正した李承晩政権や自由党のやり方に反発して自由党から脱党した議員も新たに加わるようになった[06]。そうして、全国会議員（203人）の約3割に近い60人の国会議員が参加することになった[07]。

　野党統合の動きが本格化するのは、1954年12月になってからであった。例えば、12月1日には、郭尚勲国会副議長が会議を開き、護憲同志会の名簿捺印と新党組織の具体化について話し合うことになる[08]。そして12月3日には、民議院意見対策委員会から選んだ7人の委員を「新党結成促進員会」に改称することを決議する[09]。そして12月6日には、新党結成促進員会で協議が行われ、院内院外の野党にいる人たちを総網羅して「新党発起委員会」を組織することに合意がなされた[10]。さらに、12月14日には、新党促進委員会で新党の方向性についての話し合いが行われ、反共反独裁を原則とし、大統領中心制の政治体制ではなく、国会責任政治すなわち内閣責任政治の政治体制を支持するという内容で合意が図られた[11]。

---

[04] 1954年11月末から12月にかけての国会議員の勢力分布については、国会事務所、『国会史：制憲国会～第6代国会』、国会事務所、1971年（原語韓国語）を参照。

[05] 「改憲波動に決意闡明護憲同志会声明発表」、『東亜日報』、1954年12月1日（原語韓国語）。

[06] 「集団脱党継続？昨日自由党12議員離脱」、『東亜日報』、1954年12月10日（原語韓国語）。なお、自由党を脱党した議員の中で代表的な人物として、後に韓国の大統領（1993-1998）となる金泳三が挙げられる。

[07] 護憲同志会に参加した国会議員は以下である。尹炳浩、金度演、鄭重変、徐東辰、千世基、金永善、鄭成太、金判述、金喆、鄭濬、曹在千、文鐘斗、徐寅洪、朴在洪、尹亨南、宋錫基、慎道晟、郭尚勲、張沢相、朴己云、崔天、権五鐘、金永詳、金意俊、鄭一亨、権仲敦、曹萬鍾、申珏休、趙炳玉、尹潽善、李炳洪、陸完国、金正晧、金東郁、曹泳珪、蘇宣奎、鄭在浣、朴鐘吉、白南軾、崔甲煥、金寿善、李雨苗、閔泳南、金達鎬、宋邦鏞、辺鎮甲、李哲承、銭鎮漢、梁一東、金善太、尹済述、柳珍山、金義沢、朴海楨、金相敦、崔栄哲、任興淳、申翼熙、李仁。1954年12月当時護憲同志会の所属メンバーについては、国会事務所、前掲書、1971年、221-222頁（原語韓国語）を参照。

[08] 「新党結成確定的」、『東亜日報』、1954年12月2日（原語韓国語）。

[09] 「新党結成再遷（ママ）昨日促進委発足させるために運動展開」、『東亜日報』、1954年12月4日（原語韓国語）。なお、7人委員会のメンバーは以下である。趙炳玉、張沢相、蘇宣奎、郭尚勲、尹炳浩、鄭一亨、柳珍山。

[10] 「新党工作快速調『発起委』組織に合意」、『朝鮮日報』、1954年12月8日（原語韓国語）。

[11] 「新党運動具体的結実段階へ。政策、理念樹立に努力、責任内閣制の実践合意注目処」、『東亜日報』、1954年12月16日（原語韓国語）。キム・ジヒョン、前掲書、2015年、226頁から再引用。なお、キム・ジヒョンの研究も同じ内容を引用しているが、筆者がキム・ジヒョンの引用元であると書いている1954年12月15日の東亜日報（論文では記事名未掲載）を調べてみても、同日に同内容についての記載はなかった。同記事内容は、翌日である16日の『東亜日報』で発見された。しかし、キム・ジヒョ

この一連の野党統合の中心を占めていたのが、民主国民党と興士団などの保守系野党系列であった。

民主国民党の中心人物には次のような特徴があった。それは、李承晩政権期に政権内で何らかの長官職を占めていた人物が多かったことである。例えば民主国民党出身の中で趙炳玉は内務部長官（在任：1950-1951年）を、金度演は財務部長官（在任：1948-1950年）を、金俊淵は法務部長官（在任：1950-1951年）を、尹潽善は商工部長官（在任：1949-1950年）を務めていた。李承晩政権初期に閣僚を務めた後で、李承晩との関係悪化や対立などによって、閣僚を辞任した人物がほとんどであった。それに対し、非民主国民党出身の中では、張勉が国務総理（在任：1950-1952年）、曹奉岩が農林部長官（在任：1948-1949年）を務めた程度であった。

1954年12月に入って新党結党運動が徐々に高まりを見せる中で、李承晩も記者会見などで野党統合に関する見解を発表した。例えば、12月7日の記者会見に李承晩は、次のように発言している。

> そして先ほど60余を包摂した新党が台頭している模様であるが、それはすべて無用である。お金や謀略等では民衆の支持を得ることができないであろう。新党になったとしても、国事を正当に論じて民衆の確固たる支持がなければならない。私が、もう1つの政党を作って民衆の支持を得るように試してみることにする[12]。

人々の支持を得るためには、お金や謀略ではなく、国事をしっかりと論じる必要があると主張し、新党統合が単なる私利私欲による野合になるべきではないことを述べている。

1955年当時の韓国のメディア状況は、テレビはおろかラジオもあまり普及していない国内状況であったので、メディアの中では、新聞が大きな比重を占めていたことは特筆すべき点である。

当時の韓国の新聞は、親民主国民党系列の『東亜日報』、野党に親和的な論調を展開する『京郷新聞』、中立的な新聞である『朝鮮日報』、政府筋的な性格を持つ『ソウル新聞』などに分かれていた。したがって1954年から1955年にかけて

ンの情報源をもとに検索を行ったので、再引用と記載した。

[12] 「自主経済確立に努力新党云々は所用（ママ）ないこと」、『東亜日報』、1954年12月8日。しかし、李承晩は、12月10日に再び談話を行い新党を結成する意図はないと述べている。「新党を結成する意図ない。李大統領政党政治理念解明」、『京郷新聞』、1954年12月11日（いずれも原語韓国語）。

の新党結成（野党統合）の試みの際は、『東亜日報』や『京郷新聞』が新聞記事だけではなく、多くの社説を出して野党統合を支持していた。

　他方で、中立的な『朝鮮日報』でも新党結成の動きに関心を表明していた。例えば1954年12月9日の記事では「立憲政治と野党」（執筆者の名前未掲載）というタイトルの社説を発表し[13]、「議会政治は多数決を原則とする以上、執権する政党はある程度安定勢力を確保すべきであるが、理論上においては与党と野党の勢力分布が均衡であることが、憲政の正道のためには望ましい。新党は、どこまでも国家と国民のための政党でなければならない」と新党結党の動きを支持する論調を述べている[14]。野党系新聞紙であった『京郷新聞』、『東亜日報』のみでなく、中立紙である『朝鮮日報』においても肯定的な論調が展開されていたことをみると、当時の世論は新党結成に概ね好意的であったことが見て取れるだろう。

　そしてその後も新党結成に向けての準備が着々と進み、1954年12月24日には、新党促進委員会において「新党発起趣旨文」が発表される。趣旨文は次のような内容であった（一部抜粋）。

　　　私たちは、もう一度厳粛に私たちが自由な民衆であることを宣言し、私たち大韓民国が民主国家であることを確認する。輝かしい3・1運動の伝統を継承し、時代思潮の理念を採択して、自由と民主と進歩の基礎の上に建設された私たちの祖国が偉大な理想を守護育成させるために3000万が奮起努力すべきときは再び来た。外敵の蹂躙から防衛された自由と民主主義は、今は内部の自傷から衰退の道を歩んでいる悲惨な現実が私たちの前に台頭したのだ。（中略）私たちの自由と民主独立への道は、ただ民主勢力を集結し強化させることにある。私たちはこの集結した勢力で、共産主義と一切の非民主的要素を排除し、自由と人権を伸長させるべきで、すべての政治権力を憲法と法律の権威のもとで隷属させ、健全な代議政治と責任政治の制度を確立させるべきであり、社会正義に立脚した収奪のない国民経済体制を発展させるべきで民主同胞と協調提携を通じた平和的国際秩序の樹立を行わなければならない[15]。

---

[13] 「立憲政治と野党」、『朝鮮日報』、1954年12月9日（原語韓国語）。
[14] 同上。
[15] 「結束で既成組織を超越」、『東亜日報』、1954年12月26日（原語韓国語）。キム・ジヒョン、前掲書、2015年、227頁から再引用。

この「新党発起趣旨文」の内容を鑑みるに、野党議員らは、李承晩政権と与党（＝自由党）に対して対抗的な言論を提示することで、政権や与党との違いを明確にしようとしていたことがわかる。その内容は、立憲主義、代議制民主主義、自由主義[16]、この3つである。それは当時の李承晩政権が掲げていた、状況主義と国民の直接意思の重視と国家主義に真っ向から対立する内容であった。

第6章でも述べたように、1954年11月の憲法改正の際に李承晩政権と自由党は、国家危機という状況主義的な言説で直接民主主義（国の重要国策の最終的な決定権は国民に委ねるべきだ）の考え、そして四捨五入改憲という強行的な方法を用いて憲法改正を行った[17]。それに対して野党は、「すべての政治権力を憲法と法律の権威のもとで隷属させ、健全な代議政治と責任政治の制度を確立させるべき」として李承晩政権と自由党に対抗しようとしたのである。

他方で「新党発起趣旨文」においては、新党結成の勢力内部で、後に対立の火種も内包していたことを忘れることはできない。それは「収奪のない国民経済体制」という内容についてである。それが意味するのは、単に国家からの経済干渉を排除するという、いわば19世紀型のレッセ・フェール／自由放任経済（国家からの自由）か、それとも国家が地主や資本家から国民の利益を保護し、富の再分配の保障を行ういわば20世紀型の福祉経済（国家への自由）のどちらを意味するのかという問題であった[18]。

第3節　曹奉岩の受け入れ問題に伴う野党勢力間の分裂

1954年末から野党統合に向けての話し合いが進みつつあったが、そこで1つの問題が発生していた。それは、本章冒頭でも紹介した「曹奉岩」の受け入れについてであった。曹奉岩は日本の植民地時代において共産主義活動を行っていた。1945年の解放後に彼は、従来の共産主義活動から転向して大韓民国の政府樹立

---

[16]「新党発起趣旨文」の内容に照らしてみると、護憲同志会が掲げた自由主義の内容は、積極的自由（国家への自由）を意味するのではなく、消極的自由（国家からの自由）を意味するものだと考えられる。

[17]「憲法改正案定足数に関する件」、『第19回国会臨時会議速記録第91号』、1954年11月29日、1頁（原語韓国語）。

[18] キム・ジヒョンも、経済綱領において進歩側は分配問題のみを理念綱領として採択すべきだと主張したのに対し、保守側は生産問題も採択すべきだと主張したとしている。そしてこの問題（経済綱領）は今後、進歩と保守の葛藤を予期させるものであったとしている。キム・ジヒョン、前掲書、2015年、227頁（原語韓国語）。

に参加し、初代農林部長官や国会副議長（在任：1950-1954年）[19]など、政府要職を務めていた人物である。

初代農林部長官を務めたことなどから、李承晩政権の初期においては、李承晩との関係も悪くはなかった。むしろ当初は、曺は農地改革をめぐって民主国民党と頻繁に対立していたほどであった[20]。1950年の民主国民党が提出した議院内閣制への憲法改正にも曺は反対する立場を国会で表明[21]するなど、もともと民主国民党とは犬猿の仲であった。

曺奉岩（조봉암）

曺奉岩と李承晩の関係が悪化するのは、1952年8月の大統領選挙からである。1952年の大統領選挙で曺奉岩が候補者として出馬したことをきっかけに李承晩から政敵として認識されるようになる[22]。特に革新系列の中心人物であったため曺奉岩は、すぐに反李承晩の中心人物としても浮上することとなった。

曺奉岩を野党に受け入れるか否かの「受け入れ問題」が本格化するのは、1955年に入ってからであった。1954年末の時点で曺奉岩は、野党統合には参加しておらず、参加するかどうか公式な意見表明も行っていなかった[23]。年明けの1月初旬頃には、「参加しないのが新党のため[24]」という曖昧な立場表明に留まっていた。

野党統合勢力の内部では、曺奉岩の受け入れをめぐって意見が分かれていた。例えば、1955年1月18日には、郭尚勲副議長室で開催された護憲同志会総会において、新党推進の経過報告聴取と同時に曺奉岩の受け入れについて議論があったが、賛成側と反対側との意見対立によって結論を得ることができなかった[25]。

[19] 曺奉岩の経歴については、パク・テギュン、前掲書、1995年を参照。
[20] 農地改革において、一番論争となったのは、地主への補償額であった。農林部は15割を、民主国民党の前身であった韓国民主党は30割を主張してお互い対立していた。対立は、最終的に農林部が主導した農地改革法の通過によって終結した。そして、農地改革は、1950年3月から実施された。
[21] 「大韓民国憲法改正案」、『第6回国会定期会議速記録第49号』、1950年3月10日、11-12頁（原語韓国語）。
[22] 曺奉岩と李承晩との関係については、徐仲錫、『曺奉岩と1950年代（上）（下）』、歴史批評社、1999年（原語韓国語）を参照。
[23] ただし、1954年12月28日の『朝鮮日報』の新聞記事によると、非公式的で個人的なものではあるとしつつも、伝わるところでは、新党促進7人委員の中の某氏と会った際に曺奉岩は彼（某氏）に無条件で合流するという言質を与えたという。もし、それが事実であるなら、曺奉岩は、1954年の時点から新党に合流する気があったことになる。「新党の輪郭具体化、自由党動揺は安定態勢」、『朝鮮日報』、1954年12月28日（原語韓国語）。
[24] 「新党中枢に興党で秋波、大きな「官職」を与えるという誘因説」、『京郷新聞』、1955年1月10日（原語韓国語）。キム・ジヒョン、前掲書、229頁から再引用。
[25] 「曺氏包摂論争」、『朝鮮日報』、1955年1月19日（原語韓国語）。なお、『朝鮮日報』の記事によると、曺奉岩の受け入れ問題について、多数議員（受け入れ賛成）と民主国民党の一部党員（受け入れ反対）との間で意見対立があったとしている。

第7章　野党勢力間の統合の試みと失敗　159

野党統合勢力の中では、曺奉岩の受け入れに反対する人物（後に自由民主派と呼ばれる勢力）と賛成する人物（後に民主大同派と呼ばれる勢力）にわかれて対立していた。反対派の主要人物は、趙炳玉と張勉、金俊淵と金度演であり、賛成派の主要人物は、徐相日と張沢相、慎道晟であった[26]。

　こうした対立の背景について、先行研究では、新党結成後の主導権争いがあったことを指摘している。すなわち、野党統合において曺奉岩など革新派勢力を排除し、自らの権力を拡大したいという保守派勢力の思惑があったという指摘だ[27]。

　上記先行研究の主張は、最もな指摘である。実際、1955年の民主党結党以後、民主党内では、党内の主導権をめぐって旧民主国民党出身の旧派（趙炳玉などが中心）と新たに合流した新派（張勉などが中心）が対立していた。この旧派と新派の対立は、朴正煕政権期の1960年代まで続く。こうしたことからも曺奉岩の受け入れ問題で対立した要因の1つには、野党統合勢力同士の権力掌握問題があったことは確かであろう。

　しかし、この指摘には、問題点もある。それは、後に対立することになる民主国民党出身人物（後の旧派）と新たに合流する保守系の野党勢力（新派）との間では、（民主党結党後激しく対立するようにはなるものの）1955年の統合段階の当初では、なんとか妥協を互いに模索できて、実際に合同ができたという事実が見過ごされてしまうのだ。それに対し、曺奉岩とその周辺人物が合流する段階では、最初から野党統合が挫折してしまった。従来の先行研究では、こうしたそれぞれの明暗を分けたのは何かについて明らかになっていないのだ。

　そこで注目すべきは、曺奉岩の経済思想・政策と保守野党主要人物の経済思想・政策との間には、どれほどの違いがあったのかということである。たとえ表面的であったにせよ、旧派（民主国民党）と新派（新たに合流する保守野党）勢力は、自由民主主義を掲げており、曺奉岩は（建前としてはともかく表舞台の思想としては）、社会民主主義を掲げていた。そこで問題となるのは、民主国民党など保守系が掲げた自由民主主義と曺奉岩が掲げた社会民主主義が、思想内容において、調整が

---

[26] 前国会議長であった申翼煕については、彼が曺奉岩の受け入れに賛成したのかどうか今日においても議論が分かれているところである。これまでの先行研究においては、曺奉岩の受け入れを支持したという説とどっちつかずの態度を取っていたという説とに分かれている。なお、申翼煕自身は回顧録を残しておらず、当然この出来事に対する記述も伝わっていない。伝わっているのは周辺人物からの証言のみである。

[27] キム・ジヒョンによると、保守系の人物が自らの政権掌握のために曺奉岩の受け入れに反対したという後の研究での指摘は、既に1955年当時の新聞においても主張されていたとしている。キム・ジヒョン、前掲書、2015年、229-230頁。

不可能であったのか否かという点であろう。

それを確認するために、保守系の主要人物の経済思想と曺奉岩のそれとを比較検討していくことにしよう。保守系の主要人物の経済思想として参考になるのが、民主国民党の主要人物であり、1956年の申翼熙死去後、民主党のリーダーになる趙炳玉である。

趙炳玉は、野党統合が模索され始めた1954年12月において、『東亜日報』の社説で、12月17日から12月28日までの計12回にわたって「新民主主義を提唱する」というタイトルのコラムを掲載している[28]。

申翼熙（신익희）

第2章でも詳しく述べたように、趙炳玉の最大の特徴としては、社会民主主義を社会主義の一部として否定的に述べつつも、1930年代にアメリカが行ったニューディール政策を資本主義の修正だとして肯定的に述べていることである。ニューディール政策に対する肯定的な評価を見てみると、国家の経済介入を完全に否定したわけではなかったと考えられる。

趙が、自由放任主義（レッセ・フェール）経済を主張したわけではないことは、趙炳玉の「新民主主義を提唱する」におけるその他の記述を見ても明らかである。これも第2章で述べたように趙炳玉は、「新民主主義を提唱する」において、国家のある程度の経済介入を認めるような記述を残している。

他方で趙炳玉は「新民主主義を提唱する」を掲載する以前の1954年8月の『東亜日報』のコラムにおいて、従来の主要産業を国営と官営とする統制経済[29]から自由経済へと移行する憲法改正案の内容には、原則的に賛成するという記述も残している[30]。そのコラムにおいて彼は、「自由主義経済体制を樹立し中小商工業者の発展を図り、産業の再建に拍車を加えて、外国資本の導入限界を明確にすると

---

[28] 同コラムに掲載された内容は、後の1959年に趙炳玉が刊行した『民主主義と私』という著作にも収録されている。

[29] 1948年に制定された初代憲法（制憲憲法）において、憲法の条文のうち84条から89条までが経済に関する条文であった。第85条においては、鉱物およびその他の重要資源の国有化を、第86条においては、農民への農地分配を、第87条では、電気、水道、ガスなどといった公共性を持つ企業の国営または公営化と対外貿易を国家の統制下に置くと記されていた。同内容は、1954年の憲法改正まで続いた。

[30] 「民主主義は逆行するのか、主に改憲案是非を中心に（11）」、『東亜日報』、1954年8月25日（原語韓国語）。同タイトルのコラムは、1954年の8月10日から8月25日まで計11回にわたって『東亜日報』で掲載されている。『東亜日報』に掲載されたコラム内容は、後に彼の『民主主義と私』という著書にも収録された。

いう条件で原則的に賛成する」と述べているのだ[31]。

8月の憲法改正案に対する『東亜日報』コラムと12月のコラム「新民主主義を提唱する」の記述を照らし合わせてみると、趙炳玉は、経済問題について次のように考えていたのではないかと思われる。つまり、趙炳玉が一番懸念していたのは、国家の肥大化と官民癒着に伴う腐敗が発生してしまうことであり、すなわち、国家機構の肥大化によって野党が、ひいては個々人の自由が脅かされることに懸念を示したのである。ただ趙炳玉は、経済格差と経済的不平等の懸念は表明するものの、繰り返しになるが、完全な自由放任を主張したわけではなく、国家が経済問題にある程度の調整と介入を行うべきだとも主張していた。

趙炳玉が「新民主主義」という概念を打ち出した背景には、従来の自由放任とも社会民主主義とも違うイデオロギーを打ち出そうと試みていたことが見て取れる。

そこで、論点となるのは、福祉政策の有無についてである。すなわち、国家による経済介入を認めるとして、福祉政策をどうすべきか（国家が中心となって行うべきかそれとも民間に任せるのか）ということである[32]。

また、ニューディール政策と社会民主主義とは思想的系譜（ニューディール政策は、ウィルソンのニューフリーダムやホブハウスなどのニューリベラリズムなどといった社会自由主義系統、社会民主主義はベルンシュタイン綱領やウェッブ夫妻などの社会主義系統）は全く異なるものであった。すなわち、①福祉政策の有無、②思想的系譜、以上2つにおいてニューディール政策と社会民主主義は異なっていた。

趙炳玉が残した文書からは、福祉についての記述は見つけられなかった。すなわち趙炳玉は、国家が独占資本（トラスト）を統制するだけであるのか、それとも国家がイニシアティブを取って富の再分配を行い、貧富の格差を是正するのか（すなわち、国家が貧しい人々に福祉を施すべきか）に関して明確な発言は残していない。

以上が、趙炳玉の経済思想および彼が理想としたニューディール政策と社会民主主義との違いである。それでは、当時の韓国において、社会民主主義がうまく機能する土台（政治、経済、社会条件）はあったのかについて考えていくことにする。

社会民主主義（特に社会民主主義経済政策）が政治と社会でうまく機能していくためには、以下のことが必要となってくる。それは、①イデオロギーの配置図が偏

---

[31] 同上。
[32] 実際、アメリカのニューディール政策と社会民主主義との違いは福祉政策の有無である。アメリカでは、全国民を対象とする保険制度は長らく形成されなかった。オバマ政権時に医療保険制度改革（通称：オバマケア）が導入されたが、その後、廃案となった。

狭ではなく、思想の自由が許され、②与党だけでなく、野党も社会民主主義政策（実質的に社会民主主義的な政策も含む）に対するコンセンサスがあることである[33]。そうでなければ、野党から不信感を招くだけでなく、社会主義国家のように国家による思想統制を通じて個々人の自由の制限を招くことになるからである。

それでは、1950年代の韓国のイデオロギー状況はどうであったのだろうか。参考となるものがソン・ホチョル（2003、韓国語）の研究である。ソンの研究では、朝鮮戦争を契機として韓国のイデオロギー傾向は急速に右傾化したと述べている。それを裏付けるものとしてソンは、1945年から1954年にかけての各団体の経済綱領と歴代憲法の経済条項を挙げている。例えば、解放当初の朝鮮半島南部では左派の団体のみではなく、韓国民主党など右派においても主要産業の国営化を含めた国家による経済介入を認める綱領を掲げていた。また、その後制定された1948年の憲法においても、主要産業の国営化が明記されていたとしている。それに対して、1950年代以降においては、1954年の憲法改正によって従来の統制経済から自由経済への変更や、韓国民主党の後継政党である民主党の経済綱領の変化など、右傾化が進んだとしている[34]。社会民主主義のようなグレーゾーン的な思想でさえ認めないイデオロギー傾向が韓国に急速に形成されつつあったのだ。

実際、1955年の与野党のみならず、野党内部で社会民主主義へのコンセンサスを阻害したのは、国家が経済問題に介入すべきかどうかという根本的な話ではなかった。先述したように、趙炳玉と曹奉岩は福祉問題について若干の相違点があったが、国家による経済介入をある程度許容したという点では同じであったともいえる。それにもかかわらず、曹奉岩の受け入れに反対する多くの保守系の野党政治家は、その思想的内容ではなく、社会主義と関連するという理由で否定的な反応を示していた。

社会民主主義について李承晩政権や与党とのコンセンサスはおろか、内容上においてそれほど明確な差異がなかったにもかかわらず、統合を推進しようとする野党内部ですらコンセンサスが得られない状況であった。その背景となったのは、①曹奉岩個人に対する不信感に加え、②社会民主主義を社会主義の一部（亜流）だとみなす、保守政治家を中心とした偏狭なイデオロギー認識、③当時韓国が抱

---

[33] 実際、第2次世界大戦以後のイギリス政治は、サッチャー政権（1979-1990）が登場するまで、労働党と保守党の両政権において、社会民主主義的な政策が取られていた（「ゆりかごから墓場まで」のような政策スローガンが象徴的）。その背景には、保守党と労働党とのコンセンサス（バッケリズム）があった。

[34] ソン・ホチョル、『現代韓国政治：理論と歴史 1945-2003』、社会評論、2003年、121-129頁（原語韓国語）。

第7章　野党勢力間の統合の試みと失敗　163

えていた構造的な問題、以上3つがあった。

①の曺奉岩個人に対する不信感であるが、例えば曺奉岩の受け入れに反対した代表人物であった趙炳玉は、自らの回顧録においては次のように述べている。

　　　ところで新党発起途中、曺奉岩氏の入党問題によって多くの論難が続出した。

　　　私は、曺奉岩氏の政治理念上の問題のために彼の新党加入に頑強に反対した。私はアメリカ軍政の警務部長にいるときから、曺奉岩氏の政治的行跡をよく知っているからだ。曺奉岩氏は南労党（南朝鮮労働党）ヘゲモニー争奪戦において軍政の暴力征服に反対したがゆえに朴憲永に敗北し反幹派として追い詰められたのである。彼は本質的に共産主義者であり、彼の著書『当面課題』において社会主義者だと自任し、自らの政治的理念が変わらないことを明かしたのである。

　　　したがって曺奉岩氏は政治的方便だとして政治的転向をしたのであると私は考えていたので、彼の新党介入を積極的に反対したのである[35]。

趙炳玉は、曺奉岩が転向したのは朴憲永との主導権争いでの敗北に伴う機会主義的行動に過ぎず、彼は根っこから共産主義者であり、常に警戒が必要であることを主張していた。このように曺奉岩への不信感は、自由民主派の多くの政治家に共通して見られるものであった。例えば、李承晩政権の初代財務部長官を務め、野党統合運動に参加した金度演も自らの回顧録において、「彼（曺奉岩）の政治的性分をよく知っていたので、彼と合流することを頑なに反対した[36]」と述べている。同じく金俊淵も「「収奪なき国民経済体系を発展させなければならない」という経済に関する曺奉岩の主張は、一見よさそうに見える。しかし、私はそれが不可（そのままにしておくわけにはいかない）であることを指摘した。これは社会主義理論だと（私は）言明した。もし、彼と共闘することになれば、私は新党に参加しないとはっきりと断言した」と述べている[37]。趙炳玉と同様に金俊淵も、曺奉岩の経歴を理由として反対する姿勢を取っていたのである。また、李承晩政権期に国務総理を務めていた張勉も曺奉岩の受け入れに対して頑なに反対意見を表明

---

[35] 趙炳玉、前掲書、1986 年、318 頁。
[36] 金度演、『私の人生白書』、カンウ、1968 年、269 頁（原語韓国語）。
[37] 金俊淵、『私の道』、東亜出版社、1966 年、40 頁（原語韓国語）。

した[38]。民主国民党だけでなく、保守系人物のほとんどが曺奉岩に対して不信感を持っていたといえる。

　しかし、先述したように福祉問題の有無の点以外では、経済政策に関して趙と曺奉岩の間ではあまり違いが見られない。趙炳玉は自らが掲げた「新民主主義」において、ニューディール政策を事例に挙げて、経済格差是正のための国家介入は仕方ないという見解を表明している。また、趙炳玉は、曺奉岩が書いた『我々の当面課題』の内容も問題視していた。しかし、曺奉岩は、同著において、反共主義かつ反北朝鮮のみでなく、反ソ連、反中国の姿勢を明確に表明している［39］。すなわち、曺奉岩は決して東側陣営が優れているとは主張しておらず、宥和的な姿勢を示してもいない。

　『我々の当面課題』の中で問題になるとすれば、それは転向者問題、そして中間派の問題である。例えば、曺奉岩は、「過去に仮に共産主義運動を行った者であっても、彼らに更生の機会を与えるべきだ」と主張していた[40]。また、「過去に大韓民国単独政府樹立に反対し、南北協調を主張した人であっても、彼らをも包摂する姿勢を見せるべきだ」とも主張していた[41]。こうした姿勢について、保守野党系政治家らは、「大韓民国が樹立された1948年以後に政治に参加した元共産主義者や中間派は、あくまで機会主義的動機によって参加しただけであるので、到底信頼することができない」と主張しており、転向した共産主義者のみでなく、中間派をも排除し反共主義を明確にしている点でスタンスが異なっていた。

　日本の社会党と比較した場合、理念的な側面に関して曺奉岩の主張は、日本の社会党右派（そして後の民主社会党）に近いものであった[42]。すなわち彼の主張と考えは、①東側の共産主義、社会主義を批判して東側諸国と距離を取り独自の路線を取っていたこと、②議会政治と政党政治を推進し、その枠内での漸進的改善を模索していたこと、③特定階級を基盤とする階級政党ではなく、国民政党を模索

---

[38] 張勉が曺奉岩の受け入れに積極的に反対していたことは、趙炳玉や金俊淵の回顧録でも記されている。例えば、先述した金俊淵の回顧録においては、「曺奉岩は勿論であり、曺奉岩系列が入ってきても自己（自身）は新党に参加しない」と張勉が断固とした姿勢を示していたと述べている。金俊淵、前掲書、1966年、41頁。ただし、当の張勉は自らの回顧録において、曺奉岩の受け入れに反対した事実とその理由について記していない。

[39] 『我々の当面課題』の内容については、チョン・テヨン、オ・ユソク、クォン・デボク編集、『竹山曺奉岩全集1』、世明書館、1999年、175-236頁（原語韓国語）に収録された原文を参照。

[40] チョン・テヨン、オ・ユソク、クォン・デボク編集、前掲書、1999年、213-219頁。

[41] チョン・テヨン、オ・ユソク、クォン・デボク編集、前掲書、1999年、210-213頁。

[42] 社会党右派の主張の特徴および社会党右派と社会党左派との違いについては、原彬久、『戦後史のなかの日本社会党：その理想主義とは何であったのか』、中央公論新社、2000年を参照。

していたこと、以上3点の特徴を持っていた[43]。

　ちなみに曺は、政党を軸とした国会が中心となって政治を行うべきだという国会中心主義的な考えも持っていた。それは、民主政治において政党と国会の役割を強調した趙（その他保守野党政治家をも含む）の民主主義思想と共通するものである。趙（およびその他の保守野党政治家）にとっては、政党と国会の役割を軽視し、国民の直接意思たるものを重視していた李承晩よりもむしろ、曺奉岩の方が民主主義思想に関しての共通点が多かった。そうした曺奉岩の路線でさえ、保守野党の政治家は、彼が元共産主義者であったという理由だけで明確な拒否姿勢を示していたのだ。

　それでは、経済政策に関して保守野党勢力同士が全く同じ考えを共有していたのかというと、決してそうではない。例えば、新たに合流しようとした保守野党勢力（後の民主党新派）は、『思想界』などの雑誌を通じて国家による経済介入をできるだけ排除すべきだと主張していた[44]。その代表的人物が朱耀翰と金永善である。この主張は、社会民主主義ほどではないが、経済問題の是正のために国家がある程度介入しなければならないと主張していた趙のそれとは明確に異なるものであった。このように、共同歩調を取っていた保守野党政治家同士でも経済問題に関して趙と金・朱とでは考えが異なっており、趙はむしろ曺と近い考えを持っていた。

　趙炳玉を含めた保守野党政治家の多くが曺の受け入れに反対していた大きな理由は、彼の経歴による偏見、そして長年続いていた対立、そして現実的な問題によるものだと考えられる。

　社会民主主義を社会主義の一部（亜流）とみなす、偏狭なイデオロギー認識については趙を紹介する第2章で既に紹介したので、ここでは繰り返さない。

　この偏狭なイデオロギー認識は、1950年代韓国の政治、社会構造という当時の時代状況的な問題も存在していた。例えば李承晩は、自らと対立する政敵を共産主義者というレッテルを貼って排除する姿勢を取っていた。その代表例が、第5章でも述べた1952年5月26日の国際共産党事件と同年6月20日に起こった国際倶

---

[43] 曺奉岩の社会民主主義思想の特徴については、チョン・テヨン、オ・ユソク、クォン・デボク編集、『竹山曺奉岩全集1～6』、世ији書館、1999年、という1次資料に基づく筆者の分析および本章の最初の脚注で紹介した曺奉岩に関する先行研究を参照。
[44] 朱耀翰と金永善を中心とした民主党新派の経済談論については、チェ・ミンソク、「韓国自由主義談論に対する批判的研究、1945～1970：『思想界』を中心に」、ソウル大学校大学院博士学位論文、2021年、89-95頁（原語韓国語）を参照。

166　第3部　李承晩政権中期（1952-1956）韓国政治の展開

楽部事件、1953年に起こったニューデリー密会でっち上げ事件[45]、そして新党結成の最中に起こった不穏文書投入事件[46]であった。特に国際倶楽部事件においては、反李承晩という性格を明確にしただけで、彼らに内乱陰謀という疑惑を持たせて反李承晩の中心人物が連行された事件であった。李承晩の政敵はすべて共産主義者、社会主義者であると李承晩政権にみなされていた状況において、曺奉岩を受け入れてしまうことは、保守野党にとって李承晩政権から弾圧される口実を作ることであった。多くの保守政治家が曺奉岩の受け入れに反対したのは、そうした口実を避けることも背景として存在していた。

　朝鮮戦争休戦後の間もない状況において、当時の韓国のイデオロギー傾向が非常に偏狭な状況になりつつあったことは、国会議員選挙に当選した顔ぶれにも表れている。それは、1950年と1954年の国会議員選挙を比較しても一目瞭然である。1950年の国会議員選挙においては、選挙立候補をボイコットした1948年の国会議員選挙と違って、多くの中間派が国会議員選挙に参加し、趙素昻、安在鴻
など中間派の中心人物の多くが当選した。しかし、1954年の国会議員選挙においては自由党が過半数を占め、中間派の人物は減少している。

　また、朝鮮戦争中に中間派の多くが、北朝鮮軍によって拉致されたという事実もある[47]。むろん避難に成功した人も多くいたが、それによって以前より勢力が減少したことは確かである。

---

[45] ニューデリー密会でっち上げ事件とは、民主国民党の代表であった申翼熙が1953年5月にイギリスのエリザベス2世の戴冠式に参加したあと、帰国の途中であるインドのニューデリーで、朝鮮戦争中に北朝鮮によって強制的に拉致されて暮らしていた趙素昻と密会を行ったという疑惑事件である。密会の内容としては、非共産主義、非資本主義に基づく第3路線を韓国と北朝鮮で確立し模索するということであった。ニューデリー密会でっち上げ事件は、証拠不十分で申翼熙は無罪となったが、同事件の波及は大きく、同じ民主国民党出身であった趙炳玉も申翼熙を疑っていた。この事件の波紋が特に強かったのは、申翼熙が当時国会議長を務めておりかつ民主国民党の中心人物であったためであった。ニューデリー密会でっち上げ事件は、共産主義のみでなく、第3の路線も当時の韓国では全く認められないことを証明する事件でもある。

[46] 不穏文書投入事件とは、野党勢力による新党結成に向けての話し合いが進んでいた1954年12月18日に、申翼熙や金俊淵など野党人物6人の自宅に北朝鮮人民委員会最高委員会名義の「和平統一呼訴文」という不穏文書（怪文書）が届いた事件である。同事件の内容は、南北和平協調の提案を骨子とするものであった。同事件は、文書が届けられた当事者（金俊淵）の国会本会議での暴露と真相究明要求によって調査が開始され、調査の結果、当時憲兵司令官であった元容徳の指示による政府の自作自演であったことが1955年3月に判明した。同事件を起こした理由として元容徳は、「本当に反共思想を持っているかどうか野党人物の思想を確認するため」であったと述べている。政府が同事件を起こした目的として「野党勢力の統合の動きを牽制すると同時に共産主義と関連させて野党政治家を弾圧させる口実を作るため」ということが現在の学界の通説である。不穏文書投入事件の概要については、ホ・ドサン編著、『建国の元勲朗山金俊淵』、自由知性社、1998年、229-230頁（原語韓国語）を参照。

[47] 先述した中間派の代表人物である金奎植、趙素昻、安在鴻はすべて朝鮮戦争中、北朝鮮軍によって拉致されて北朝鮮へと渡り、現地で生涯を終えている。

そして、当時の韓国におけるイデオロギーに対する寛容性のなさは、李承晩政権が社会に対して行った政策においても現れている。例えば、朝鮮戦争中においては、国民保導連盟事件や居昌虐殺事件や老斤里虐殺事件など、北朝鮮に加担したという疑惑だけで多くの人々が無実の罪を着せられ虐殺された。すなわち、もっぱら反共主義が絶対的な価値となりつつあり、それに少しでも抵触すると活動がしづらい状況となりつつあった。

こうした背景が、多くの保守政治家らが、曺の受け入れおよび社会民主主義（と当時の保守野党政治家がみなしたもの）そのものに対する拒否感を示した要因であったといえる。

他方で、曺奉岩と彼の受け入れに反対した大半の保守政治家とを仲裁しようと試みた人物も多くいた。その代表が、前副大統領であり、民主国民党の実質的なリーダーであった金性洙であった。彼は曺に対して転向表明を行うよう勧めた。そして金性洙は、1954年の年末から1955年の年始にかけて、曺奉岩の受け入れに反対する民主国民党の人物の説得も試みた。例えば、金性洙は曺と面会を行い、新党勢力内での曺奉岩の受け入れ反対意見を緩和させるために、曺奉岩に対して過去の共産主義活動を反省する声明書を発表するよう要請する。また、翌年1955年1月18日には、民主国民党の幹部たちを自宅に招き「私たちが新党を結成する際、曺が過去を反省するという声明書を発表したら、ともに政治活動を行ってもいいのではないか」と述べ、金俊淵など曺奉岩の受け入れに反対する人々の説得を行った[48]。

第4節　野党勢力統合の試みの失敗

金性洙は、実は病を押して仲裁を試みていたが、1955年に入ってからますます病状が悪化する。そして、仲裁を入ってから間もない1955年2月18日に亡くなってしまう[49]。金性洙が死去してから4日後の2月22日に曺奉岩は「新党に関する声明書」を発表し、新党結成に積極的に協力・参加していくことを述べる[50]。

---

[48] 金俊淵、前掲書、1966年、40頁。なお、金性洙の同様の発言に対して金俊淵本人は、「数年前にそのような声明書を述べたのならともかく、今になって声明を行うことは到底信用できない」と述べて頑なに反対したと記している。
[49] 「仁村金性洙先生―八日下午五時桂洞自宅にて死去」、『東亜日報』、1955年2月20日（原語韓国語）。
[50] 「微力ながらも参加」、『朝鮮日報』、1955年2月23日（原語韓国語）。

168　第3部　李承晩政権中期（1952-1956）韓国政治の展開

しかし、野党統合勢力内の力関係は、金性洙の死亡に伴い、曹奉岩の排除へと傾くようになった。そして1955年2月下旬には曹奉岩を入党させないという決定が行われる[51]。こうして曹奉岩の受け入れに賛成していた人々の多くが、野党統合から手を引くようになる。例えば、徐相日が野党統合から離脱する[52]。

　保守系の政治家によって曹奉岩の受け入れ排除が進むと、曹奉岩はこの新党への合流を断念し、徐相日などとともに別の新党を結成しようと試みる。

　そして、曹奉岩を排除した保守野党勢力による新党結成準備は着々と進んだ。1955年6月9日には、尹潽善の自宅で会合が行われ、新党発起準備委員会に関する話し合いが行われる[53]。その翌月の7月8日から7月17日までに発起準備委員会を構成するとの宣言が出され[54]、7月17日には侍天教教堂で新党発起準備委員会が開催された[55]。そして同委員会内において新党の党名や党憲（政党の綱領）、具体的な公約制定に関する話し合いが行われた。新党発起準備委員会発足から約1か月半後となる9月1日には、新党の具体的な組織図が制定されると同時に党名を「民主党」にすることが正式に決定された[56]。そして9月19日には、結党大会が開かれ、ついに保守統合野党としての「民主党」が誕生した[57]。民主党の党綱領としては、自由経済などが提示された。民主党に参加した国会議員は33人であり[58]、参加しなかった国会議員は1955年12月16日に憲政同志会という院内交渉団体を結成し、民主党とは行動を別にした。憲政同志会は1957年1月24日まで活動を続け、その後政友会（1957年12月24日まで）へと名称を変更することとなる[59]。

　こうして1954年11月末から始まった野党統合運動は、曹奉岩のような革新系

---

[51] キム・ジヒョンによると、新党結成の中枢部が曹奉岩の排除へと最終決定したのは1955年2月26日であったとしている。キム・ジヒョン、前掲書、2015年、232頁。

[52] 金度演、前掲書、1968年、270項。金度演は、徐相日だけは新党結成に参加してほしかったものの、拒否されたとしている。徐相日は、1945年の韓国民主党のときから約10年間同党で活動を続けた党内の重鎮的な存在であったが、曹奉岩の受け入れ問題によって長年所属し続けていた党を離れることになった。

[53] 「新党九人委、九日にも会同」、『京郷新聞』、1955年6月10日（原語韓国語）。

[54] 「制憲節まで発起準委構成」、『朝鮮日報』、1955年7月9日（原語韓国語）。

[55] 「予定通りに会議開催」、『朝鮮日報』、1955年、7月17日（原語韓国語）。

[56] 「党名は民主党」、『朝鮮日報』、1955年、9月3日（原語韓国語）。

[57] 「民主党歴史的発足」、『東亜日報』、1955年9月20日（原語韓国語）。

[58] 民主党創党に参加したのは以下である。趙炳玉、郭尚勲、尹炳浩、金度演、金俊淵、尹潽善、金東辰、鄭重変、金相敦、金永善、閔泳南、金義沢、李錫基、鄭一亨、金利述、曹泳珪、柳珍山、金善太、崔天、李哲承、蘇宣奎、金泳三、曹在天、尹亨南、鄭在浣、申正浩、千世基、申翼熙、韓東錫、成元慶、玄錫虎、鄭成太、申珏休。現職国会議員のうち、民主党創党に参加したメンバーについては、国会事務所、前掲書、1971年、223-224頁を参照。

[59] 1955年当時の野党国会議員の所属先については、国会事務所、前掲書、1971年、221-225頁（原語韓国語）を参照。

を排除した形で終わった。一方、排除された曹奉岩を中心とする革新勢力も（仮）進歩党を立ち上げて[60]、支持者を集めることになる。そして、1956年の大統領・副大統領選挙後には、革新勢力同士の統合に向けて具体的に動き始める。しかし、結党準備の最中、党の路線や曹奉岩個人に対する不信感などの原因により、曹奉岩系列と徐相日系列が分裂して対立するようになる。そして対立の結果、徐相日系列が離脱し、革新勢力の統合は失敗に終わる。最終的に曹奉岩と彼を支持する勢力のみで1956年11月10日に結党式が行われ、「進歩党」が正式に誕生することとなった[61]。1956年の進歩党結党後も革新勢力統合の試みは翌年の1957年まで続いたが、再び失敗に終わる[62]。そして、徐相日系列は進歩党が結党された翌年の1957年10月15日に「民主革新党」を結成し、結党式を開く[63]。

　こうして野党勢力は、主に保守系民主党と革新系進歩党と別の革新系民主革新党の3つに分かれたのである。

第5節　自由党・民主党・進歩党の政策綱領比較

　ここまで、野党勢力による統合の試みと失敗、民主党と進歩党、民主革新党の結党過程について述べてきた。それでは、自由党と民主党、進歩党はどのような政策綱領を掲げていたのだろうか。また、それぞれの政策綱領の特徴と違いは何であろうか。本節ではこれを見ていくことにしたい。

　自由党、民主党、進歩党の政策綱領をまとめたものが表6（次ページ）である[64]。

　表6の結果を踏まえ、政治、経済、外交、社会保障、国防それぞれの政策に対する自由党、民主党、進歩党の共通点と相違点を見ていくことにしよう。

　政府形態に関して自由党は大統領制を主張し、民主党と進歩党は議院内閣制の導入を主張している。政治・行政政策に関しては、3つの政党ともほぼ共通している。違いがあるとすれば、自由党が選挙における官権の介入と公務員の政治的

---

[60] 1955年と1956年当時はあくまで任意団体であり、正式に、結党式を行ってはいなかった。
[61] 「進歩党十日結党」、『京郷新聞』、1956年11月11日（原語韓国語）。
[62] 1957年の革新勢力同士の統合の試みと挫折については、パク・テギュン、前掲書、1995年、259-265頁（原語韓国語）を参照。なお、パク・テギュンは、1957年の革新勢力統合の試みが挫折した要因として①政治路線の違い、②政府による弾圧、以上2つがあったとしている。
[63] 「民主革新党発足」、『朝鮮日報』、1957年10月16日（原語韓国語）。
[64] 民主革新党については、他の政党ほど知名度が高くなく、また現存する資料についても不足しているため表6に掲載するのは割愛した。

170　第3部　李承晩政権中期（1952-1956）韓国政治の展開

中立化について触れていない反面、民主党と進歩党が警察など公務員の政治的中立化を明記していることである。

　経済政策についてであるが、政府による経済介入を認める点に関しては、3党とも同じである。しかし、その程度に関してはやや異なってくる。自由党が国営企業から民営化の促進を明記し、民主党の綱領においては国営化を推進するという記述は見られない。他方で進歩党は、諸産業への具体的な国家による介入を認める記述を残しているのみならず、国有企業の継続と拡大を明記している。

　外交政策については、自由党は武力統一を掲げて反共主義を明確にしただけでなく、日本に対しても強硬的な姿勢を示している。それに対して進歩党は自由党の掲げる武力統一に反対して平和統一を掲げている。他方で民主党は、武力統一には反対しないものの、他の民主諸国（西側諸国）との協調を強調し、日本に対しても強硬的な姿勢を取っていないことが自由党と異なっている。それと同時に、明確な反共主義を掲げていた点で民主党は進歩党とも異なっていたことがわかる。

　社会政策に関しては、自由党が道徳教育の強化を通じて国家による教育への介入を主張したのに対し、民主党と進歩党は国家による教育への経済負担以外には教育への介入を控えていたことが主な違いであった。他方で、民主党と進歩党とを比較すると次の違いが挙げられる。それは、国民年金制度や国民医療制度など、国家による体系的かつ全面的な福祉制度に関して、民主党が具体的な政策を掲げていなかったのに対し、進歩党がそれらの制度の導入を主張していたことである。すなわち、経済政策と同様、社会保障政策に関しても国家がイニシアティブを取って諸制度を構築すべきかどうかに関して民主党と進歩党では異なる政策を打ち出していた。

　国防政策については、自由党と民主党は国防力の確保を主張して軍縮には懐疑的であるなど、両者の間で目立った違いは見られない。それに対して進歩党は国家予算における国防費の比率の明確さなど、国防費拡張に限度を設けようと試みている。

　これが各党の具体的な諸政策に関する3党比較である。このような比較を踏まえた結果、自由党と進歩党に対する民主党の特徴は以下であったといえる。それは、国家による政治干渉を排除する（自由党との違い）と同時に国家の行き過ぎた経済介入に関しても懐疑的（進歩党との違い）であったことである。

表6 自由党、民主党、進歩党の政策綱領比較

	自由党	民主党	進歩党
政府形態	大統領制の推進	議院内閣制の推進	議院内閣制の推進
政治・行政政策	①行政機構の統合整理 ②中央行政事務の地方官署への大幅移譲 ③行政事務の簡素化 ④中央および地方の公務員数の削減を断行 ⑤緊急以外の支出抑制 ⑥公務員の質的保障のために賞罰の断行と公務員の身分保障、官紀の粛正	①護憲遵法精神の具現 ②選挙に対する官権の介入の排除 ③公務員の生活および身分保障と公務員の政治化防止	①政府による有害無益な干渉を一掃 ②警察制度を刷新し、厳正中立を図る ③執行権限の大部分を地方自治団体に移譲して中央行政機構を大幅に縮小し、公務員数を減少させる ④公務員の待遇改善、官紀粛清 ⑤公務員の任用と昇進に関して厳正な試験制度を実施 ⑥ソウル特別市と各道知事の公選制の確立
経済政策	①健全財政の執行と公明正大な税制運営 ②自立経済の確立と国際収支の均衡 ③中小工業の育成と失業者の完全雇用 ④産業経済の復興と関係する諸立法の整備 ⑤帰属財産積立金の積極的な使用 ⑥経済援助の拡充と効率的運営の実施 ⑦金融の民主化と正常的な金融政策の育成 ⑧農業銀行、農業協同組合および農業教導院の早期実施 ⑨国営企業の民営化の促進	①農村協同組合運動の積極的推進 ②農村負担の軽減 ③農村需要物資と労働資金の円滑な供給および適切な農村価格の維持 ④治山治水および水利事業の促進 ⑤基幹産業の早期建設 ⑥経済援助の効率的利用 ⑦中小商工業の積極的な保護育成 ⑧外換および貿易に関する一貫的な政策の樹立 ⑨水産および地下資源の積極的な開発 ⑩租税制度の合理化	①現物税の廃止と金納制を実施。雑賦金その他の農民負担の禁止 ②直接耕作しない者の土地所有の禁止と小作制度の禁止 ③部落単位での農村協同組合を組織 ④穀物価格の調節維持 ⑤徴兵制度を改善して農業労働力の枯渇防止 酪農および農村工業化の促進 ⑥肥料行政を根本的に刷新し、適正単一価格で農村協同組合を通じた直接配給制を実施 ⑦国家による農業保険制の実施 ⑧農村の電力化を造成すると同時に農村近代化の促進 ⑨灌漑水利施設を拡大強化し山林を保護すると同時に林野は当該部落協同組合共有とする ⑩現在国有化されている産業施設の国有化継続と基幹産業における新設拡充のための国家の財政投資を拡大 ⑪個人資本の所有権を完全保障し基幹産業を含めたすべての企業に対する私的投資の増大を奨励 ⑫中小企業家、技術者、技能者の協同による生産組合の組織を奨励し、その運営を資金で援助することで必需生産の向上を図る ⑬国家産業貿易のために貿易を国家管理し、密貿易を厳禁する ⑭生産力の急速な発展と迅速な自立を実施するために年次計画の樹立、法令化 政府によって執行と動員を行う ⑮経済計画の執行と監督を行うために官民共同の経済計画委員会を設置 ⑯遠洋漁業を奨励するための資金投入と特定区域を漁民協同組合に移管管理させる
外交政策	①休戦協定の破棄 ②国連加入の推進 ③北進統一の推進 ④対日外交の従来主張の貫徹	①民主友邦（ママ）との協助による外交の正常な推進	①武力による北進統一に反対。平和統一を推進

172　第3部　李承晩政権中期（1952-1956）韓国政治の展開

教 育 政策・社会保障政策	①道義教育強化 ②実業教育に重きを置く ③義務教育の完遂 ④戦傷軍人および遺族への支援 ⑤労働者の権利擁護と完全雇用を指向	①国民基本生活の保障 ②社会保障制度の確立と医療の機会均等、都市住宅問題の解決 ③戦災民および避難民と失業者に対する救援方針の確立 ④義務教育費国家負担の増強と教育に関する雑種金賦課の根絶および大学教育の内容充実 ⑤文化人、文化財の保護と科学技術の奨励 ⑥女子の地位向上 ⑦戦傷軍警および遺族に対する支援政策の確立	①極度に商業化された現行教育制度を根本的に革新し、初等教育から最高学府に至るまで漸進的な国家保障制を実施 ②外国制度を盲目的に模倣した現行（1950年代当時）の6・3・3・4の学制を再検討し、韓国の実情に合うよう教育年限を短縮して国民教育以外は実業教育と専門教育に重点を置く ③原子力を平和的に利用促進できる科学技術体系の確立と技術者待遇を立法化 ④国民の健康な娯楽を奨励。文化人と文化財の保護、伝統的な固有文化を振興して先進国家の新しい思想と新しい芸術を採取することで民族的な新しい文化を創造 ⑤国民医療制度の確立 ⑥国民年金の確立 ⑦戦傷軍警および遺族への補償、入隊家族の生活の保障および退役軍人の職業保障の徹底
国防政策	①国軍装備の現代化促進 ②入隊者の待遇改善 ③兵役行政の公正化	①国防力の確保。特に精兵主義の強化、兵役負担の公正化	①国防治安など非生産的な財政支出を国家総予算の3割程度に留まらせ、国庫収支の均衡確立

自由党、民主党、進歩党の政策綱領については、民議院事務所、『国会交渉団体の變遷と各主要政党社会団体の消長、その政網政策党憲』、民議院事務所、1957年（原語韓国語）で記載された内容もとに筆者作成。

小　括

　本章では、序章で述べた研究目的②を究明するために、1954年11月の憲法改正後から1955年にかけて野党勢力間の統合の試みについて分析を行った。そして、当時の新聞記事や主要人物の回顧録の分析を通じて、当事者たちの思惑および統合に向けての具体的な展開過程について明らかにした。

　1954年に李承晩政権が行った強引な憲法改正をきっかけに李承晩政権に反対する野党議員たちは、護憲同志会という院内交渉団体を作り出し、1954年12月から野党統合に向けて動き始めるようになった。しかし、順調のように見えた野党統合運動も曺奉岩の受け入れをめぐって対立が発生する。野党統合勢力の中で、曺奉岩の受け入れに反対する人々（後の自由民主派）と受け入れに賛成する人々（後の民主大同派）にわかれて対立した。そうした対立に対して民主国民党の実質的リーダーであった金性洙は、両者を調整しようと試みた。しかし、調整の半ばで彼が死去すると、新党の動きは曺奉岩の排除へと傾くようになる。

　曺奉岩の受け入れに反対する人々は、彼の経歴と思想を理由として反対したわけであるが、その代表人物が趙炳玉である。しかし、経済思想に関して曺奉岩と受け入れに反対する人々との間に大きな差があったのかというと決してそうではない。例えば、格差是正のための国家による経済介入を認めていた点で趙炳玉と

曹奉岩は一致していた。むしろ国家による経済介入を排除すべきだと主張していた旧民主国民党出身以外の他の保守野党政治家（後の民主党新派）の方が、趙炳玉の経済思想と違っていた。

　結局のところ、曹奉岩の合流を阻害する要因となったのは、彼が持っていた思想の中身そのものの内部的な要因よりも、「曹奉岩」個人に対する偏見（ミクロ的な要因）と朝鮮戦争によるイデオロギー傾向の偏狭（マクロ的な要因）といういわば外部的な要因の方が多かったといえる。1950年代当時の政治社会空間においては、社会主義はおろか第3の路線をも排除する雰囲気が形成されていたのだ。

　そして、保守系の野党政治家たちは、曹奉岩と彼に同調する革新系列を排除したあと、1955年9月に民主党を結党する。一方、新党結成から排除された曹奉岩は自らの支持勢力を集めて（仮）進歩党を立ち上げる。両者の緊張関係は、進歩党が解散する1958年まで続いていくこととなる。

　第3部では、李承晩政権期中期（1952-1956）の政治の展開過程について見てきた。ここまでが、李承晩政権中期における李承晩と保守野党政治家との対立であったのだが、それでは、李承晩政権後期（1956-1960）において、両者の関係はどのように推移したのだろうか。第4部では、このことを明らかにしていきたい。

第4部

李承晩政権後期（1956-1960）韓国政治の展開

第8章　李承晩政権の強硬化・硬直化と
民主党内部の派閥対立

　本章では、1958年5月2日の第4代国会議員選挙から1960年3月の大統領・副大統領選挙まで約2年間の韓国政治について扱う。具体的には、①1958年から1960年までの2年間の時期にどのような政治的出来事が起きたか、②政治的出来事が発生した際に、李承晩政権と与党である自由党はどのような言説を用いて自らの行動を正当化したのか、③李承晩政権に対して民主党はどう行動したのか、以上3点について明らかにしていく。

　本章が対象とする時期 (1958-1960) に起きた個別の事件に関しては、これまでに多くの研究が行われており、事実関係も明らかになっている。他方で、先行研究では、李承晩政権は、それぞれの個別事件の際にどういった言説を用いたのか、自由党穏健派と自由党強硬派はそれぞれ異なる対策を採っていたのだが、具体的にそれはどういった対策か、当時民主党が掲げる政党政治を軸とする議会政治の観点からみて民主党の問題点はどこにあるのか、これらについては分析がなされていない。

　こうした点も踏まえて、上記の問題について明らかにしていく。

　資料としては、それぞれの政治的出来事を扱った2次資料（先行研究）および当時の1次資料を用いることとする。1次資料としては、国務会議録、官報、国会議事録などといった政府と国会関係資料のみでなく、当時の新聞記事や雑誌、主要人物の回顧録などをも用いる。

第1節　自由党強硬派の台頭

　朝鮮戦争が停戦した1953年から、第4回国会議員選挙が行われた1958年までの約5年間の韓国政治では、李承晩政権において次のような2つの大きな変化が起こっていた。

　まず、特筆すべきなのが李承晩政権内部における政治勢力の交代である。李承

晩政権初期の1948年から1953年までは、朝鮮民族青年団系列という勢力が大き
な力を持っていた。しかし、朝鮮民族青年団の勢力拡大を警戒した李承晩の意向
によって1953年末を境にして、青年団は李承晩政権から追放されるに至る。代わ
りに旧官僚出身である官僚派が李承晩政権内で大きな力を持つようになる[01]。

　そして朝鮮民族青年団系列から官僚派への勢力交代は、李承晩個人と李承晩政
権（李承晩以外の閣僚）・自由党との分離という結果をもたらした。朝鮮民族青年団
系列と官僚派の起用と前後して李承晩は、自身が高齢に達したことや自らの憲法
構想であった大統領直接選挙と国民投票制の導入、国務総理制度の廃止が実現さ
れたことを機にして徐々に、李起鵬や彼を中心とした自由党に自らの権力を移
譲していた。そして李は、高齢化していくに伴い、ますます外部の情報が遮断さ
れ、周辺の側近にのみ取り込まれるようになる[02]。李は、1956年大統領・副大統
領選挙を境に国政に大きく関わることはなくなっていった[03]。そして、晩年にな
ると政策の最終決定権は李承晩が持っていたものの、国政運営は李起鵬と与党で
ある自由党によって行われるようになっていた。詳しいことは金鎮欽（2020、韓国
語）の研究で述べられているが、李起鵬台頭後、自由党は、李承晩個人の意思に
左右されるのではなく、政府与党として李承晩から自立して独自の立場を構築し
ようと試みていた[04]。そして、李承晩個人の意思と李承晩政権（李承晩以外の閣僚）
の意思は徐々に乖離が生じるようになり、李承晩の意思に反した政策もが行われ
るようになっていた[05]。その代表例が1954年憲法改正案において李が望んでいた

---

[01] 朝鮮民族青年団系列の特徴および没落の過程については、藤井たけし、『ファシズムと第3世界の間で：
　　族青系の形成と没落を通じてみる解放8年史』、歴史批評社、2012年（原語韓国語）の内容を参照。
[02] こうした外部との情報の遮断は、李承晩の経歴と年齢、性格によるものでもあった。例えば、朴容萬に
　　よると、①長年アメリカで暮らしていたこと、② 1940年代から1950年代に使っていた文法や表現
　　が李承晩の青年時代に使っていた文法から大きく変化したことにもかかわらず、高齢などにより当時
　　の表記方法を取得できなかったことなどにより、国内新聞を全く読まず、主に英語の新聞を読んでい
　　たという。そして、国内新聞を読んでおらず、国内情勢がわからなかったことが李承晩の一番大きな
　　過ちであったと述べている。朴容萬、『第1共和国景武台秘話』、内外新書、1965年、122-123頁（原
　　語韓国語）。
[03] 例えば、李承晩政権崩壊直後に同政権の裏事情を扱った書籍である『景武台の秘密：今になってすべ
　　ての真相を知ることができた』では、李承晩政権に対して「人の帳幕（側近たちが中心となって政治
　　が行われ、彼らによって外部からの情報が遮断されていることを指す言葉）」という言葉が出るよう
　　になったのは1956年からだとしている。金夕影編、『景武台の秘密：今になってすべての真相を知る
　　ことができた』、平進文化社、1960年、197頁（原語韓国語）。
[04] 1954年以後、自由党による与党地位強化の試みについては、キム・ジンフム、「李起鵬体制自由党の
　　政党政治の模索と挫折（1954-1960）」、成均館大学校大学院博士学位論文、2020年、46-70頁を参照（原
　　語韓国語）。
[05] 李承晩政権後期に法務部長官（1958年2月20日～1960年3月23日）と内務部長官（1960年3月23
　　日～1960年4月24日）を務めた洪璡基も「李大統領の統治スタイルは内閣が中心であり、後期にお
　　いては重要問題をほぼ内閣に一任していた」と述べている。維民洪璡基伝記刊行委員会著、『維民洪

第8章　李承晩政権の強硬化・硬直化と民主党内部の派閥対立　177

国会議員召喚制度の条項削除、1954年憲法改正後に行われた政府組織法改正における李承晩との対立、そして1960年副大統領選挙における不正選挙である[06]。それは、李承晩が国政の中心を担い、李承晩個人の意思と李承晩政権の意思が一致していた1950年代前半とは大きく異なるものであった。

次に、注目すべきが李個人と李承晩政権に対する支持率の低下および選挙における野党の躍進である。1956年の大統領選挙においては、前回の1952年と比べて李承晩への得票率が低下[07]した。さらに1958年の第4代国会議員選挙では、前回の1954年の国会議員選挙と比べて自由党の議席割合が低下した[08]。それに対し、野党・民主党は、1956年の副大統領選挙において与党候補である李起鵬（得票率44%）を抑えて民主党の張勉（得票率46%）が副大統領に当選[09]した。1958年の国会議員選挙においても全議席（233議席）の3分の1を超える79議席（得票率は34.1%）を占めるなど、民主党はますます存在感を高めていた[10]。こうした野党の躍進に対して危機感を覚えた李承晩政権内部では、野党への対処をめぐって官僚派を中心に強硬派と穏健派に分かれるようになっていた。そして、1958年国会議員選挙では、強硬派が穏健派に勝つことでますます力を持つに至る。

強硬派の中心人物は任哲鎬や鄭文欽、朴晩元、張暻根などであり、穏健派の人物は李在鶴や李相龍、崔奎南などであった[11]。

そして、自由党穏健派は、選挙法改正などを通じて野党（主に民主党）との妥協を模索していた。ソ・ヒギョンも述べたように、自由党穏健派は、民主党との完全敵対ではなく、妥協によって国政運営を円滑に行っていこうと試みたのである。

琿基伝記』、中央日報社、1993年、197頁（原語韓国語）。

[06] むろん1958年の進歩党事件などのように、当該政策に李承晩が直接関わり、彼の強い意志と支持によって実現した政策も多く存在する。

[07] 1952年の大統領選挙において李承晩は、有効投票の74.6%の得票率を得たのに対し、1956年の大統領選挙では、55.7%の得票を得るに留まった。残りの得票は、無効票（民主党の大統領候補であった申翼熙追悼票）と進歩党（仮）の大統領候補であった曺奉岩への支持票であった。

[08] 1954年の国会議員選挙においては、203議席中114議席（議席率56.15%）を占めていたのに対し、1958年の国会議員選挙においては、233議席中126議席（議席率54.1%）を得るに留まっていた。最も得票率自体は、(不正選挙疑惑があるとはいえ)1954年選挙の36.8%から42.1%へとむしろ上昇していた。

[09] なお、1956年大統領・副大統領選挙の前回選挙である1952年の大統領・副大統領選挙において民主党の前身である民主国民党の副大統領候補であった趙丙玉はわずか7.9%（得票率3位）を得るに留まっていた。

[10] なお、1958年国会議員選挙の前回選挙である1954年の国会議員選挙において民主党の前身である民主国民党は、全議席（203議席）のわずか1割未満である16議席（投票率7.9%）を得るに留まっていた。1952年と1956年大統領選挙および1954年と1958年の国会議員選挙の選挙結果については、中央選挙管理員会編、『大韓民国選挙史第1輯』、中央選挙管理委員会、1973年（原語韓国語）を参照。

[11] 強硬派と穏健派の主要人物の名前および経歴については、オ・ジェヨン、「1956-1960年自由党寡頭体制形成と運営」、ソウル大学校大学院修士学位論文、2003年（原語韓国語）の内容を参照。

1958年4代国会議員選挙後、自由党強硬派はますます勢いづくことになる。それは1959年9月5日の院内幹部候補の人事構成を見ても明らかである。例えば、重要ポストである国会副議長と院内総務においては、それぞれ強硬派である任哲鍋と鄭文欽が任命されているからである[12]。

そして、その後も自由党穏健派と強硬派は、それぞれ違う行動を取るようになる。両勢力は、後述する国家保安法や地方自治法の改正など政権と自由党の基本方針に従いつつも強硬派は強硬姿勢による民主党と非妥協の姿勢を取り、自由党穏健派は民主党との妥協を試みた。そして、自由党穏健派は、李承晩亡き後の対策について民主党旧派とともに模索しようとした。

そして、強硬派は1960年までに李承晩政権内で中心を占めるようになる。李承晩政権は、国家保安法の強行可決や『京郷新聞』廃刊処置などの言論弾圧、進歩党事件など野党や言論に対して強硬的な措置を行っていく。そして自由党強硬派の多くの中心人物は、1960年3月の副大統領選挙に積極的に介入し、最終的には李承晩政権崩壊後の不正選挙による責任を取らされ、検挙されることになる。

第2節　国家保安法、地方自治法の改正

1958年の国会議員選挙後、李承晩政権と自由党（特に自由党強硬派）は様々な法律を改正しようと試みていた。その中で特に話題となったのが国家保安法と地方自治法の改正であった。

国家保安法は、国家の安全を危険にさらす反国家活動を規制するために1948年に制定されたものであった。また、地方自治法は地方自治の実現のために1949年に制定された法律であった。

---

[12] 9月5日に李起鵬国会議長によって任命された院内幹部人事の名簿は以下である。副議長：任哲鍋（強硬派）、院内総務：鄭文欽（強硬派）、院内副総務：玄悟鳳（強硬派）、院内副総務：朴興奎（穏健派）、国防委員会委員長：兪龍植（強硬派）、予算決算委員会委員長：朴晩元、復興委員会委員長：元容奭（強硬派）、農林委員会委員長：李泳熙（強硬派）、交通通信委員会委員長：李鍾寿（強硬派）、懲戒資格委員会委員長：金相道（強硬派）、国会運営委員会委員長：李成株（穏健派）、法制司法委員会委員長：朴世経（穏健派）、内務委員会委員長：李相龍（穏健派）、外務委員会委員長：崔奎南（穏健派）、財政経済委員会委員長：孫奭斗（穏健派）、商工委員会委員長：丁奎祥（穏健派）、文教委員会：孫在馨（穏健派）、社会保健委員会委員長：孫文璟（穏健派）、全院委員会委員長：印泰植（穏健派）。各委員会の委員長は穏健派が多数を占めていたが、院内重要ポストである副議長、院内総務、院内副総務は強硬派が多数を占めていたのが特徴であった。院内幹部人事の名簿については、「李議長指名権に反発」、『東亜日報』、1959年9月6日（原語韓国語）を参照。

改正内容としては、まず国家保安法に関しては反国家活動の取り締まり要件の厳格化を定めようとした。地方自治法に関しては、市・邑・面長の選出方法を従来の選挙制から任命制へと変更し、地方議員の任期を3年から4年へと延長し、洞・里長の選出方法も従来の選挙制から任命制へと変更するという大幅な改正であった[13]。

この国家保安法と地方自治法の改正に対して、李承晩はどのような反応を示したのだろうか。当時法務部長官を務めていた洪璡基の記述によると、李は、国家保安法の改正には賛成する立場であったものの、地方自治法の改正には懐疑的であったとしている。例えば、国家保安法の改正に対して李承晩は、同条文を検討し、野党の反対は非論理的であり、虚偽事実を知りながら、わざと国家壊乱を目的としてそれ（政府批判）を行う場合は、（国家の）自由を守るために必ず政府が責任を持って処罰しなければならないとして、この改正案に賛成していたとしている[14]。この態度は、先述したように個人の自由よりも国家の自由を優先する李の長年の考えに基づくものだといえる[15]。他方で、地方自治法の改正に対しては、「国民に与えた選挙権をどうして私が奪うことができるだろうか」と疑義を挟み、改正案への署名は行わなかったと述べられている[16]。国家保安法と地方自治法の改正を主導したのは、洪璡基を中心とした国務院の国務委員であり、李自身はそこまで積極的に関わっていなかったことも見て取れる。

国家保安法の改正理由を「現行法律では、共産党の取り締まりができないため」として、自由党は11月15日に声明を出している[17]。すなわち、国家の危機状況の強調といういわば状況主義言説によって国家保安法の改正を正当化したのである。

国家保安法はまず、委員会での審査を経て、その後国会本会議での議論と委員会での議論が並行して行われる形になった。1958年11月18日に国会の本会議に

---

[13] 国家保安法および地方自治法の改正内容については、「国家保安法改正法律案第1・2読会」、「地方自治法中改正法律案第1・2読会」、『第30回国会定期会議速記録第30号』、1958年12月24日（原語韓国語）を参照。
[14] 維民洪璡基伝記刊行委員会著、前掲書、1993年、152頁。
[15] 一方で洪璡基によると国家保安法の改正は李承晩が直接指示したものではなく、業務を行う上で必要だと感じ、軍捜査機関と警察など対共捜査機関と協力して法務部を中心に作成したものであるとも述べている。維民洪璡基伝記刊行委員会著、前掲書、1993年、151頁。
[16] 維民洪璡基伝記刊行委員会著、前掲書、1993年、163頁。
[17] 1958年11月15日に自由党が出した声明書の全文については、1952年11月16日に『朝鮮日報』での掲載内容（タイトル：共産徒党の封鎖のために国家保安法の強化を主張する〈原語韓国語〉）を参照。

おいて今後審査を行うことが報告され[18]、12月5日から委員会で話し合いが行われた。国家保安法改正案の議論は、委員会内の与野党間で意見の違いが生じ、議論がほとんど進展しない状態が続いた。そして民主党議員を中心として、国会保安法改正の委員会内での審議や本会議で表決を行わずに、政府に差し戻しすることを上程し、12月12日で同案件（もうこれ以上国家保安法改正案の審議を行わずに政府に返還する）に関しての議論が行われた[19]。委員会と同様、12月12日の国会本会議においても与野党間で激しい論争が展開された。野党議員が反対理由として用いたのは、法律改正案の提出に必要な署名長官人数の問題に加え、国家保安法改正案の内容上の問題と改正案の不必要性であった。

　まず、国家保安法改正案提出の際に必要な同改正案に関係する長官の署名が不十分であったということである。当時の憲法第66条では、「大統領の国務に関する行為は文書としなければならず、すべての文書には関係国務委員の署名がなければならない。軍事に関するものも同じである」と定められており、当然法律案（改正案も含む）の提出には、関係長官の署名が必要であった。最初に上程されたときは、改正案に関係する国防部長官、内務部長官、法務部長官の署名があったのに対し、次の上程時には法務部長官の署名しかなくなっていた。それに対して民主党議員たちは、法務部長官のみでその他の関係長官（国防部長官と内務部長官）の署名がなかったため、憲法66条に違反するとして国家保安法改正案の政府への返還を要求したのである[20]。12月12日の本会議においても、民主党議員を中心に憲法第66条違反を理由として国家保安法改正案返還を求める声が相次いだ[21]。それに対して与党の自由党議員たちは、「民主党議員の主張だとすべての長官が改正案の内容に関係することになり、すべての長官署名が必要となり、きりがなくなるだけでなく、話が余計に広がるだけである。国家保安法改正案に直接関係するのは法務部長官だけであり、彼の署名のみで十分であるので、憲法66条に違反しない」と述べて民主党議員への反論を行った[22]。

---

[18]「国家保安法案審査に関する件」、『第30回国会定期会議速記録第17号』、1958年11月18日（原語韓国語）。

[19]「国家保安法改正法律案返戻同意」、『第30回国会定期会議速記録第29号』、1958年12月12日（原語韓国語）。

[20]「国家保安法改正法律案返戻同意」、『第30回国会定期会議速記録第29号』、1958年12月12日、11-12頁（国家保安法改正案返還理由に関する徐範錫議員〈民主党所属〉の説明）（原語韓国語）。

[21]「国家保安法改正法律案返戻同意」、『第30回国会定期会議速記録第29号』、1958年12月12日、19-25頁（嚴詳燮議員〈民主党所属〉の発言）、29-30頁（李種南議員〈民主党所属〉の発言）、37-41頁（尹明運議員〈民主党所属〉の発言）、44頁（朴忠模議員〈民主党所属〉の発言）（原語韓国語）。

[22]「国家保安法改正法律案返戻同意」、『第30回国会定期会議速記録第29号』、1958年12月12日、27-

また、国家保安法の改正を行わずに現行の法律でも十分に対応できることと、国家保安法の改正案は、政権によって乱用される可能性があることを理由として挙げた。例えば、李種南議員（民主党所属）は、「国家保安法の改正がなくても、国防警備法13条、18条、19条、33条、そして現行の刑法で十分である。国家保安法改正は、憲法で保障された13条（言論、出版、結社の自由）と18条（団結権、団体行動権、団体交渉権）、そして基本的人権を蹂躙しようとする政府の意図が明白である。また、今起こっている事態の原因は行政の無能によるものであって、国家保安法を改正することで、問題が解決できるとは考えられない」と述べている[23]。

　それに対して自由党議員は、「今回話し合うべき点は、政府の行為が憲法66条に違反するかどうかであって、国家保安法改正案の内容の問題ではない。国家保安法改正案の内容上の問題は、これまで（委員会内で）いくらでも話すことができたのにもかかわらず、保安法に対する討論を展開するのは、保安法の不当性だけを指摘しようとする意図としか考えられない」と反論を行った[24]。

　そして、国家保安法改正案の李承晩政権への返還の案件は、表決の結果、賛成66票、反対107票（在籍議員173人）で否決される[25]。

　地方自治法については、国会本会議では議論されなかったが、内務委員会において与野党間で論争が続いた。

　民主党は、国家保安法と地方自治法の改正に反対する姿勢を取った。そして、採決日に国会で籠城するに至る。自由党が与野党の話し合いと妥協といういわば議会主義の原則を無視し、数の力を用いて法律を改正しようとしたので、国会での籠城を通じて可決を妨げようとしたのである。こうした民主党に対して李承晩

　29頁（張暎根議員〈自由党所属〉の発言）、36-37頁（李泳熙議員〈自由党所属〉の発言）、41-43頁（安龍大議員〈自由党所属〉の発言）（原語韓国語）。自由党議員が同様の発言を行ったのは、同時期の委員会制度とも関係する。法律案および法律改正案の審議に際し、委員会が開かれる必要がある場合は、法律案および法律改正案提出の際に署名した長官と関係する委員会が同法案に関する審議を行うことが定められていた。自由党は、今回の国家保安法に直接関係するのは、法制司法委員会のみであり、他の委員会まで開くときりがないと主張していた。それに対して民主党は、国家保安法改正は、法務部長官のみでなく、国防部長官、内務部長官そして文教部長官にも関係する問題であるので、彼らの署名も当然必要であり、法制司法委員会のみでなく、内務部と関係する内務委員会や国防部と関係する国防委員会、文教部と関係する文教委員会も開き、国家保安法改正に関する審議を行うべきだと主張していた。

[23]「国家保安法改正法律案返戻同意」、『第30回国会定期会議速記録第29号』、1958年12月12日、31-34頁（原語韓国語）。

[24]「国家保安法改正法律案返戻同意」、『第30回国会定期会議速記録第29号』、1958年12月12日、35頁（李泳熙議員〈自由党所属〉の発言）（原語韓国語）。

[25]「国家保安法改正法律案返戻同意」、『第30回国会定期会議速記録第29号』、1958年12月12日、46頁（原語韓国語）。

政権も強硬な態度を取るようになる。

　籠城していた民主党議員に対して李承晩政権は、警察などを動員して強制的に連行・監禁し[26]、ほぼ自由党所属議員のみでの採決を行うようにした[27]。そのため、国家保安法改正案に関しては、在籍議員128人中、賛成128票、反対0票で可決された[28]。そして地方自治法改正案についても、在籍議員129人中、賛成122票、反対4票で可決されるに至る[29]。いずれも国会本会議において、野党と十分に話し合いが行われない中での表決であった。

　李承晩政権および自由党が、民主党議員を排除した上で国会保安法および地方自治法を強行可決したことは、明らかに議会主義の原則を無視した行動であった。議会政治がうまく機能するためには、ある案件をめぐって多数派と少数派の意見の食い違いの際の解決として、多数派による一方的な強行採決ではなく、多数派と少数派（野党）の話し合いと妥協によることが重要である。なぜなら議会という場所は、多様な利害を代弁する代表者によって構成されており、そうした様々な利害関係を本来は調整する場所であるからだ[30]。そうした議会の性格は、様々な意見を話し合ってうまく調整していくという点において自由主義的色彩を持つものだといえる[31]。そうした議会主義の原則を無視して李承晩政権は、委員会や本会議での話し合いをせず、野党議員を監禁してほぼ与党議員だけで強行採決を行ったのである[32]。

　国家保安法の改正に関して、籠城する前の民主党内部でも、実は意見が分かれていた。

　旧派においては、国家保安法に対して内容それ自体には概ね賛成としつつ、非

---

[26]　「恐怖の監禁4時間20分」、『朝鮮日報』、1958年12月25日（原語韓国語）。
[27]　自由党議員のみで採決ができたのは、当時改正しようとしたのが憲法ではなく、一般法律であったからである。1954年の憲法においては、憲法改正は全議員の3分の2以上の賛成が必要であったが、法律案の改正には過半数の賛成が必要であった。自由党議員のみでは3分の2は満たなかったものの、単独過半数に達していたので、改正が可能だったのである。
[28]　「国家保安法改正法律案第1、2読会」、『第30回国会定期会議速記録第30号』、1958年12月24日、9頁（原語韓国語）。
[29]　「国家保安法改正法律案第1、2読会」、『第30回国会定期会議速記録第30号』、1958年12月24日、13頁（原語韓国語）。
[30]　そうした議会主義の原則は、ハンス・ケルゼンが著した『議会主義の本質と価値』においても如実に表れている。
[31]　他方で西洋では、そうした議会主義は民主主義ではないという議論も行われた。例えばカール・シュミットは『現代議会主義の精神的状況』において、議会主義は自由主義の原則に基づくものであって民主主義的な性格を持つものではないと指摘している。
[32]　李承晩政権期（1948-1960）の議会政治において、多数派の力によって少数派の意見を抑えた事例は多くあったものの、少数派そのものを監禁して多数派のみで強行採決したことは稀であった。李承晩政権後期に行くにつれ、議会政治の本質がますます色あせていったのである。

第8章　李承晩政権の強硬化・硬直化と民主党内部の派閥対立　183

共産主義者への悪用防止の対策を自由党と話し合うべきだと主張していた。他方、新派においては、国家保安法の内容そのものに反対する姿勢を取っていた[33]。新派は非妥協的な姿勢を取っていたのに対し、旧派は妥協的な姿勢を取っていたのである。

　他方で、国家保安法および地方自治法の強行改正に対して、当時の新聞メディアは李承晩政権および自由党に対して辛辣な批判を行った。野党新聞紙であった『東亜日報』や『京郷新聞』はもちろん、中立的な新聞紙である『朝鮮日報』においても国家保安法に対して批判的な論調を展開した[34]。李承晩政権および自由党の強硬的なやり方に対して、当時のメディアも批判の論調を強めたのである。

第3節　『京郷新聞』の廃刊処置

　国家保安法および地方自治法の強行改正を行った李承晩政権と自由党であったが、翌年の1959年にはさらなる措置を行う。それが『京郷新聞』の廃刊処置である。

　民主党新派の代表紙でもあったこの新聞は、もともと李承晩政権に批判的な論調であったが、国家保安法の強行改正を契機に、1958年12月末から新聞紙が廃刊される1959年4月まで政府および自由党の行動に対する批判的な論調を強めていた[35]。それに対して李承晩政権は、1959年4月30日に廃刊処置を行ったのだ[36]。

　この処置に関して李承晩政権は、以下の理由を述べて廃刊処置を正当化している。1959年1月11日の社説（タイトル：「政府と与党の支離滅裂」）においてスコットフィールドと李起鵬間の面談事実のでっち上げ、2月4日の「餘滴」という短評における暴力扇動、2月15日の新聞での虚偽報道、4月3日のスパイの逮捕記事が共犯者の逃走を手伝ったこと、4月15日の李大統領会見記事（タイトル：「保安法

---

[33] ソ・ヒギョン、前掲書、2020年、325-326頁（原語韓国語）。

[34] 国家保安法可決直後において『朝鮮日報』が批判した主な社説、コラムとしては、「保安法強行と民主政治の岐路」、『朝鮮日報』、1958年12月25日や「新国家保安法の公布をみて」、『朝鮮日報』、1958年12月28日（原語韓国語）などが挙げられる。国家保安法強行改正に対する『朝鮮日報』の批判的な論調は、翌年の1959年においても続いていく。

[35] 他方でもう1つ野党新聞紙であった『東亜日報』は、地方自治法や国家保安法の改正に対して政府に批判的な論調を展開しつつも、『京郷新聞』ほど辛らつなものではなかった。その点に関しては、国家保安法改正案に対する民主党旧派と民主党新派の意見の違いによるものだと考えられる。

[36] 「京郷新聞に廃刊令」、『東亜日報』、1959年5月1日（原語韓国語）。

改正も反対」）の虚偽報道、こうした5つの理由から廃刊処置を決定した[37]。すなわち、「根拠もない虚偽の記事を書くだけでなく、暴力の扇動やスパイの手助けを行って政府を困難に陥らせたため」という、いわば国家安保を盾にして廃刊処置を行ったのである。そして李承晩政権は、国家保安法や言論に関する法律について、大韓民国政府樹立後に制定した法律ではなく、アメリカ軍政期（1945-1948）にアメリカ軍政が定めた軍政法令第88号を適用している。1946年5月29日に制定された軍政法令第88号第4条では、①許可申告書に虚偽または誤解を起こす申告または怠慢を有するとき、②上に要求したような申請書の記載事項変更、申告に遺脱を有するとき、③法律に違反したとき、許可取り消しまたは停止を行うと規定している。そして、第7条では規定に違反した場合は、軍政裁判によって処断されるとも規定されていた。こうしたことから李承晩政権は、『京郷新聞』が軍政法令第88号に違反したと述べている[38]。すなわち、李承晩政権は、『京郷新聞』が虚偽報道を行っており、また、そういった報道が1回のみでなく、複数回にわたったので、廃刊処置に踏み切ったとしているのである。

『京郷新聞』の廃刊処置は、李承晩政権が崩壊する1960年3月末まで続いた。『京郷新聞』が復刊するのは大法院によって停刊処置が解かれた1960年4月26日になってからである[39]。

これは李承晩政権期で行われた、初めてのメディア廃刊処置であった。『京郷新聞』廃刊処置以前は、李承晩政権によるメディア弾圧で停刊処分はあったものの、廃刊までの重い処分が下されたことはなかった。また、反共主義に抵触しない限りは、政府批判も含めた言論の自由な報道が許されていた[40]。

李承晩政権によるメディア弾圧は、この『京郷新聞』廃刊だけではなかった。弾圧は雑誌にも及んだ。特に被害を受けたのが『思想界』という雑誌である。例えば、1958年8月には8月号に掲載した「考える百姓であってこそ生きることができる」（韓国語名：「생각하는 백성이라야 산다」）という論説内容が国家保安法に違反するとして、この記事の筆者であり主要論筆者でもあった咸錫憲が、警察に拘束

---

[37] 同上。
[38] 『京郷新聞』廃刊処置に関する政府関係資料としては、外交部編、「京郷新聞廃刊に従う根拠法律（軍政法律第88号）」、1959年4月30日（原語韓国語）を参照。
[39] 「京郷新聞復刊」、『東亜日報』、1960年4月27日（原語韓国語）。
[40] むろん、『京郷新聞』廃刊処置が下される以前の李承晩政権期の言論は、今日（2025年現在）の韓国と比べると報道の自由が制限されていたのは確かである。警察などの政府機関による妨害工作は、各新聞（特に野党新聞紙である『東亜日報』と『京郷新聞』）の社説やコラムに書かれるほどであった。その反面、妨害工作自体はあったものの、記載自体が禁止されることはなかった。実際、多くの新聞が李承晩政権を批判する内容を報道している。

される事件が起こっている[41]。『思想界』だけでなく、他の雑誌や新聞においても李承晩政権による弾圧が行われるようになった[42]。

1958年の国会議員選挙以後、李承晩政権による言論弾圧がますます激しくなり、1960年まで続いた。

第4節　進歩党事件

国家保安法、地方自治法の改正が行われる中、1958年1月から2月に起こった進歩党事件[43]の最終判決に向けての審議も進みつつあった。

1958年1月13日に曺奉岩など数人が逮捕されたのをきっかけ[44]に進歩党は強制的に解党させられた。したがって進歩党は、第4代国会議員選挙には参加できなかった。しかし、逮捕された進歩党の主要人物をどう処分すべきかについては、1958年の段階においてはまだ決まっていなかった。

李承晩政権は、北朝鮮のスパイ疑惑と国家保安法に違反する行為をしたという理由で進歩党主要人物を起訴した。

1958年7月にはソウル地方法院で一度判決が出て、曺奉岩や梁明山を含む6人の被告のみ有罪判決が出て、他の被告には無罪判決が下された[45]。有罪判決が出された6人の被告においても、検察が求めていた死刑ではなく、懲役刑の判決が下されただけであった[46]。しかし、その後も控訴などにより審理が続いた。そして、1959年2月27日には最終判決が出され曺奉岩への死刑判決が下される[47]。1959年7月31日には曺奉岩は死刑に処される。

曺奉岩など進歩党の主要人物の処分をめぐっては、李承晩政権内でも議論が行

[41]「咸氏論文問題化保安法違反嫌疑で拘束」、『東亜日報』、1959年8月10日（原語韓国語）。
[42]「言論自由の赤信号である筆禍事件の連発」、『京郷新聞』、1958年8月15日（原語韓国語）。例えば、張秀逸が7月30日に『コリアンタイムズ』に寄稿した「賭博者の定義」という論説や8月10日の『東亜日報』の「二師団解散準備」という記事がそれぞれ国家保安法と一般利敵罪に抵触したとして処罰を受けている。
[43] 進歩党事件とは、曺奉岩を含め、進歩党の主要人物が北朝鮮へのスパイ活動を行ったという疑惑で彼らを逮捕した事件である。
[44]「曺奉岩等三名を連行」、『朝鮮日報』、1958年1月13日（原語韓国語）。
[45]「進歩党事件昨日言渡」、『東亜日報』、1958年7月3日（原語韓国語）。
[46] ソウル地方法院で6人の被告に下した判決は以下である。曺奉岩：懲役5年。梁明山：懲役5年。金世龍：10か月。金正鶴：1年（執行猶予3年）。李東賢：1年。李貞子：6か月（執行猶予1年）。ソウル地方法院での判決内容については、「進歩党事件昨日言渡」、『東亜日報』、1958年7月3日」（原語韓国語）の内容を参照。
[47]「進歩党事件に対して大法院で最終判決」、『東亜日報』、1959年2月27日（原語韓国語）。

われた。李は、曺の死刑を積極的に推進していた。それは、1958年当時の国務会議録からも見て取れる。

　曺奉岩などの進歩党主要人物の処罰について、国務会議で初めて話し合いが行われたのは、曺奉岩が検挙された翌日の2月14日であった。李承晩は、李根直内務部長官から、曺奉岩など進歩党主要人物の逮捕と捜査に関する報告を聞き、「曺奉岩は早くから措置を行うべき人物であった」として彼らの逮捕を支持する[48]。その後、李は、2月4日と3月11日、3月18日、10月25日の国務会議でも曺の処罰について言及している。例えば、2月4日の国務会議において李は、「進歩党に資金を融資していた国内起業家を捜査して、彼らに対して処罰を行うつもりである」という金顯哲財務部長官の報告を聞き、それを支持する発言を行った[49]。そして、3月11日の国務会議では、李承晩が「曺奉岩事件はどうなったのか」と、先に曺奉岩の処罰の話を切り出している[50]。それに対して洪璉基法務部長官が「現在公判中であり、特務隊から有力な確証があるので、有罪になるに違いない」と述べた。洪璉基法務部長官の報告を聞いたあと李承晩は、「今確証ができて有罪だとすれば、前は証拠なしで起訴したように聞こえる。外部にいう際には注意するように」と、外部発表の際には慎重を促すよう発言を行っている。その1週間後である3月18日の国務会議においても李は、「この事件（＝進歩党事件）の一般世論はどうなのか」と述べ、進歩党事件に対する世論動向を気にしていたことがわかる[51]。

　そして、進歩党事件に対する一審判決が下された4日後の7月6日の国務会議でも、閣僚から一審判決内容に対して懸念する発言が相次いだ[52]。

　一審判決から3か月後である10月25日に再審が開かれ、曺奉岩に死刑判決を下した。同じ日に国務会議が開かれ、李承晩は最新判決結果の報告を受けた。報告を受けたあと李は、「曺奉岩事件一審判決は話にならない。その判事を処断しようとしたが、いろんなことを考えて取りやめた。同じ法を用いて様々な人が異なる判決を下すと国民は理解できない（納得できない）だろうし、私でも問いただしたい気分である。憲法を直してでもこのようなことがないよう是正しなければ

---

[48]　2月14日の国務会議における曺奉岩の逮捕に関する李承晩のコメントについては、申斗泳著、李義栄整理、『第1共和国国務会議：申斗泳備忘録で現れた自由党末期』、総務処、1990年、48頁（原語韓国語）の内容を参照。
[49]　申斗泳著、李義栄整理、前掲書、1990年、49頁。
[50]　同上。
[51]　申斗泳著、李義栄整理、前掲書、1990年、50頁。
[52]　申斗泳著、李義栄整理、前掲書、1990年、50-51頁。

ならない」と述べ、一審判決を下した法官を痛烈に批判する発言を行っている[53]。それと同時に国民を例として用いて自らの行為を正当化しようとしたことが見て取れる。

　李は、進歩党事件に対して強硬な姿勢を取っていた。それでは、別の党の反応はどうであったろうか。実は、民主党からは目立った反発はなく、むしろ李承晩に同調する姿勢を取っていた。第7章において、後の民主党で中心的人物となる人々は、曹奉岩が社会主義・共産主義者であったことに強い不信感を持ち、新党結成に彼の受け入れを反対したことは既に述べた。ここでも徹底した反共主義を持っていたという点において李承晩政権、自由党と民主党には大差がなかったことがわかる。民主党の主要な関心事は、国家保安法と地方自治法の改正、『京郷新聞』の廃刊処置であって、進歩党主要人物の処分にはあまり関心が払われなかったのだ。

　曹奉岩事件に対する、当時の新聞紙の論調はどうであっただろうか。曹奉岩への死刑が執行された1959年7月には既に『京郷新聞』が廃刊していたため、『東亜日報』がほぼ唯一の野党新聞紙であった。その『東亜日報』においても曹奉岩への死刑に対して李承晩政権に批判的な論調はあまりみられなかった[54]。

　国家保安法の改正の際に、李承晩政権は「国家の危機的状況」という状況主義的な言説を用いて改正を正当化した。そして、『思想界』の主要執筆陣の拘束や進歩党事件、『京郷新聞』廃刊処置のいずれにおいても「国家安保に重大な危害を及ぼしたこと」を理由とした点で共通していた。すなわち、それらの存在および活動が国家の混乱を引き起こし、国家安保に抵触するとして弾圧を行ったのである。そこでは、国家と李承晩政権は同義であると捉えられ、李承晩政権を批判することは国家の安保を脅かすことだと李承晩政権はみなしていた。

第5節　民主党内部における派閥対立

　それでは、李承晩政権が徐々に野党と言論に対して強硬弾圧を強めていく中で、野党である民主党はどのような行動を取っていたのだろうか。実は、当時の民主

---

[53] 申斗泳著、李義栄整理、前掲書、1990年、51頁。
[54] 例えば、1959年12月22日の『東亜日報』の連載（コラム）では、彼の無実を主張しておらず、むしろ否定的な記述を行っている。「1959年の不連続線⑥進歩党事件」、『東亜日報』、1959年12月22日（原語韓国語）。

党は団結して李承晩政権に対決しようとはせず、党の主導権争いをめぐって内部で互いに対立している状況にあった。民主党内部の対立は、旧民主国民党出身の旧派と新たに合流した新派によって行われていた。

民主党旧派と民主党新派による主導権争いは、1958年が初めてではない。例えば、発足直後の1955年には党内の役職をめぐって既に新旧派の対立が生じていた[55]。そして、その後も1956年の大統領・副大統領選挙や1960年大統領・副大統領選挙における大統領と副大統領候補の選出問題や1958年の国会議員選挙における候補者の推薦問題、民主党の重要役職の確保をめぐって事あるごとに対立が勃発していた。

それでは、民主党旧派と民主党新派の間では、それほどまでに政策面における相違があったのかというとそうではない。第7章で既に述べたように、確かに経済思想に関して趙炳玉と民主党新派との間で相違は存在していた。他方で政治・外交の側面では、議院内閣制の推進、政党政治に基づく議会政治の推進、少数派の自由尊重、強烈な反共主義、西側諸国との協調などで共通しており、政策面で大きな相違はなかったといえる。結局のところ、民主党旧派と新派との対立は、政策の違いというよりも、単なる主導権確保の争いであった。そして、それに対して民主党は明確な方針を打ち出せずにいた。

従来の先行研究では、1958年から1960年当時の民主党が、上記からもわかるように政策論を中心とする争いではなく、人物中心的な派閥的性格から抜け出せなかったとして否定的に捉えられている。

当時の民主党が取っていた行動には、政党政治に基づく議会政治の実現と多数派の専制に対する少数派の自由の尊重、という彼らが従来から掲げていた政治の内容に照らしても、大きな問題がある行動があった。通常の議会政治、そしてその軸となる政党政治が活性化するためには、政権と与党の行動を常に監視してその問題点を指摘し、野党がその代案を出すことが重要になってくる。そして、野党は目先の利益にとらわれての反目よりも、党内で団結して国民に支持を訴えかけることが重要である。そのような行動を取ることなく、党内での主導権争いという派閥争いに明け暮れており、与党と違う代案を国民に出してその支持を訴えることができなかった場合、国民の政党に対する不信感は強まっていき、政党政

---

[55] 党内役職をめぐっての旧派と新派との対立については、ホ・ドサン編著、前掲書、1998年、240-241頁(原語韓国語)を参照。なお、同著では、金俊淵が民主党最高委員に選出されなかったのは、民主党新派による不正選挙が原因であったと述べている。

治は崩壊してしまう可能性も出てくる。その代表例が1930年代日本における政党政治の崩壊であった。

第7章でも述べたが、民主党は政策においては、自由党とも進歩党とも違う、保守野党として独自の民主主義思想を打ち出すことに成功した。にもかかわらず、彼らは派閥争いに明け暮れ、相手の派閥を潰すことにのみ力を入れてしまい、そうした派閥争いを、民主党の政権獲得後の1960年以後も続けてしまうことになる。彼らは、政党政治に基づく議会政治の実現を目標としていたが、実際には「派閥」の枠を抜け出すことができなかった。その背景となるのが、李承晩政権以前の時期において、政党政治に基づく議会政治を実現した経験がなかった可能性が高い。すなわち、彼らが理想していた現実（実践）との間で乖離（理想とする政治をどう行うべきかの具体策の不足）が生じたのである。そして、そのような民主党政権に対して国民は徐々に支持しなくなり、1961年5・16クーデター[56]が発生する原因となった。

第6節　自由党穏健派と民主党旧派間の妥協模索と挫折

自由党強硬派が台頭しつつある中で、自由党穏健派と民主党旧派の間で妥協が模索され始めた。また、自由党内部においては議院内閣制への憲法改正も模索されるようになる。これまで繰り返し述べてきたように、李承晩自身は、終始一貫大統領制を支持していたが、自由党内で李承晩に反する意見が出てきたのである。

実は、自由党内で議院内閣制への憲法改正が模索されたのは1958年が初めてではない。ソ・ヒギョンによれば、1956年大統領・副大統領選挙が行われた後の1956年後半から、自由党内で議院内閣制への憲法改正の議論が行われるようになったことを明らかにしている[57]。そして、1956年7月22日には、自由党内の一部の協力を得て慎道晟が作成した憲法改正案が公開された[58]。また、民主党内でも旧派（旧民主国民党出身）を中心として議院内閣制への憲法改正が模索され続けていた[59]。もともと旧派は、その前身である民主国民党から議院内閣制への憲法

---

[56] 5・16クーデターとは、当時軍人であった朴正熙が起こした軍事クーデターである。同クーデターにより、当時の民主党政権が崩壊し、代わりに朴正熙政権が成立した。

[57] ソ・ヒギョン、「1950年代後半‘ポスト李承晩政治’の憲法史：1956年以後自由党と民主党の改憲論議を中心に」、『韓国政治学会報』、2016年（原語韓国語）。

[58] ソ・ヒギョン、前掲書、2020年、286頁。

[59] 一方で民主党新派についてであるが、ソ・ヒギョンによると民主党旧派と比べて議院内閣制への憲法

改正を推進してきたわけであるが、民主党になった後もこの方針を維持させてきたのである。そして、1957年から両者間で憲法改正に向けての話し合いが本格的に行われるようになった。

同時に議院内閣制への憲法改正以外の案件についても、自由党穏健派と民主党旧派間で話し合いが行われた。

こうした自由党穏健派と民主党旧派間による妥協の模索の背景には、アメリカからの後押しによるものがあった。アメリカは、直接的な介入こそ行っていなかったが、ポスト李承晩に向けての自由党穏健派と民主党旧派による動きを歓迎していた[60]。例えばイ・ワンボムによると、アメリカは、強硬的で非妥協的な姿勢を取っていた民主党新派より、民主党旧派の方が政権を担うのに適していると考えていたとしている。すなわちアメリカは、李承晩以後の韓国政治として自由党穏健派と民主党穏健派（旧派）が統合して与党となり、民主党強硬派（新派）を野党にさせた方が望ましいと考えていたとしている[61]。これを推進した背景には、進歩党のような共産主義勢力に利用される可能性がある革新政党の台頭を、アメリカとしては防ぐためであったとしている[62]。しかし、そういったアメリカの目論見は、自由党強硬派、そして彼らを軸として李承晩政権内強硬派の文字通り強硬な政策によって挫折したと述べている[63]。

自由党穏健派による妥協の模索は、1956年の大統領と副大統領選挙、1958年国会議員選挙の野党躍進に対する自由党穏健派なりの対処法であった。すなわち、自由党強硬派が強硬な政策（国家保安法強行可決、進歩党事件、『京郷新聞』廃刊処置）を通じて、政権を無理やり延長させようと試みたのに対し、自由党穏健派は民主党旧派と合体して政権に組み込むことで、現政権が倒れたとしても、自由党そのものがその後も政権を担い続けようと考えていたのである。

しかし、こうした妥協の模索は、李承晩本人の議院内閣制への憲法改正への反対および大統領制への頑な固執によって失敗に終わる。李承晩政権、そして自由

改正に積極的ではなかったとしている。なぜなら、新派の張勉が副大統領の地位に就いており、当時既に高齢であった李承晩が何かの事情によって任期途中で退く場合に、張勉が大統領に昇格する可能性が高かったからだとしている。ソ・ヒギョン、前掲書、2020年、336頁。

[60] 1950年代後半の自由党穏健派と民主党旧派間の妥協模索に対するアメリカの関わりについては、イ・ワンボム、「韓国政権交代の国際政治：1950年代前半期アメリカの李承晩除去計画、後半期アメリカの李承晩後継体制模索と1960年4月李承晩退陣」、『世界政治』第8巻、ソウル大学校国際問題研究所、2007年（原語韓国語）を参照。

[61] イ・ワンボム、前掲書、2007年、159-160頁。

[62] イ・ワンボム、前掲書、2007年、160頁。

[63] 同上。

党の長である李承晩自身の反対によって、自由党穏健派と民主党旧派間の妥協模索は事実上頓挫してしまった。

議院内閣制への憲法改正が李承晩によって拒否されたあと、模索されたのが、アメリカのように大統領と副大統領を別々ではなく一括で選ぶ、同一チケット制度への憲法改正であった。例えば李承晩は、1959年12月11日の記者会見において同一チケット制度への憲法改正には賛成する立場を表明している[64]。また、翌年の1月5日には李承晩を訪問した自由党幹部たちに対して同一チケット制度以外の憲法改正（大統領・副大統領選挙法改正、国務総理復活）は行わないよう指示をしている[65]。そして急遽、同一チケット制度への憲法改正の準備が行われた。

しかし、憲法改正の際に自由党強硬派が民主党に対して強硬的、非妥協的な姿勢を貫いたため、この憲法改正案も頓挫してしまう[66]。そして、憲法改正の試みの失敗によって李承晩政権内の強硬派閣僚および自由党強硬派は、張勉を強制的に排除するために1960年の副大統領選挙の際の不正選挙を計画するに至るのであった。

小　括
———

本章では、序章で述べた研究目的②を解明するために、李承晩政権後期（1956-1960）の韓国政治の概観を行った。

1958年の第4代国会議員選挙は、1954年から続いた与党自由党の一党優位体制から、自由党と民主党の二大政党制へと変化する結果をもたらした。選挙後、民主党は79人が当選し、憲法改正への改憲阻止議席（78議席以上）を確保することができた。その後、李承晩政権の工作によって民主党議員の一部と無所属が自由党に合流し、自由党の議席数は増加する。しかし、自由党の議席数が増加したにせよ、以前と比べて民主党の存在感が増したのは確かであった。

他方で、自由党内での主導権争いも激化していた。既に1958年5月の第4代国会議員選挙以前から自由党内では、穏健派と強硬派とに分かれ、主導権争いに明

[64]「李大統領、内外記者たちと会見」、『東亜日報』、1959年12月12日（原語韓国語）。ソ・ヒギョン、前掲書、2020年、338頁から再引用。
[65]「同一チケット制改憲のみ賛成」、『東亜日報』、1960年1月7日（原語韓国語）。ソ・ヒギョン、前掲書、2020年、341頁から再引用。
[66] 自由党強硬派による大統領・副大統領同一チケット制への憲法改正の模索とその挫折については、ソ・ヒギョン、前掲書、2020年、341-344頁を参照。

け暮れていた。そして、第4代国会議員選挙での民主党の善戦を背景に強硬派が勢いづくようになる。

　第4代国会議員選挙後、自由党強硬派が軸となった李承晩政権および自由党は、野党や反政府の言論への弾圧を強めた。その代表例が、1958年12月の地方自治法と国家保安法の強行改正、1959年2月の旧進歩党党首であった曺奉岩への死刑判決、4月の『京郷新聞』の廃刊処置であった。

　国家保安法改正、『京郷新聞』の廃刊処置、そして進歩党事件で共通しているのは、李承晩政権による国家安保危機の強調であった。すなわち李承晩政権は、国家安保危機において根拠もない（ものだと李承晩政権がみなした）批判を行って、李承晩政権を困惑させる報道や行為および反国家的行為を厳罰に処すと宣言。そして李承晩政権と国家が一体化され、反対勢力に対して容赦のない弾圧が行われた。

　第4代国会議員選挙後、李承晩政権（特に政権内で大きな影響力を占めていた自由党強硬派）が強硬化した背景には、政権交代に伴う「報復」の恐れがあった。これまで李承晩政権では、警察のような官権を動員して野党を弾圧したわけであったが、政権交代が起こって新たに執権した政権によってその報復がなされないよう、半永久的に政権を担い続けることを画策していたのである。

　他方で、1958年の国会議員選挙以前には、大統領制から議院内閣制への憲法改正および李承晩亡き後のポスト李承晩への話し合いも、自由党穏健派と民主党旧派の人物を中心として行われていた。民主党旧派が将来政権を担うことを期待したアメリカも両者間の妥協を後押しした。そうした中で、両者間において、議院内閣制への憲法改正への話し合いが行われた。しかし、自由党穏健派と民主党旧派間の妥協の模索は、大統領制の存続に固執する李承晩の反対によって頓挫してしまう。

　そして李承晩が支持していた大統領と副大統領の同一チケット制度への憲法改正の準備が行われ、自由党強硬派が同憲法改正を推進した。しかし、憲法改正の際に自由党強硬派が民主党に対して強硬的、非妥協的な姿勢を貫いたため、この憲法改正も頓挫してしまう。こうした自由党穏健派と強硬派両方の憲法改正の試みの「失敗」は、次のような意味を持っていた。それは、李承晩政権が最も警戒していた張勉を中心とした民主党新派を制度的に排除することに失敗したことである。自由党穏健派が推進した議院内閣制への憲法改正の目的は、副大統領制度廃止による張勉の大統領承継権の剥奪であった。また、自由党強硬派が推進した

大統領と副大統領の同一チケット制への憲法改正の目的は、大統領と副大統領を同じ政党から選ぶことで、張勉が副大統領に再選されることを防ぐためであった。李承晩は既に80代の高齢であったので、張勉の大統領承継問題が水面上に上がったわけだが、憲法改正によってそれを阻止しようとしたのである。

　1958年の国会議員選挙から約2年間は、李承晩政権にとっては試金石となる期間であった。すなわち、野党の躍進と、部数増加などにより影響力を増していく言論に対し、彼らとの話し合いによる妥協と寛容の姿勢を取るべきなのか、それとも物理的な力（権力）を使って弾圧する姿勢を取るべきなのか、この二者択一を吟味する期間であったともいえる。そして、李承晩政権と自由党内部では、自由党穏健派による民主党旧派との妥協模索など、話し合いによる妥協と寛容を模索する動きもあった。しかし、結果としては自由党強硬派が主流を占め、後者の権力による弾圧の動きを取った。その背景としては、当時野党に根強い不信感を持っていた李承晩による暗黙的な支持があった。そして、こうした李承晩政権の行動は、後世への李承晩個人、そして李承晩政権に対する否定的な評価へとつながっていくのである。

　張勉と彼が属する民主党新派の排除に失敗した李承晩政権は、彼を強制的に排除するために1960年の副大統領選挙の際に「不正選挙」を計画するにいたるわけだが、その不正選挙はどのように実施されたか、また、民主党と国民はそれに対しどのように反応したのだろうか。次章では、それを明らかにしていきたい。

第9章　李承晩政権の終焉

　第8章では、1958年国会議員選挙後の李承晩政権の強硬化政策について述べた。本章では、1960年の大統領・副大統領の選挙の展開および同副大統領選挙で行われた不正選挙の実態、そして不正選挙に伴う国民の反対運動の展開と李承晩政権（特に李承晩本人）の対応についてみていくことにする。

　まず本章が対象とする事象については、詳しく分析された研究が既に数多くある。従来の先行研究により、1960年の大統領・副大統領選挙の事実関係と展開過程は明らかとなっており、そして1960年の大規模な反政府デモは、独裁政権を倒した韓国史上で初めての市民運動として肯定的に評価されている。

　他方で先行研究においては、反政府デモへの李承晩の対応と彼自身の主張については明らかにされていない。反政府デモに対して李が取った態度は、済州道における4・3事件や麗水・順天事件、朝鮮戦争期に彼が行った民間人虐殺とは明確に異なる。すなわち、後者の事件に対しては、徹底的な鎮圧を目的とする虐殺を命じた。ところが1960年の反政府デモにおいて李承晩は、最初は徹底鎮圧を命じたものの、反政府デモの真相を知ると、その数日後にあっさりと下野を選択するに至る。かつての軍事反乱事件のように、最初は徹底的な鎮圧を命じた李承晩が、突然自ら政権を降りる決意を表明した要因は何であったのか、そしてこうした行動から見られる李承晩の考えとは何か、本章では以上のことを明らかにする。

　資料としては、これまでの2次資料を参照しつつも、2次資料での主観を排除して事実関係を客観的に捉えるために、なるべく1次資料を用いることとする。1次資料は、当時の新聞記事と国会議事録と国務会議録、アメリカの外交文書、李承晩の側近の回顧録を主として用いることにする。

第1節　1960年大統領・副大統領選挙実施に伴う自由党、民主党の選挙準備

　1960年の大統領・副大統領選挙が近づくにつれ、選挙日程の確定の公告が行われた。そして同選挙は、3月15日に行うことが決まった。1952年の大統領・副大

195

統領選挙は8月に行われ、1956年の大統領・副大統領は6月に行われた。ところが1960年大統領・副大統領選挙は3月15日に行われることになったのである[01]。4年ごとに選挙が行われること以外は時期が定まってはおらず、選挙を実施するにつれて徐々に日程が早くなっていったのである。

選挙の早期実施理由として、李承晩政権の説明では、農業の繁忙期を避ける目的があったとしている。4月以降は農作業のため、農家の人々が忙しくなり投票を行う際に支障が出るので比較的時間のある3月に投票を行うべきだと主張としたのである[02]。しかし、李承晩政権のこの主張は、既にいくつかの先行研究でも指摘されているように説得力（根拠）を欠いたものである。なぜなら、当時の韓国の農業の繁忙期となるのは、だいたい6月からであり、選挙が5月に行われていても問題はなかったからである。また、民主党は「5月実施」を要請していた[03]。それにもかかわらず李承晩政権は、3月実施を強行した[04]。

選挙が近づくにつれ、自由党と民主党およびその他の群小政党からの大統領と副大統領の立候補準備が行われた。自由党は、1956年と同じく大統領候補として現職の李承晩、副大統領候補としては李起鵬を選出した。民主党では、大統領と副大統領選出をめぐっての党内投票が行われていた。大統領候補に、民主党代表（最高委員）である旧派の趙炳玉と現職副大統領である新派の張勉が立候補した。そして、1959年11月に民主党の党内で行われた投票の結果、趙炳玉484票、張勉481票という僅差で趙炳玉が大統領候補に選出される[05]。そして副大統領候補としては改めて張勉が選出された[06]。

他方で、自由党と民主党以外においても統一党の金俊淵と大韓女子国民党の任永信[07]が副大統領候補に登録する。こうして、大統領選挙には2人、副大統領選挙には4人が出馬する結果となった[08]。

---

[01]「正・副大統領選挙3月15日実施」、『朝鮮日報』、1960年2月3日（原語韓国語）。
[02]「農繁期前の選挙が妥当」、『朝鮮日報』、1960年1月28日（原語韓国語）。
[03]「正副大統領選挙5月中実施要請」、『東亜日報』、1960年1月26日（原語韓国語）。
[04] 最も、当時の国務会議録を見ると、李承晩自身は3月実施に懐疑的な姿勢を取っていた。3月実施を強力に主張したのは李承晩ではなく、崔仁圭内務部長官や洪璡基法務部長官など閣僚であった。例えば2月3日に選挙日が公布される2月2日の国務会議において李承晩は、「農民は天下の根本であるので、これ以上言うことがないが4月15日頃だと支障はないのか」と述べている。それに対して崔仁圭内務部長官が「支障が多く出す」と述べると、李承晩は「皆の意見がそうであるなら固執はしない」と述べている。2月2日に行われた国務会議録の内容については、申斗泳著、李義栄整理、前掲書、1990年、を参照。
[05]「大統領候補に趙炳玉氏」、『東亜日報』、1959年11月27日（原語韓国語）。
[06] 同上。
[07]「副大統領に立候補」、『朝鮮日報』、1960年2月12日（原語韓国語）。
[08] 1952年時に国務総理を務めた張沢相や1956年に進歩党(仮)の副大統領候補として出馬（途中で辞退）

第2節　李承晩政権による不正選挙実施と選挙結果

　各候補者が選挙準備を行う中、突然の出来事が起こる。病気の治療のために1
月末に渡米した趙炳玉が治療先のアメリカの病院で病死したのである[09]。

　この趙炳玉の急逝を受けて、今日まで出回っているのが「趙炳玉暗殺説」であ
る。1956年と1960年に立て続けに民主党の大統領候補が選挙期間中に急逝する
事態が2度も起きたわけだが、李にとってあまりにも都合の良すぎることが連続
して起こりうるのか、趙炳玉は病死ではなく暗殺されたのではないか、という暗
殺説が出回り始めたのである[10]。

していた朴己出も反独裁民主連盟という団体の大統領・副大統領候補に出馬しようとしたが、候補登
録締め切り日である13日に謎の人物たちによって登録推薦書類が奪われる事態が起こり、結果と
して候補登録を行うことができなかった。
[09]「趙炳玉博士、アメリカで急逝」、『東亜日報』、1960年2月16日（原語韓国語）。
[10]　この「暗殺説」について、少し長くなるが、説明しておきたい。まず最初に、申翼熙と趙炳玉の両方
とも李承晩によって暗殺されたという疑惑は信憑性が低いし、それを裏付ける実証もない。①2人と
も李承晩と遠く離れたところ（湖南地方とアメリカ）で側近たちの警護を受けて彼らに見守られなが
ら亡くなったこと、②2人とも大統領に出馬する前から病気持ちで健康に優れていなかったこと、以
上2点に鑑みると、暗殺ではなく病死の可能性が高い。1956年大統領・副大統領選挙時、民主党の副
大統領候補として申翼熙とともに湖南地方への地方遊説に参加し、申翼熙を最後まで見守っていた張
勉も、自らの回顧録において申翼熙の暗殺の可能性に対して否定的な記述を残している。張勉、『1粒
の麦が死なずんば：張勉博士回顧録』、カトリック出版社、1999年、44-45頁（原語韓国語）。
　1956年の大統領・副大統領選挙時、大統領候補として出馬した申翼熙は、選挙活動当初からあま
り健康に優れていなかった1956年大統領選挙・副大統領選挙当時、申翼熙の秘書を務めていた柳致
松の証言によると、大統領・副大統領選挙前後から申翼熙は多忙を極めており、かつ胃患まで持って
いて健康的に優れていなかったとしている。柳致松、『海公申翼熙一代記：民主韓国の大道』、海公申
翼熙先生紀念会、1984年、757頁（原語韓国語）。大統領選挙時に申翼熙は62歳（誕生日不明）であっ
たが、高齢で無理したことが突然死へとつながった可能性がある。趙炳玉も1960年の大統領選挙
に出馬当初においていろいろな持病を抱えており、その治療のためにアメリカに渡っていた。高齢（申
翼熙は1956年大統領選挙当時62歳（誕生日不明）、趙炳玉は、1960年大統領選挙当時満65歳）でか
つ持病を持つ中で無理をしたことが死亡へとつながったのである。当時の韓国男子の平均寿命は60
歳前後であったが、当時の平均寿命より少し上回って亡くなったのである。韓国民主党と民主国民党
の影のリーダーであった金性洙が満63歳、張勉が満66歳で亡くなるなど、60代で亡くなることも
珍しくなかった。むろん李承晩や張勉の前の副大統領であった咸泰永、李承晩の1世代後である許政
や尹致暎（ユン・チヨン）、尹普善、安浩相（アン・ホサン）など90歳を超えて長生きする人物も多
くいるが、彼らが際立って長寿なだけであって、当時の韓国人の大半は60、70代で亡くなる人が多かっ
た。
　本当に趙炳玉が暗殺もしくは毒殺された可能性は低い。ただし、これまで多くの先行研究が主張し
たように大統領・副大統領選挙の早期実施が（意図しなかったものではあるが）趙炳玉の死亡の遠因
であったのは間違いない。徐仲錫は、李承晩が選挙の早期実施を行った本音は、趙炳玉の病と関係
すると述べている。徐仲錫、『李承晩と第1共和国』、歴史批評社、2007年、215-216頁（原語韓国語）。
しかし、脚注[04]で詳述したように、当時李承晩は早期実施にむしろ懐疑的であり、それを画策し
たのは自由党と李承晩政権の閣僚たちであった。すなわち、持病を持つ中で、選挙の早期実施によっ

張勉（장면）

　大統領選挙は、趙炳玉の急逝によって李承晩が当選となったが、問題となったのは副大統領選挙であった。この当時の李は既に満84歳の高齢[11]であり、任期中に亡くなる可能性も高かった。当時の憲法の条文規定では、大統領が任期中亡くなった場合、副大統領が大統領を承継し、残りの任期までその地位を務めることができることが規定されていた。したがって、副大統領の地位はますます重要であった。繰り返し述べてきたように、1956年の副大統領選挙では、民主党の張勉が当選したが、1960年もまた張勉が当選したならば、張勉が次期大統領職をそのまま承継する可能性が高かったのである。こうした事態を避けるために李承晩政権と自由党は、以前の選挙とは比べ物にならないような大規模な不正選挙を画策するようになる。

　1960年副大統領選挙で行われた不正選挙の実態については、既に多くの先行研究が取り上げているので、ここでは詳細を述べない。概略だけを羅列するなら、得票入れ替え、得票数の水増し、李起鵬以外の副大統領候補に対する選挙活動妨害などが行われた[12]。

　そして、3月15日に大統領・副大統領選挙の結果が発表され、大統領選挙では予想通り李承晩が当選した。他方で副大統領選挙結果であるが、自由党の李起鵬が79.19％の得票を得て当選したと発表された。民主党の張勉はわずか17.51％の得票を得るに留まった[13]。

　　て急遽渡米し、3月の大統領選挙に間に合わせるよう無理をしたことが寿命を速めた可能性が高い。実際、選挙日が確定されたあと趙炳玉も「背中の後ろから銃を撃つようなもの」として李承晩政権が行った早期選挙実施を猛批判した。「趙博士、背中の後ろから銃を撃つような格（もの）」、『東亜日報』、1960年2月2日（原語韓国語）。　大統領・副大統領選挙の早期実施が問題となったのは、民主党の大統領候補であった趙炳玉の健康状態であった。すなわち、当時の李承晩政権は、選挙の早期実施を通じて、趙炳玉が持病を持つ中で、選挙活動に専念できるよう十分な治療を受ける時間を与えないようにして大統領選挙に落選（もしくは辞退）するよう仕向けたということが当時の民主党と世論の認識であった。

[11] 李承晩が満85歳の年齢になるのは、3月15日の大統領・副大統領選挙から11日後の3月26日である。
[12] 例えば後述する3月に馬山という地方で起こった大規模な反政府デモの真相を究明するために国会から派遣された調査団の報告書では、馬山現地では、①投票する番号表をもらうことができずに市党部の前に集まって番号表を探してくれるよう訴える人が多くいたこと、②市内47か所の投票所の中で民主党の参観人が入ることができたのは2、3か所に過ぎなかったこと、③投票所施設が内通式（ママ）になっているカーテンの後ろから監視していたので秘密投票ができなかったこと、④投票紙を反対に折らせてその内容を選挙委員会が閲覧できるよう強要したこと、⑤非自由党系市民の投票紙は奪って破ってしまって選挙委員が他の投票紙に自分が記入して投入するなど、選挙不正がはびこっていたことを述べている。「馬山事件に対する質問」、『第35回国会臨時速記録第6号』、1960年4月16日、10-11頁。厳詳雙議員の発言（原語韓国語）。他の地域でも同様の選挙不正が行われていたと考えられる。
[13] 最も、選挙結果は、李承晩政権の関係者および自由党の人物も予想を大きく上回るものであった。当

李承晩政権による不正選挙の計画と実施に対して野党側からの反発が当時から
起きていた。徐仲錫も述べたように、民主党は李承晩政権が大規模な不正選挙を
行うことを事前に予測していた[14]。そして当日に、予測された通り全国各地で不
正選挙が行われると、投票が終わる直前に選挙無効宣言を出している[15]。また大
統領・副大統領選挙実施から3日後の3月18日の国会では、民主党所属議員が李
承晩政権の不正選挙の糾弾と再選挙の実施、李の下野を求める宣言書を朗読し
た[16]。そうした野党の抗議に対して李承晩政権は「結果を承服しない民主党によ
る工作」だとして、これを黙殺する態度を取った。1958年の国会議員選挙後、民
主党当該議員から選挙無効訴訟が相次いでいたが、李承晩政権は民主党の抗議を
その延長もしくは一貫したものとして捉えていたのである。

　しかし、1960年の選挙は1958年の国会議員選挙と違う形で展開されつつあっ
た。1958年の国会議員選挙では、不正選挙に対する抗議はほぼ野党だけに留まり、
国民の大規模な抗議活動が起こらなかった。ところが、1960年の選挙では各地で
反政府デモが勃発したのである。次節では各地における反政府デモの詳細につい
て述べていく。

第3節　不正選挙に対する大規模な反政府デモの展開

　そうした露骨な不正選挙の実施と選挙結果に対し、野党だけでなく国民からの
反発が徐々に強まった。

　不正選挙が行われたのは、これが初めてではない。先述の通り1954年国会議員
選挙と1956年の大統領と副大統領選挙、1958年国会議員選挙でも不正選挙が行
われていた。しかし、これまで実施された選挙では、(1958年国会議員選挙のいくつ

時国務会議録の作成を担当していた申斗泳国務院事務局長から中間開票結果を報告されると、閣僚た
ちはあまりにも票差が広がり過ぎてむしろ困惑していたと述べている。そしてその後、自由党と閣僚
たちは、投票結果を李承晩を8割台に、李起鵬を70〜75％程度に減らして発表した。当日選挙の中
間結果に対する閣僚たちの反応および得票率調整の試みについては、申斗泳著、李義栄整理、前掲書、
1990年、21-22頁（原語韓国語）の内容を参照。
[14]　徐仲錫、前掲書、2008年、218頁（原語韓国語）。
[15]　「民主党、選挙の無効宣言」、『東亜日報』、1960年3月16日（原語韓国語）。
[16]　「議事進行に関する件」、『第35回国会臨時会議速記録第1号』、1960年3月18日、1-2頁。それに対
して張暻根議員は、「民主党の選挙無効宣言は、かえって混乱を起こすに過ぎないだけでなく、フェ
アプレー精神にも反するものである」として批判的に述べている。「議事進行に関する件」、『第35回
国会臨時会議速記録第1号』、1960年3月18日、2-3頁。

かの選挙区を除いて）選挙結果それ自体が変わるほどの露骨なものではなかった[17]。それに対して1960年の選挙は、選挙結果にまで影響を及ぼす不正選挙が行われたのである。同選挙結果に対して国民は納得せず、当時の国民は李承晩政権に対して抗議活動を行うようになる。

最初に大規模な反政府デモが起こったのは、慶尚南道馬山という地域である。3月15日に投票が行われた直後から不正選挙に対する抗議活動が起こった（第1次馬山義挙）[18]。そして同運動は数日続いた。

馬山での反政府デモを受け、李承晩政権と国会は早速対応を行う。反政府デモが起きた15日の夜から翌日早朝にかけて行われた国務会議（李承晩は不在）において、馬山で起こった出来事が報告された[19]。そして16日の午前には、李承晩が居住する景武台に崔仁圭内務部長官と洪璡基法務部長官、金貞烈国防部長官の3人が訪れ、前日馬山で起こった出来事を報告した[20]。報告を受けた李は、3人に真相究明を行うようにとの指示を出す[21]。

国会においても、馬山で起きた大規模な反政府デモの真相を究明するために、22日に特別委員会が開かれていた。そして同委員会において真相調査のために、与党6人、野党5人の計11人で構成された調査団を23日に現地に派遣することが決定される[22]。そして3月18日にはこの反政府デモの責任を負って崔仁圭内務部長官が辞任し、代わりに法務部長官を務めていた洪璡基が新たに内務部長官に任命された。

3月中旬から下旬にかけて馬山以外の地域では、各地で散発的で小規模な抗議活動が行われたものの、全国各地にまたがるような大規模反政府デモは行われてはいなかった。ところが、4月11日に大きな転換点となる出来事が起こる。金朱烈という満15歳の学生の遺体が4月11日に馬山の海の埠頭で発見されたのである。発見時、遺体の状態は催涙剤が顔面に刺さったままという惨憺たる状態

---

[17] 1956年の副大統領選挙では、選挙不正があったにもかかわらず、野党である民主党の張勉の副大統領当選という事実までは覆すことができなかった。また、1958年の国会議員選挙後、一部では選挙無効訴訟が起こったものの、比率的には1割前後に過ぎなかった。

[18] 馬山という場所で最初の大規模な反政府デモが行われた背景は、同地域の政治的特性と関係する。1956年大統領選挙において馬山では、進歩党の曺奉岩が有効投票数の46.95%を得票しており、53.04%を得票した李承晩と拮抗していた。また、副大統領選挙では、民主党の張勉が自由党の李起鵬の票を上回っていた。さらに1958年の国会議員選挙においても民主党出身者が当選するなど同地域は野党支持が強い地域であった。

[19] 「馬山事件報告。国務会議で」、『東亜日報』、1960年3月16日（原語韓国語）。

[20] 「李大統領に報告。三長官、景武臺を訪問馬山事件」、『東亜日報』、1960年3月16日（原語韓国語）。

[21] 「馬山騒擾関心表明李大統領調査指示」、『朝鮮日報』、1960年3月16日（原語韓国語）。

[22] 「馬山事件国会調査団構成」、『東亜日報』、1960年3月23日（原語韓国語）。

であった[23]。金朱烈は、3月15日に馬山での抗議活動に参加したあと行方不明となっており、26日に行われた調査では遺体が未発見ではあったものの死亡推定扱いとなっていた[24]。行方不明からおよそ4週間後に、ようやく遺体が発見されたのである。そして遺体発見後に解剖が行われ、顔に刺さっていた催涙剤は3月15日当時鎮圧に当たっていた警察が発砲したものであったことが明らかになった。

　金朱烈の遺体発見後、馬山で再び大規模な反政府デモが行われた（第2次馬山義挙）。また、金朱烈の遺体発見後と発見当時の写真は新聞で大々的に報道された。そして同記事と写真を目にした人々は満15歳の少年の無惨な姿に衝撃を受けると同時に、李承晩政権に対して憤慨し始める。もともと3月15日の不正選挙結果に対して、国民は大きく不満を募らせていたが、この金朱烈少年の遺体発見によって不満がついに爆発したのである。

　金朱烈の遺体発見後、野党はさらに与党と李承晩政権への批判を強めていく。4月12日に開かれた国会本会議では、野党議員が現地での調査結果をもとに不正選挙と馬山で起こった抗議活動への李承晩政権の対応について徹底的な批判を行った[25]。野党議員による批判は、4月15日と16日に開かれた国会本会議でも続いた[26]。野党議員からの厳しい批判と質問に対して、与党議員は十分な回答を行うことができないでいた。野党議員による李承晩政権への批判は当時の新聞でも詳細に取り上げられた[27]。

　それまで李承晩政権では、馬山で起きた出来事は共産党の裏工作によるものだと主張していた。そうした李承晩政権の主張に対して野党議員と新聞メディアは、馬山での抗議活動と共産党は無関係であることを現地での調査報告を根拠として反論を行った[28]。

　李承晩政権への抗議活動は、野党議員と新聞メディアだけに留まらなかった。4月18日にはついに都市を跨いだソウルでも大規模な反政府デモが行われるようになる。その担い手となったのは学生であった。4月18日に高麗大学の学生らが国会議事堂前で抗議活動を行っていた。抗議活動のあと解散し、各自大学に戻る

---

[23]「引き揚げられた屍体身元確認されると興奮」、『東亜日報』、1960年4月12日（原語韓国語）。
[24]「「死亡看做者」五名。民主党対策委発表」、『朝鮮日報』、1960年3月26日（原語韓国語）。
[25]「馬山事件に対する報告」、『第35回国会臨時会議速記録第4号』、1960年4月12日、1-22頁（原語韓国語）。
[26]「馬山事件に関する質問」、『第35回国会臨時会議速記録第5号』、1960年4月15日、7-21頁。「馬山事件に関する質問」、『第35回国会臨時会議速記録第6号』、1960年4月16日、1-22頁。（いずれも原語韓国語）
[27]「野、国会で馬山事態追窮戦熾烈韓熙錫崔仁圭洪璡基三氏立件主張」、『朝鮮日報』、1960年4月15日（原語韓国語）。
[28]「馬山事件を赤色に関連付ける政策は危険千万」、『東亜日報』、1960年4月16日（原語韓国語）。

途中、学生たちがギャングに襲われるという事件が起こる。これは李承晩政権の
パトロンを受けていた政治系ギャングによる犯行であった。政治系ギャングによ
る李承晩政権抗議活動に参加した高麗大学学生の襲撃事件は、翌日の新聞で大々
的に報道された[29]。

　こうした報道を受けて、翌日の4月19日以降には、ソウル、そして全国各地で
大規模な反政府デモが行われることになる。4月19日には、高麗大学、ソウル大
学などソウルの大学生が午前9時から反政府デモを行い、ソウルの高校生も反政
府デモに参加した。

　さらに同じ日には全羅南道の光州や慶尚南道の釜山など、各地方の都市部を中
心に大規模な反政府デモが行われた。そして全国各地で、学生を中心とした反政
府デモが行われた。選挙のやり直しを求めるデモ隊とそれを鎮圧しようとする警
察との間で、頻繁に衝突が起きる事態にまで発展することになった。

　そして1週間後4月25日には、学生の反政府デモに同調する形でソウル大学の
教員を中心に、ソウル各地の大学の教員らも抗議活動に加わるようになる[30]。ま
た、一般市民も抗議活動に参加するようになった。

　こうした事態を受けて、野党も動き出す。例えば4月23日には、不正選挙と全
く無関係であった副大統領の張勉が自らの辞任願いを国会に提出する[31]。張勉が
副大統領職を辞職した真の意図は把握できないが、彼の回顧録[32]や当時の状況を
踏まえてみると、自らが辞任することで李承晩政権にも責任を果たすよう、無言
の要請[33]を行ったものと考えられる。その2日後の4月25日に開かれた国会本会
議においては、張勉の副大統領辞任書が受理される[34]。また、4月22日と4月25
日に開かれた国会では、後述する李承晩政権の戒厳令宣布措置に対して野党議員
が徹底的な批判を行った[35]。

[29] 「高大デモ隊ギャング団襲撃により流血騒動」、『東亜日報』、1960年4月19日。「暴力によって荒らさ
　　れたソウルの夜陰」、『朝鮮日報』、1960年4月19日（いずれも原語韓国語）。
[30] これまで多くの先行研究では、25日に大学教授らの抗議参加を境にして反政府デモの要求が「選挙の
　　再実施」から「李承晩の下野」へと変化したと述べている。
[31] 「国会に提出。張副大統領辞任書」、『東亜日報』、1960年4月24日（原語韓国語）。
[32] 張勉は、回顧録において自ら副大統領職を辞職した理由として①李承晩大統領の下野を最大の目標と
　　しており、自ら副大統領を辞任することで大統領承継によって自由党に報復する意図がないことを示
　　すため、②所属党は違っていたものの、一応副大統領を務めていたことへの道義的責任、③李承晩大
　　統領が困難に乗じてその職を占めようとする誤解を国民にもたらさないようにするため、以上3つで
　　あったとしている。張勉、前掲書、1999年、57-59頁。
[33] 当時の韓国憲法の条文では、大統領の弾劾に関する規定は設けられておらず、大統領が任期途中で下
　　野するには本人の辞任以外に方法はなかった。
[34] 「副大統領（張勉）辞任書処理の件」、『第35回国会臨時会議速記録第8号』、1960年4月25日。
[35] 「戒厳令宣布に対する理由説明」、『第35回国会臨時会議速記録第7号』、1960年4月22日、6-7頁。「非

このように4月下旬になって、李承晩政権に対する大規模な反政府デモが、全国で行われるようになった。そして李承晩は、なにかしらの決断（辞任か強硬鎮圧か）を下さなければならない事態にまで追い込まれることとなった。

第4節　李承晩の下野声明と李承晩政権の崩壊

　こうした全国的な大規模反政府デモに対して、李承晩はどう対応したのであろうか。1960年の国務会議での記録や新聞などでの李承晩の発言を見ると、前述したように李自身は、当初この反政府デモの原因が不正選挙によるものだとは認識しておらず、共産党の裏工作もしくは選挙結果に不服な民主党による陰謀だとみなしていたことがわかる。そのような認識が李の中に形成された理由としては、閣僚のような側近の発言をそのまま鵜呑みにしたからであった。例えば、選挙が行われた2日後の3月17日に李承晩は、「国民の支持を得て多くの票を得ることができ、（国民に）感謝の気持ちを禁じ得ない[36]」と大統領当選の感想を述べており、選挙結果を疑う素振りのないような発言を行っている。また、李は19日に談話を発表し、「第4代大統領に当選したことに対して国民に感謝する。今回は同一政党で正・副大統領が選出されたので国政はよりうまく行われるはずである[37]」と述べ、不正選挙が行われたことを知らずに17日と同様国民が自由党候補を選んだことを信じているような発言を行っている。また、同日の談話では馬山で発生した反政府デモについても「警察を襲撃し放火を起こして家屋を破壊して死傷者を出したことは民主国家ではありえないことで、司法当局は調査して犯罪者を処罰すべきである[38]」と述べ、馬山での出来事の原因が不正選挙であるとは知らず、不平分子が起こした破壊活動であるとみなす発言を行っていた。

　3月の選挙結果と馬山での出来事に対する李承晩の認識は4月まで続くことになる。それが顕著に表れているのが4月12日に行われた国務会議における李の対応と発言である[39]。この日の国務会議では、4月11日に馬山で再び大規模な反政府デモが起きたことへの対策について話し合いが行われたのだが、4月12日の国

常戒厳解除要求に関する決議案」、『第35回国会臨時会議速記録第8号』、1960年4月25日、8-14頁（原語韓国語）。
[36] 「李大統領メッセージ今明間発表予定」、『朝鮮日報』、1960年3月17日（原語韓国語）。
[37] 「国の国事うまくいくはず」、『朝鮮日報』、1960年3月19日（原語韓国語）。
[38] 同上。
[39] 4月12日に行われた国務会議録の内容については、申斗泳著、李義栄整理、前掲書、1990年を参照。

務会議録を見てみると、当時の閣僚たちは馬山での出来事を選挙に不服した民主党、もしくは共産党の工作によるものであると述べており、李承晩は彼らの発言を鵜呑みにしていたことが見て取れる。同日の会議において李は「(今の事態の原因が)政府が間違っていることをしたからなのか、民間が間違ったことをしたからかはわからないが、まだ争いが続いていることは、本来選挙が誤っているからそうなっているのではないのか」と述べた[40]。それに対して洪璡基内務部長官は「事件の黒幕は次のように推測している。第1に民主党が地方のデモを扇動してはいるが、今回の馬山事件における直接の黒幕であるという確証はつかめていない状態であり、第2に6・25事変（朝鮮戦争）当時左翼分子が露出されてない地域であったことを踏まえて、共産系列の策略による動員の可能性が高いとみて軍（軍隊）・警（警察）・検（検察）の合同捜査班を派遣することを考えている」と述べている[41]。これに対して李が「学生たちが動員したと聞いているがそれは事実なのか」という質問に対しては金貞烈国防部長官が「学生が主導して行っているものではなさそうだ」と述べている[42]。また、崔在裕文教部長官は「黒幕として共産党が操縦しているのではないかと考え、学校でこれを取り締まる条例を作るよう推進中である」と述べた[43]。国防部長官と文教部長官の発言を受け、李は「それは誰が行う運動なのか」と質問を行い[44]、それに対して洪璡基内務部長官は「民主党新派が極限の闘争だといって行っているものである」と民主党新派が起こしたものであるという発言を行った[45]。

　同じ日の国務会議で李は、「今回の選挙を誤って行ったことで、このような出来事が起こった可能性もあるのではないか。すなわち選挙がなければ事がうまくいったと考えることはできないのか」と発言した[46]。それに対して金貞烈国防部長官は「我々の状況は安定要素より不安定要素が多いので、心配する必要はないと考える。洪内務に知恵があってうまく処理を行っているので、うまくいくはずである」と述べた[47]。また、李承晩の懸念に対して郭義榮逓信部長官と宋仁相財務部長官も発言を行っている。郭義榮逓信部長官は「国会が開いて自由党が1つ

---

[40] 申斗泳著、李義栄整理、前掲書、1990年、12頁。
[41] 同上。
[42] 同上。
[43] 同上。
[44] 申斗泳著、李義栄整理、前掲書、1990年、13頁。
[45] 同上。
[46] 同上。
[47] 同上。

ずつ処理していけばいいし、民主党のデモも今は問題にならないし、ただ共産党の策略による動員だけを防ぐ対策が必要である」と述べた[48]。また、宋仁相財務部長官は「政府としても、これ以上後退はできないので、何かしらの対策を考えなければならない」と述べた[49]。閣僚たちの発言に対して李は「可能であることをすべきであって、今の発言を聞くと安定策にならないと思っており、大統領が嫌だというのであればいかにすべきかを考える必要がある。私としては今緊急でかついいと考えているのは、私が辞任することだと考えている。よく研究して、考えてみてほしい」と発言している[50]。閣僚の発言を信じつつ、もし、事がうまくいかない場合は自ら辞任する考えも持っていると述べているのである。

李承晩は本当に不正選挙の実態を知らなかったのか——これについては、韓国の学者間でも議論が分かれている。

李承晩が選挙不正を知らなかったことに懐疑的な意見を示す代表人物として徐仲錫が挙げられる。例えば、徐仲錫は「1960年3月3日（選挙の実施前）に民主党は、李承晩政権が行おうとした不正選挙の内容を事前に察知して発表し、『東亜日報』、『韓国日報』、『朝鮮日報』で大々的に発表したこと、李承晩が早期選挙を実施すべきだと主張して新聞に関心を見せていたことを踏まえると、連日大々的に選挙不正を報道した各新聞をみなかったというのはおかしい。また、李承晩も選挙結果は把握していたはずであり、副大統領の明らかに異常な選挙結果を踏まえると、そのとき選挙不正があったことを自覚したはずである」と主張している[51]。

他方で、李承晩が選挙不正を知らなかったと主張する人の根拠として、「既に大統領が決定していたのにわざわざリスクのある不正選挙を実施するはずがない。また、実態を知った後の劇的な態度変化を踏まえると、李承晩は選挙不正を本当に知らなかった可能性が高い」と述べている。

不正選挙が起きた当時に閣僚を務めた人物や自由党内主要人物の回顧録を見ても、李承晩が閣僚や側近に不正選挙を指示するなど関与した痕跡は見られない。例えば、自由党穏健派の中心人物であった李在鶴は、不正選挙は自由党の意思に

---

[48] 同上。
[49] 同上。
[50] 同上。
[51] 「大統領は不正選挙知らなかった？（李承晩大統領は）新聞すら見なかったのか」、『プレシアン』、2014年4月5日（原語韓国語）。https://www.pressian.com/pages/articles/116041?no=116041#0DKU（最終アクセス日：2022年3月22日）

反して内務部長官が独断で起こしたものであったという記述を残している[52]。また、1960年の不正選挙時に国防部長官を務めていた金貞烈（在任：1957-1960年）は自らの回顧録において、アメリカのマカナギー大使（Walter Patrick McConaughy .Jr）と面談が行われる数時間前の4月19日午後、反政府デモの原因が李起鵬の不正選挙によるものであることを李承晩に報告した際、彼はそのことを初めて聞くような表情で困惑していたことを述べている[53]。そして、1960年の不正選挙当時は法務部長官（在任：1958-1960年）を務め、崔仁圭の辞任から李承晩政権の崩壊までの約1か月間内務部長官を務めていた洪璡基も、李からの不正選挙実施の指示は受けておらず、この事態は崔仁圭内務部長官（在任：1959-1960年）の独断によるものだということを述べている[54]。

　1960年の不正選挙当時内務部長官を務め、同事件の主犯である崔仁圭は、不正選挙の罪によって逮捕された1960年から処刑される直前の1961年までに書いた『獄中自叙伝』でも、李から不正選挙の辞令を受けたという記述は見当たらない。崔は、「李博士を大統領に当選させないと韓国は共産化するしかないという頑なな信念を（自身が）持って3・15選挙を行ったのが、結果的に国家民族に大きな悲劇をもたらした」と述べて、この事件を崔仁圭自身の独断であるかのような記述を残している[55]。そしてこの不正選挙を実施した原因（内在的動機）として、1956年の大統領選挙における曹奉岩の躍進によって韓国が共産化するのではないかという危機感があったという記述も残している[56]。また、大統領と副大統領が違う政党から出たことによって生じた副作用（互いの不信感と軍人や公務員同士の争い）から、大統領と副大統領は同じ政党から出なければならないことを痛感したと述べている[57]。そして、そういった事態を防ごうと努力した結果が4・19（反政府デモ）という悲劇をもたらしたと述べている[58]。

　また、崔仁圭は、当時の民主党に対しても否定的で不信感を思わせる、次のような記述を残している。

　　2・4波動（国家保安法、地方自治法改正）は、我が国の議会政治と政党政治

---

[52]　李在鶴、前掲書、2004年、71-74頁。
[53]　金貞烈、『金貞烈回顧録』、乙酉文化社、1993年、236-237頁（原語韓国語）。
[54]　維民洪璡基伝記刊行委員会著、前掲書、1993年、250頁。
[55]　崔仁圭、『崔仁圭獄中自叙伝』、中央日報社、1985年、199頁（原語韓国語）。
[56]　崔仁圭、前掲書、1985年、197-199頁、201-202頁、206頁。
[57]　崔仁圭、前掲書、1985年、205頁。
[58]　崔仁圭、前掲書、1985年、206頁。

の失敗を暴露した不幸な事件であった。当時与野の立場から反省すること
が多かった。もちろん与党が傾いた党勢を挽回するために「言論条項」と
「名誉棄損条項」などで野党の民心を極度に刺激したのは過ちである。そ
のとき既に民心は自由党が至極真っ当なことをしても国民は信じてくれな
い事態まで生じていた。

　民主党は国家保安法強化など重要な問題において当初から無条件反対
（反対のための反対）と極限闘争に出たのは保守反共政党としての資格を喪
失しており、自由党に対して妥協の余地を与えずに窮地に追い落としてい
る[59]。

　ここから李承晩政権後期にみせた民主党の行動にも、根強い不信感を露わにし
ている。
　むろん、これは崔仁圭の思い込み（主観）であって、これをそのまま鵜呑みに
することはできない。他方で先述した記述から崔仁圭は、曹奉岩だけでなく、民
主党に対しても根強い不信感（反対のための反対の政党になっているという崔仁圭の主観
的な認識）を持っていたことが見て取れる。
　このようなことから、以下のことがいえる。それは、国務会議録を踏まえてみ
ても、当時の閣僚が残した証言をみても、李承晩が不正選挙を指示したという根
拠は見当たらないことである。不正選挙時に閣僚を務めた人物（記録を残した人物）
からも、李承晩が不正選挙を指示したと証言を残している人物はいなかった。こ
のことからも、現段階では、李承晩が1960年の不正選挙を指示したとする主張の
根拠は乏しいことになる。
　李承晩が不正選挙を指示したと主張する見解の問題点は、李承晩政権期の閣僚
たちが政権が崩壊して後の政権が樹立した後も、そして1965年に李承晩が死去し
た後にも李承晩が不正選挙に関わっていないという主張を貫いたのかということ
である。仮に李承晩が不正選挙の指示を出したのであれば、不正選挙当時閣僚を
務めた人たちは後に自分自身の責任逃れなどの理由から、李承晩の不正選挙への
関わりを主張をしたはずである。しかし、実際は今のところ、そうした発言に関
する資料は見つかっていない。徐仲錫においても、それを裏付ける資料は挙げて
おらず、状況推測のみである。
　他方で、李承晩が不正選挙に関与した証拠として挙げられる、先述した彼の不

---

[59] 崔仁圭、前掲書、1985年、245頁。

可解な行動には以下の背景があった可能性が高い。

　それは、①選挙運営に関して自由党の幹部や閣僚に一任して自らはあまり深く関わっていなかったこと、②結果報告に関しても誰が当選したかの報告を受けたのみで、どれほどの得票だったのかについて具体的に聞かされていなかったか、もしくは得票率を知っていてもそれが純粋に李起鵬支持票だと信じていたこと、③新聞を見ていなかった可能性は低く、選挙不正の報道自体は知っていたものの、民主党が選挙結果への不服から起こしたでっちあげのもの（民主党が扇動したもの）と勘違いしていたこと、である。

　①の指摘は、既に多くの先行研究が主張しているものである。李は、選挙前の2月13日に公式談話で「もし大統領選挙と副大統領選挙に違った選挙結果が出た場合、私は大統領に就任しない[60]」という言葉を残していた。他方で具体的な選挙対策は閣僚と自由党幹部に一任していた。当時の新聞記事や国務会議録、回顧録などからも李承晩が選挙に積極的に関わっていた様子はあまり見られない。あくまではっぱをかけるつもりであったものが、自由党の責任者がそれを過大解釈してかつ大きなプレッシャーとなり、不正選挙の実施へとつながっていった可能性は高い。

　②であるが、李承晩政権、そして李起鵬自体の支持率変化という把握しがたい変数は別として、副大統領選挙の選挙状況自体は1956年の副大統領選挙と比べてむしろ李起鵬にとって有利なものであった[61]。なぜなら、1956年の副大統領選挙の敗因であった進歩党の存在と進歩党と民主党との副大統領候補単一化、親李承晩勢力の候補乱立がともに発生しなかったからである。また、当時の民主党は旧

---

[60]「意見が異なる人が副大統領になれば当選しても応従拒否」、『東亜日報』、1960年2月14日（原語韓国語）。

[61] 不正選挙に関わっていない李承晩政権や自由党関係者の中でも1956年選挙と比べ、1960年選挙は以前より自由党にとって有利であったと考えていた人は多くいた。例えば、自由党穏健派の中心人物である李在鶴は、「選挙資金が不足していて地方に十分にお金が回らなかった3代（1956年）正・副大統領選挙とは違い、4代（1960年）大統領・副大統領選挙の際には選挙経費も十分確保していたので、不正選挙を行う理由がなかった」と述べている。李在鶴著、李應善編、前掲書、2004年、71頁。また、当時国防部長官を務めており、不正選挙との関わりが薄い人物であった金貞烈も「当時の観測では李起鵬氏が張勉氏より優勢であったので、無難に当選できると考えられていた。不正選挙を行う理由は1つもなかった」と述べている。金貞烈、前掲書、1993年、237頁。さらに1958年2月から1960年3月末まで法務部長官を務め、その後約1か月間内務部長官を務めた洪璡基を取り扱った伝記においても、生前彼が「私を含め国務委員たちは選挙を楽観視した。なぜなら、当時民主党内での旧派と新派の対立は激しく、旧派系の議員の大半が張勉を攻撃していた内紛が生じていたからだった」と述べたとしている。維民洪璡基伝記刊行委員会著、前掲書、1993年、251頁。実際、当時民主党の副大統領候補であった張勉も、自らの回顧録において、「趙博士の急逝後民主党旧派内においては、選挙放棄論が台頭して自身に非協調的な態度を取っていた」と述べ、趙炳玉の死去を契機に旧派と新派内で大きな内紛が生じていたと述べている。張勉、前掲書、1999年、54頁。

派と新派間の対立が激化しており、足並みが揃っていない状態が続いていた。

　1956年副大統領選挙で民主党の張勉が当選した最大の要因は、国民から大きな支持を受けた別の野党である進歩党との候補単一化が起こったからであった。また、親李承晩副大統領候補間の票の奪い合いも民主党の勝因の1つであった。もし、進歩党と民主党との間で候補単一化が起こらなかった場合、1956年の大統領選挙の民主党支持票（無効票）を踏まえてみると、実際の得票の約半分を得るに留まっていた可能性が高い。

　それと比べて1960年の副大統領選挙では、1958年の進歩党の解散措置により、進歩党の候補は存在しなかった。また、1958年の国会議員選挙における従来最も進歩党支持が高かった慶尚北道での選挙結果などのように、従来の進歩党支持がそのまま民主党支持へと流れていたわけでもなかった。進歩党解散により、進歩党支持票は民主党と自由党両方に流れたのである。また、1956年に副大統領選挙に出馬した親李承晩勢力である尹致映、李範奭、白性郁、李允栄の4人ともが1960年の副大統領選挙には出馬しなかった。代わりの親李承晩勢力として任永信が出馬したものの、選挙でどれほどの票を得られるかは未知数であった[62]。

　李承晩は、他に大統領候補者がいなかったものの有効投票数の88％の票を得ていた[63]。自身の得票を鑑みて自らの後継者である李起鵬自身も79％を取っていてもおかしくないと勘違いした可能性が高い。

　李承晩が選挙結果を信じていたことは、当時の国務会議録からも見て取れる。例えば、ソウルで学生を中心とした大規模な反政府デモが起きた4月19日に開かれた国務会議において洪璡基内務部長官は「学生たちと民主党は選挙を再び実施するよう要求しているのである。不正と暴力があったとはいえ、600万以上の票（支持票）があるので、再び選挙をやるのはありえないことである」と述べている。そうした洪璡基内務部長官の発言に対して、李承晩はこの発言を疑うような主張（本当に600万が李承晩政権支持票なのか）は行っていない。

　③については、1958年の国会議員選挙と関係する。1958年の国会議員選挙後、選挙に僅差で落選した民主党や無所属の落選立候補者は、選挙結果に不服を唱えて当選無効訴訟を起こしていた。そして、いくつかの選挙区では当選無効判決も

---

[62] このように客観的に見ると1956年の副大統領選挙と比べて李起鵬に大きく有利であったにもかかわらず、大規模な不正選挙を実施していたことを踏まえると、当時の自由党の一部（主に自由党強硬派）と閣僚の一部（内務部長官であった崔仁圭）がかなりの危機意識（このままでは政権を奪われる）を持っていたことが見て取れる。
[63] 残り12％の無効票は趙炳玉支持票、もしくは李承晩への不信任表明票であった可能性が高い。

出ていた[64]。そうした民主党と無所属立候補者の選挙無効訴訟に対して李承晩は、「負けを認めない民主党による往生際の悪い行為」として批判する立場を取っていた。

　また、李承晩は、反政権メディア（特に『東亜日報』と『京郷新聞』）に対して、強い不信感を持ち、牽制する姿勢を持ち続けていた。それは任期後半からはますます強まっていた。

　③を裏付けるものが先述した4月12日と4月19日の国務会議録、そして4月20日に発表した談話である。4月12日の国務会議において閣僚たちは、馬山の反政府デモの黒幕は民主党（特に張勉を中心とする新派）だと主張していた。4月19日にも閣僚たちは同じ主張を行った。先述したように、李承晩は彼らの主張に対して、少し懐疑的な考え（本当に選挙が公正に行われたのか）を示すものの、基本的には民主党不信という従来の李自身の認識の延長線上から、閣僚の話を信用し同調する立場を取っていた。すなわち、李自身も民主党がメディア操作と学生を扇動して反政府デモを起こしたと信じていたのである。そして翌日の20日午後に李承晩は談話を発表する。談話において李承晩は、「19日の乱動によって本人と政府閣僚は甚大な衝撃を受けている。まず大事なことは法と秩序を回復して戒厳令を行う必要がなくなるようにすることである。秩序が回復すれば、今回の事件の調査に最大の努力を行い、不平不評の原因があれば是正する」と述べている[65]。同談話の内容を踏まえてみても、李承晩が反政府デモの原因と実態と知らなかったことが見て取れる。

　しかし、李承晩が本当に不正選挙を知らなかったとしても、不正選挙が起きるのを傍観したことに関しては、彼自身に大きく責任があったことは間違いないだろう。この事態は李がもはや国政運営能力を有していないことを自ら裏付けてしまうものであったということでもある。

　李承晩が、李承晩政権の閣僚と自由党の関係者が不正選挙を起こすのを放置し、4月下旬になっても実態を知らなかったことは、1952年憲法改正時に李承晩自らが主張していたことと相反することであった。

　第3章と第4章で詳しく述べたように、1952年の憲法改正の試みの際に、李承晩は「国会意思と国民意思（国民の直接民意）が常に同じだとは限らないので、常

---

[64] 1958年国会議員選挙後の当選無効訴訟および当選無効判決については、キム・ジンフム、前掲書、2012年、を参照。
[65] 「4・19乱動に甚大な衝撃秩序回復後是正努力」、『朝鮮日報』、1960年4月21日（原語韓国語）。

に国民の民意を確認すべきだ」と主張していた。また、「国民の直接意思は代議制に優越する」とも主張していた。そして1952年憲法改正による大統領直接選挙や1954年憲法改正による国民投票制の導入などを通じて国民と直接疎通をはかろうとしていた。それが皮肉にも、数年後には自らの居住するソウルにおいてすら、国民の直接民意を把握できず、側近の声を鵜呑みにすることになっていたのだ。李自身が高齢化（1960年の反政府デモ当時満85歳）するにつれ、かつての自らの公約と発言を守れなくなっていたのである。1960年の事態は、行政府内で李の意思と閣僚の意思が、一致しなくなったことを意味する象徴的な出来事であった。

李が、当時全国で起こっていた反政府デモを民主党（特に張勉ら新派）の策略によるものだとみなしていたことは、4月21日のマカナギー大使との会談からも見て取れる。同会談において、李承晩は「今回の事態は大衆の不満を反映したものではなく、副大統領である張勉が起こしたものである。そして張勉の黒幕には盧基南大司教があり、盧基南大司教は政治的野望を実現するためにカトリックを利用している。そして自分（李承晩自身）に十分な時間を与えてくれれば、今回の事態が張勉の陰謀によるものだと証明できる」とマカナギー大使に述べている[66]。これに対してマカナギー大使が「張勉が李承晩政権に対抗して陰謀を企んできたか、もしくは現在陰謀を企んでいるという意見には同意できない。すべての情報網を通じてアメリカは、張勉が野党に忠実な指導者（loyal leader of loyal opposition）であることがわかっており、現在の状況は正当な鬱憤を根拠として下から自発的に行ったものであって、張勉が操作したものであるとは一度たりとも考えていない。韓国で一般大衆の怒りを買う深刻な事態が発生しており、現在のデモは大衆の憤慨が実際に表現されたものである」と述べて李承晩の主張を一蹴している[67]。そしてマカナギー大使は李承晩が適切な対応をするように要請した[68]。

しかし、面談後の李は、従来の立場を大きく変えることになる。マカナギー大使との会議後の23日には反政府デモを行って負傷した人々が入院する病院を訪問し、「早く治ってほしい」と慰めの言葉と彼らの行動を称賛する言葉を述べている。そしてその時期から李は、自らの進退について考えるようになる。

4月21日のマカナギー大使との会議で「今回の事態は張勉の仕業である」と主張した、わずか2日後に態度を旋回したのはなぜだろうか。これまでの先行研究

---

[66]「304.Telegram From the Embassy in Korea to the Department of State」、『Foreign Relations of the United States, 1958-1960. Volume XVIII. Japan; Korea』、1960年4月21日。
[67] 同上。
[68] 同上。

および1次資料を検討してみると、李が事態の原因が政権自身の不正選挙にあったという真相を把握し、そのことを完全に納得・把握したのが、この面談後であったと考えられる。そして23日に病院を訪問したあと李承晩は、反政府デモを起こしている学生たちが、共産党勢力とも野党の扇動によるものとも無関係で、自分自身の失策によるものであることを自覚したと考えられる。

実は、マカナギー大使が反政府デモの実態とそれに対するアメリカの見解を述べたのは、4月21日が初めてではない。2日前の4月19日の夜に李と大使が面談した際にもマカナギー大使は21日に述べる内容と同じ発言を既に行っている。この発言を聞いたあと、李承晩は「不正選挙の疑いについて知らなかった」と述べると同時に「信頼していた洪内務部長官と金国防部長官がうそをついたのであって、このような最悪の状況を隠したことを信じられない」と吐露したとされている[69]。それにもかかわらず、2日後には再び同じこと（今回の事態は張勉の陰謀云々）を述べた。この理由については定かではないが、今まで聞かされたことと全く違うことを聞かされてその場では一旦納得したものの、その後戸惑いと葛藤が生まれ、マカナギー大使との面談後再び閣僚からの説明を受けて、今回の出来事はやはり張勉によるものだと再び信じたが、実際の認識とあまりにも違っていたので、2回目に聞いたときに納得したものと思われる。そして、21日に再びマカナギー大使の説明と説得を受けて、事態の真相を受け入れられるようになったのではないかと考えられる。

他方で、李はまだこの時点（21日の時点）においては、大統領の辞任を決意はしていなかったと考えられる。例えば、23日には「自由党の総裁を辞任してすべての政党関係から離れ、大統領にのみ専念する」という声明を発表している[70]。それと同時に国民が望むことならば何でもすることも述べている[71]。

自由党総裁は辞任しつつ、大統領の職務は引き続き行うという李承晩の発言は何を意味していたのだろうか。既に多くの先行研究が指摘したものではあるが、考えられるのは、責任回避か様子見であろう。

不正選挙を起こしたのは、自由党の人間（特に強硬派）であり、自分はそうした指示を出した覚えはなく無関係であることを主張したことである。そしてそうしたとんでもないことを行った自由党とは縁を切り、1951年自由党創党以前に彼が

---

[69] 「300. Telegram From the Embassy in Korea to the Department of State」、『Foreign Relations of the United States, 1958-1960. Volume XVIII. Japan; Korea』、1960年4月19日。
[70] 「李大統領、自由党と絶縁」、『東亜日報』、1960年4月24日（原語韓国語）。
[71] 同上。

取っていた無党派政策に戻るということである。

　また、当時大きな問題となっていたのは、あくまでも副大統領の不正選挙であり、大統領選挙のやり直しは2次的なものであった。だから、まずは不正選挙の元凶である自由党との縁を切り、様子を見たうえで、国民が自らの下野をも望むのであれば大統領職をも辞任するということである。

　むろんこれはあくまで筆者の仮説であって、1次資料等の発掘を通じて今後具体的な検証が必要である。

　大統領に就任したあと李承晩は、就任当初の各地の軍事反乱やパルチザン活動に対して、毅然とした態度で徹底的な鎮圧を行ってきた。李承晩は、1960年3月末から大規模な反政府デモが発生した際も、4月12日の国務会議において戒厳令を発布するなど強硬な姿勢を貫いた。しかし、4月の下旬以後、従来の強硬な立場から穏健な立場へと変化している。それは一体、なぜなのか。

　これまでの先行研究では、李承晩が辞任を決意した背景には、アメリカの圧力によるものであったと捉えてきた。すなわち、当初李承晩は辞任する意図は毛頭なかったが、アメリカが明確に李承晩に対して不支持を表明し辞任を強く勧告したことが李承晩政権の崩壊につながったということである。

　野党でも李承晩政権側人物でもない、あくまで第三者の側であるアメリカからの中立的な意見と勧告が、李承晩の辞任に大きな役割を果たしたことは事実である。それを裏付けるものが、先述した21日マカナギー大使の面談前／後の李承晩の劇的な態度変化である。しかし、こうした先行研究の主張には、1つ看過していることがある。それは、李承晩が決してアメリカの言いなり・操り人形ではなかったということである。実際、大統領就任後の李承晩は、朝鮮戦争時の反共捕虜釈放問題や米韓相互防衛条約締結問題、援助問題などでアメリカとの間で終始もめていた。李承晩は、自分が正しいと考えていたものは決して引き下がらない人であった。21日のマカナギー大使との面談の際、反政府デモは張勉など民主党によるものだと繰り返し主張したのも、自分の考えが絶対正しいと考えていたからであった。もし、李承晩が周りの説得に納得せずに自分が絶対正しいと考えていたならば折れなかったであろう。その頑固さは政敵のみならず、彼の側近の証言にも表れている。

　李承晩にとっては、そのまま戒厳令を継続させ強硬鎮圧を貫くことも、1つの選択肢としてあり得た。警察などに発砲許可を下すことで最後まで抵抗すること

第9章　李承晩政権の終焉　213

も一応可能であった[72]。また、1960年4月当時の国会において、与党自由党は国会議席の約6割5分（233議席中153議席）近くを占めていた[73]。すなわち、公権力と国会の議席両方を李承晩政権が占めており、李承晩がその気でさえあれば、アメリカとの対立をいとわずに、徹底鎮圧を行うこともできた。すなわち、1960年4月の時点では、むしろ1952年7月の釜山政治波動のときよりも有利（公権力軍の権力だけでなく、国会においても6割5分以上の議席を確保）な状況であったのである。その代表例が、1952年釜山政治波動の際の野党弾圧である。それにもかかわらず、なぜ李承晩は、そのような行動を取らなかったのだろうか。それが、先述した国務会議録での李承晩の発言からもわかるように、マカナギー大使の面談前から李承晩は、もし選挙に問題があり、国民が李承晩自身の退陣を望むなら責任を取るという考えを持っていたからだ。

　それでは、なぜ李承晩は、かつての国内反乱や朝鮮戦争時の際に取っていた毅然とした態度とは反対に穏健な政策を取ったのか。その手がかりとなるものが李承晩の民意認識である。

　第1章で述べたように、大統領就任前から李承晩は「民意」を重視するという言葉を頻繁に使用していた。そして第2章で述べたように、李承晩が重視していた民意は韓国国民であって朝鮮民族全般ではなかった。そしてその韓国国民というものも、反共主義を信奉し、民主主義を掲げる韓国（大韓民国）の理念に共感を持つ人々のみであったということ。彼は、仮に同じ言語を話し血統を同じくする朝鮮民族であっても、共産主義思想を抱く人々や韓国の秩序を根幹から揺るがせ、国の転覆を謀る活動を行う（と疑われた無実の人々も含む）人々は、民意の対象外とみなし徹底的に排除する姿勢を見せていた。それは、青年期から老年期にかけて、植民地侵略という国家を失う経験をし、国家の自由を何よりも優先した彼の長年の政治思想に基づくものであった。

---

[72] もしそうなった場合は、ニコライ・チャウシェスクを支持したセクリターテと正規軍の間で交戦が起こった1989年のルーマニアの事例（警察と正規軍との交戦）やアメリカによる南ベトナムのゴ・ディン・ジエム政権排除計画実施（アメリカによる指導者除去作戦）のような事態が起こっていた可能性が高い。実際アメリカは、釜山政治波動期である1952年と反共捕虜釈放問題と米韓相互防衛条約締結をめぐってアメリカともめた1953年の計2回、李承晩除去計画を立てていた。アメリカによる李承晩の排除計画については、イ・ワンボム、「1950年代李承晩大統領とアメリカの関係に関する研究」、『韓国学』第30巻第2号、2007年、同、「韓国政権交代の国際政治：1950年代前半期アメリカの李承晩除去計画、後半期アメリカの李承晩後継体制模索と1960年4月李承晩退陣」、『世界政治』第8集、2007年（いずれも原語韓国語）を参照。

[73] 1960年4月19日における国会の議席状況（所属先）については、国会事務処、前掲書、1971年、229-231頁を参照。

そうした彼の信念は、韓国（大韓民国）政府樹立前後に起きた各地の軍事反乱や朝鮮戦争の際にも徹底的に表れていた。彼は、反乱軍や共産党パルチザンだけでなく、（大半は無実であったが）そうした活動に関わったと目された住民に対しても厳しい処罰を下した。李の目からすれば、共産党に協力して韓国の存立自体を危うくする人々は、たとえ同じ民族であっても大韓民国の国民ではなかった。

　しかし、1960年の反政府デモは、政府樹立直後に起きたものとは異なっていた。反政府デモの原因は、共産党のプロパガンダではなく、李承晩政権の不正選挙であった。また、反政府デモの目的も韓国の存在自体の否定や転覆ではなく、韓国の根本理念となるはずの民主主義の遵守を政権に求めるものであった。さらにそれらの担い手も、韓国の根本理念である反共主義と民主主義を信奉する韓国国民であった。

　これまで李承晩は、政敵を弾圧し自分の意のままの行動を正当化する際に「民意」という言葉を用いていた。その顕著な例が第3章から第5章にかけて述べてきた政府形態をめぐっての国会（主に民主国民党）との対立であり、そして1952年の釜山政治波動における李承晩の行動である。その際に李承晩は「国民の直接意思は代議制に優越する」という言葉を強調していた。そして自らの進退を決めるのは国民の直接意思のみだとも述べていた。そうした国民の直接意思が、李承晩の辞任を要求するようになったのである。そのため、李承晩にとっては辞任する以外の選択肢はなかった。

　それを裏付けるものが、4月下旬になってからの李承晩の態度変化である。例えば、許政は、25日の夜にも学生たちが亡くなり、怪我をしたという報告を受けると、李承晩は「どうして国民を死なせることができるだろうか。私が退く以外方法はない」と辞任を決心し、そのことを秘書に話していたことを、秘書から直接確認したと述べている[74]。また、26日にはマカナギー大使と面談が行われたが、マカナギー大使は李承晩が「李承晩大統領は先ほど学生代表団と面談したが、彼は学生らがただ真実を知りたい善良な若者たちであったと述べた。李承晩は韓国国民の切実な要求を尊重するという確固たる意志を持っていた。また、選挙に対しても李承晩大統領は、選挙自体が公正でなかったことを認め、再選挙を実施すると述べていた」とし、李承晩自ら責任を負い、辞任する意図を明確に持っていたとして肯定的な記述を残している[75]。以上のことを踏まえると、遅くても25日

---

[74] 許政、前掲書、1979年、218頁（原語韓国語）。
[75] 「309. Telegram From the Embassy in Korea to the Department of State」、『Foreign Relations of the United States,

の夜には李承晩が下野を決心していたことが見て取れる。

　反政府デモの真相を完全に理解したあと、李承晩は事後策を工夫していく。例えば、4月22日に李承晩は、許政へ入閣を要請する[76]。そして23日には先述の声明書を発表している。25日には許政が李承晩の要請を受け、入閣する[77]。そして、4月25日以後李承晩は、側近の説得を受け、自らの辞任についても考えていくようになる。そうした筆者の主張を裏付けるものが、4月26日の反政府デモ代表団との面談と同日発表された下野声明書である。

　例えば許政によれば、李承晩に下野を勧告するつもりで早朝6時に景武台を訪問した際、既に李承晩は下野声明書を作成していたと述べている[78]。そして午後10時に李承晩は、反政府デモ代表団との面談を行い、彼らに対して再選挙の実施を約束すると同時に「国民が下野を要求するなら下野する」と述べた[79]。そして面談後に李承晩は、声明書を発表して「国民が望むなら下野する」といって下野の意向を公式に表明することとなる。

　以上の点を踏まえてみると、李承晩は国民の範囲についてはっきり線引きを行い、自分の進退を決めるのはそうした国民の直接意思だと考えていた点で、終始一貫した考えを持っていたといえる。

　ところで金貞烈の回顧録によると、下野の声明を発表した翌日の4月27日に、李承晩への挨拶も兼ねて李承晩の辞任書をもらいに金と許政が李承晩のところへ行った際、突然、李承晩が辞任書の署名と国会への提出を拒否したとしている。「自分が辞任すると国が混乱する」ということがその理由であったと金貞烈の回顧録では述べられている。そして許政が何度も説得してようやく辞任書に署名し、国会への提出に同意したと回顧録では書かれている[80]。しかし、この逸話は金貞

　　　1958-1960. Volume XVIII. Japan; Korea』、1960年4月26日。
[76]　許政、前掲書、1979年、212-213頁。許政は、22日に李承晩と面談した際、彼に対して事態の収拾策として①李起鵬の副大統領当選無効措置と再選挙の実施、②自由党総裁職を辞任しかつての超党的立場に戻ること、③各階層の人材を登用して挙国内閣を構成して民心を収拾することなどを提案したと述べている。許政の回顧を踏まえてみると、23日に李承晩が行った先述の声明書は許政の助言によるものだと考えられる。
[77]　許政、前掲書、1979年、216頁。許政によれば、李承晩から入閣要請を受け3日間断った理由として、22日の面談の際に自身が提案した事後策である自由党との断絶を李承晩が当初は実施せずに24日になってようやく実施したからだとしている。許政、前掲書、1979年、215頁。しかし、その時点では時既に遅しであり、反政府デモのスローガンは不正選挙の再実施から李承晩の下野に変わっており、辞任する以外方法はなかったと述べている。許政、前掲書、1979年、217-218頁。
[78]　許政、前掲書、1979年、218頁。許政が訪問する前日である25日には、権承烈法務部長官と金貞烈国防部長官が李承晩を訪問し、李承晩に辞任するよう説得を行っていた。
[79]　「デモ代表五名李大統領と面談」、『東亜日報』、1960年4月27日（原語韓国語）。
[80]　金貞烈、前掲書、1993年、268-269頁。

烈の回顧録のみで記されたものであり、同行していた許政の回顧録においては、李承晩が辞任提出を拒否したという記述はない。むしろ許政の回想録では李承晩は周りの説得を受け、潔く退く決心をしたという記述のみを残している。すなわち、金貞烈の回顧録の記録は他の関係者の記録では見当たらないものであり、交差検証ができない。また、もしこの事態が発生していたなら、当然アメリカ大使館にもこの情報が渡り、同じような記述が残るはずである。しかし、アメリカ外交文書（FRUS）においても、李承晩が当日になって辞任を頑なに拒否したという記述は見られない。こうした記述は、1966年に李承晩政権期の主要政治家が記述した『事実の全部を記述する』という証言録でも出てこない。

27日になって李承晩が本当に辞任を拒否したかどうかは、資料発掘を通じて今後具体的な交差検証が必要である。もし金貞烈の記述が事実であるとすれば、李承晩がそのような発言をした要因としては、高齢による失言、未だに自分が民意の具現者だという勘違いによるもの、自分がいなければこの国は成り立たないというなにかしらの使命感、のいずれか（あるいはすべて）であったと考えられる。

例えば許政は、李承晩の問題点の1つとして側近を信頼しすぎていたとして、「李承晩は自分が国民から絶対的な支持を受けていたという側近の言葉を少しも疑っておらず、国民は彼の指導を絶対的に信頼し、従っていると信じていた。国民と李承晩を離れさせた側近によって彼は現実的に孤立していた。彼は、独裁者だという意識は全く持たずに国民の絶対的支持の上で民意を代表していると妄想していた」と評している[81]。不正選挙の真相を知り、下野を決心しつつ、かつての妄想を完全に払しょくできなかった可能性が高い。

また、李承晩が、混乱する当時の韓国の国内状況をうまく運営できるのは自分しかいないと考えていたのは確かであろう。例えば、ロバート・オリバーは、「李博士は、大韓民国が置かれていた問題の複雑性に対して理解が高いと確信しており、彼の政敵がそうした能力を持っているかどうかについては疑わしいという考えを持っていた。李博士は、趙炳玉と張勉はこのような状況が要求する人物にはなれないと考えていた。普通の場合なら自分（李承晩）が必ずしも必要な人物ではないかもしれないが、この特殊な状況においては自分が必要だと彼は感じていた。それが、彼が私に行っていた説明であった」と述べている[82]。また、李承

---

[81] 許政、前掲書、1979年、234頁。
[82] ロバート・オリバー、『李承晩がいなければ大韓民国はなかった』、東西文化社、2008年、559頁（原語韓国語）。

晩が自らを「一般意志」の具現者だとみなしていたことを、李承晩の政治思想を通時的に分析したキム・ハクジェの研究を取り上げて第1章で既に述べた。民意には従わなければならないと考えつつも、自分の使命感との間で揺れていたと考えられる。

むろん、これはあくまで李承晩自身の思い込みであって、民意はもはや李承晩の下野を要求していた。そして上記でも示したように、許政の説得を受け、揺れていた心にようやく決心がついたと思われる。

その後、5月に入り李承晩の大統領辞任が国会で正式に承認される。

こうして1948年8月15日から約12年（正確には11年8か月）続いた李承晩政権は、幕を閉じた。

小 括

本章では、序章で述べた研究目的②を解明するために、1960年3月の大統領・副大統領選挙の実施から同年末の李承晩の大統領辞任までの過程について詳述した。

1960年の大統領・副大統領選挙の早期実施決定に伴い、1959年末から各党と勢力は大統領と副大統領候補の選出を行った。自由党は1956年と同様、大統領候補に李承晩、副大統領候補に李起鵬を選出した。民主党は、大統領候補に趙炳玉、副大統領候補に張勉を選出した。また統一党の金俊淵、大韓女子国民党の任永信も副大統領候補として選挙に立候補した。

ところが、選挙が行われる2か月前の1960年2月に趙炳玉が持病のため病死する事態が起こる。既に候補の立候補登録期限が過ぎていたため、新たな候補を登録することはできなかった。したがって大統領選挙は、李承晩の当選が決定される。

そういった成り行きから、人々の関心が集まったのは「副大統領選挙」であった。

そして1960年の副大統領選挙では、1954年と1958年の国会議員選挙と1956年大統領・副大統領選挙とは、比べものにならないほど露骨な選挙不正が行われるに至る。1956年の副大統領選挙においても不正選挙が行われたものの、野党である民主党の張勉が当選するなど当選結果にまでは影響が及ばなかった。しかし、

1960年の副大統領選挙は当選結果にまで影響を及ぼすものであった。

　1960年の不正選挙は、李承晩の意思と政権内の意思のズレが明確に表れた出来事であった。1952年の釜山政治波動期、そして広くいえば1954年の憲法改正までは李承晩がイニシアティブを発揮し、国政運営を主導していた。ところが朝鮮戦争の停戦と、米韓相互防衛条約の締結、義務教育の推進、治安の安定など、李承晩政権中期においては、李承晩が目標としていた国内整備が徐々に完成されつつあった。また、彼の長年の憲法構想であった大統領直接選挙と国民投票制の実施、国務総理制度を廃止する憲法改正が実現し、李承晩の当初の目標が一段落つくことになる。李承晩は、自らの高齢化などから自由党の官僚派に実権を譲り、彼らが事実上国政を決めていた。そして、李承晩の知らぬ間に自由党と李承晩政権閣僚内部で不正選挙が画策されていた。

　当然、そうした露骨な不正選挙に韓国国民は納得しなかった。最初馬山を中心とし、その後全国にわたって大規模な反政府デモが学生を中心として行われた。

　全国の大規模な反政府デモは、李承晩に対する民意からの不信感の表明であった。そして25日に、大学教授らも反政府デモに参加すると、反政府デモの要求は「選挙の再実施」から「李承晩の退陣」に変化していった。

　大規模な反政府デモに対して、当初李承晩は、閣僚の説明をそのまま受け入れ、同デモを民主党の選挙への不服行動か共産党の裏工作だと考えて徹底鎮圧を命じていた。しかし、4月下旬に李承晩は、アメリカの説得や学生代表団との面談、許政など自由党や閣僚以外の側近の説明を受け、同運動の原因が民主党でも共産党でもなく政権自身が起こした不正選挙であることを知ることになる。その後から李承晩は、徐々に対応を変え、4月25日には辞任を決心する。それは、「国民のみが自分の進退を問うことができ、国民が望むなら下野する」という李承晩自身の長年の信念（民意認識）によるものであった。そして4月27日に正式に辞任書を国会に提出し、翌週に国会で受理される。

　かくして大韓民国の建国以降、約12年間にわたって続いた李承晩政権は、幕を閉じたのであった。

終　章　李承晩政権の遺産

　前章で見てきたように、1948年の大韓民国樹立から約12年続いた李承晩政権は幕を閉じることになる。それでは、李承晩政権は後の韓国政治にどのような成果と課題を残したのだろうか。簡略的に述べておきたい。

第1節　李承晩政権が後の韓国政治に残した成果

　李承晩政権が後の韓国政治に及ぼした成果として、①国民主権原則のもと、国民の政治への関与の方法が広がったことが挙げられる。本書では十分に取り上げることができなかったが、1952年からは地方自治についても、それが本格的に行われるようになる。1958年の地方自治法改正[01] によって、地方自治に対して多少の制限は行われるものの、1952年の地方選挙から確立した地方自治は李承晩政権中（1952年と1956年の計2回実施）も続いた[02]。

　②1952年と1954年の憲法改正によって、大統領直接選挙と国民投票制が導入された。これまで李承晩政権を独裁政権だと批判した多くの先行研究がその根拠として1952年と1954年の憲法改正を挙げているが、同改正によってむしろ国民の直接的な政治参加の機会が広がった事実が見落とされている。

　李承晩政権後に成立した張勉民主党政権を打倒して成立した朴正煕政権と全斗煥政権は、地方自治の停止[03]（1961年）と大統領直接選挙の廃止（1972年）および全議席改選の国会議員選挙の廃止（1972年）、もしくは野党人物の国会議員出馬制限（1981年）などを通じて、国政や地方に関する政治への国民の参加を制限した。国民が政治に関わることができたのは、国会議員議席数の一部を官選したり（朴正煕の政権後期）、あるいは反政府的野党の選挙参加を禁止し官製野党のみ参加を認める（全斗煥政権中期まで）ことによって、常に与党による過半数が保障される国会

---

[01]　同法改正により、市・邑・町・洞・里長の選出方式が従来の選挙制から任命制へと変更された。
[02]　1958年の地方自治法改正後も、現地住民の地方議員選出権と地方議会はそのまま温存された。
[03]　1961年に制定された地方自治に関する臨時措置法により、すべての行政区域の長において選挙制ではなく、任命制が行われた。また、地方議会も廃止された。

220　第4部　李承晩政権後期（1956-1960）韓国政治の展開

議員選挙と、不定期的に実施される国民投票のみであった。

③政権交代を目指す野党の活動を容認したことである。通常、独裁政権と目される政権特徴の1つには、政権獲得を目指す野党の活動を禁ずる点にある。プロレタリア一党独裁を掲げているかつてのソ連や現在の中国、北朝鮮などの社会主義国家はいうまでもなく、蒋経国政権時代までの台湾やフランコ政権時のスペイン、サラザール政権のポルトガルなど、社会主義国家以外にも競争的な野党の政治参加を認めない体制は多く存在した。仮に認められたとしても、朴正熙政権（後期のみ）や全斗煥政権など行政府の長を選ぶ選挙には参加を禁止する体制も存在した。しかし、李承晩政権時代には政権による弾圧があったにせよ、国政を決定するための選挙における競争的な野党参加は常に認められていた。そして1956年選挙の結果、当時野党の民主党の副大統領候補であった張勉が副大統領に当選したのも、紛れのない事実である。また、野党と彼らを代弁するメディアによって李承晩政権を批判する報道が常に行われており、そうした彼らの存在は、李承晩政権が崩壊した原因の1つともなっている。

④国民が直接選ぶ定期的な選挙が行われたことである。春に行うか夏に行うかという時期の違いがあったとはいえ、国民が直接選出する選挙が定期的に行われた。定期的に選挙が行われたのは、後の朴正熙政権や全斗煥政権も同じであるが、先述したように朴正熙の政権後期や全斗煥政権においては、大統領は間接選挙で選ばれると同時に、国会議員の定員の3分の1を官選として政権側が常に過半数を取れるようにするか（朴正熙の政権後期）、国会議員選挙の参加資格制限を行って政権に忠実な官製野党（御用野党）だけに政権参加を認めるなど、大きな制限が加えられていた。そこでは選挙は定期的に行われつつも、国民が選ぶ機会は限られたのである。

李承晩による大統領直接選挙と国民投票制の導入の背景には、彼の長年の思想があった。既に本書で繰り返し紹介してきたように、それは「民意」というものである[04]。李承晩にとって民意によって行われる政治こそが民主政治の根幹だと

---

[04]「代議機関の意思ではなく国民の直接意思こそが民主政治の根幹である」という李承晩の民主主義認識は、側近の証言にも表れている。例えば、自由党穏健派の代表人物であった李在鶴は自らの回顧録において、「李博士は『韓国の民主主義と韓・日問題は自分が生きている間に必ず成し遂げなければならない』と常に話してきたし、民主主義の根幹である民意というものを尊重していた。したがって李博士を動かすときは国民の意思がどうであるかを話さなければならず、国会議員がどうであるかという話だけでは動かない方であった」と述べて国民の直接意思を最も尊重していたと述べている。李在鶴著、李應善編、前掲書、2004年、52頁。また、李承晩政権後期に法務部長官と内務部長官を務めた洪璡基も、「実際に李大統領の統治スタイルはアメリカ式直接民主主義傾向が見られる。李大統領は「権力は国民にあり、国民は賢明であるので、すべての判断は最終的に国民にゆだねなければな

考えられていた。そして彼は、国民の直接的な意向が大きく反映される制度であろう大統領直接選挙と国民投票制の導入に積極的となり、導入後にはそれを護持しようと試みた。1960年の李承晩政権崩壊に至るまで大統領直接選挙と国民投票制が維持できたのは、李承晩の強い意志があったからだといえる。

　韓国では、1980年代の民主化運動においては、こうした李承晩政権期の成果の復活要求が行われることとなる。人々が要求することとなるのは、まずは大統領直接選挙の復活であった[05]。そして、1987年の6・29民主化宣言によって大統領直接選挙が復活すると、大半の人々はこれで民主化が達成されたとみなしたのである[06]。

　1950年代当時、野党政治家たちは「議院内閣制」こそが、最も民主主義に適合した政治制度だとみなし、大統領制に対しては反民主主義で独裁的な政治制度だと批判していた。それが、30年後には逆転し、1980年代に民主化を要求した人々（野党政治家も含む）は議院内閣制の導入には懐疑的となり、大統領直接選挙の復活を要求したのである。

　今日、韓国社会では、李承晩および李承晩政権を「反民主主義的な独裁政権だ」とのみみなし否定的に捉えられている。しかし、李承晩が反民主主義的な独裁政権であるというなら一体どういう側面が独裁的であったのか、李承晩政権は民主主義政権でなかったという根拠は何なのか（李承晩政権の実態は何か）、もしそうであるなら、李承晩政権、朴正煕政権後期、全斗煥政権はみな同様な政権だったのか、今日の観点からして少しでも民主主義的ではない政権はすべて全く同じ反民主主義政権なのか……。そういった検証を行うことなく、すべてを統括して安易に反民主主義的な独裁政権だと断定することは、本書で見てきたように、多くの事実を見落とすことになる。

らない」という考えを持っていた。ただし、政治チャンネルは統治者と国民との直接交流でも可能であり、民主主義中間措置は不要だと考えていた」と述べている。維民洪璡基伝記刊行委員会著、前掲書、1993年、196頁。

[05] 朴正煕政権後期（1972年）以後、韓国における民主化運動の動きとその特徴については、李正吉、『韓国政治の転換点：「分断」と民主主義の政治力学』、国際書院、2020年、を参照。

[06] 大統領直接選挙復活を持って当時の大半の人々がそれを民主化の達成だとみなしていたことは、6・29宣言翌日の各新聞社の新聞記事をみても読み取れる。「"我々はみんな勝利者"全国が宴の日」、『東亜日報』、1987年、6月30日。「"これは韓国版民主章典……"歓呼」、『京郷新聞』、1987年6月30日。「塞がっていたものが空いたような気持ち」、『毎日経済』、1987年6月30日（いずれも原語韓国語）。

第2節　李承晩政権が後の韓国政治に残した課題

　しかし、その一方で、李承晩政権は、その後の韓国政治に多くの課題も残している。

　李承晩政権の特徴は、「自由」の不足であった。例えば李承晩政権では、野党政治家や李承晩政権に反対していた知識人に対し、多数派の声と国家安保破壊行為という言説を用いて抑圧を正当化していた。すなわち、多数派の声を使って少数派を抑圧する政治が公然として行われたのである。

　そして、警察などの官権動員による野党弾圧を代表例とするような、選挙干渉もまた頻繁に行われていた。その顕著な例が、本書でも取り上げてきた1954年国会議員選挙と1956年大統領・副大統領選挙、1958年国会議員選挙および1960年大統領・副大統領選挙であった。皮肉ではあるが、自由党という政権与党が発足したことによって、選挙干渉がますます激しくなっていったのである。

　そうした選挙に対する李承晩政権の態度は、大きな問題点があった。本来、政治において「真の民意」が発現されるためには、自由で競争的な雰囲気が担保されることで、人々が自由闊達に候補者を選ぶことができることが前提条件となるはずだ。不正選挙が李承晩の意志によるものであったのか、彼がどれほど直接それに関わっていたのかは不明であるが、現実問題として「不正選挙」を防止できなかった／しなかったことについては、彼に大きな責任があるといえよう。

　また、人々が国家の干渉を免れ、自立した中間団体の結成や集会への参加などを通じて、意見を十分に述べることも民主政治においては必要となってくる。それにもかかわらず、李承晩政権は、選挙干渉を行うだけでなく、「国家の生存のため」という名分をもとに、すべての団体を国家の傘下に置く国家的コーポラティズム政策を通じて団体の結成をも制限した。それは、個人の自由よりも国家の自由を優先するという李承晩の政策思想であった。

　そうした李承晩政権時の政治に対する反省に基づき、その後の韓国では、選挙の公正性と中立性を確立しようと試みられてきた。そしてこうした課題を解決するために1960年以後の韓国では、従来は内務部所轄であった選挙管理を、新たに選挙管理委員会を設けてそこに委任することにより、官権の介入を排除しようと試みてきた[07]。

---

[07] 李承晩政権以後、韓国における選挙管理機関の特徴および政治的中立化の試みについては、大西裕編、

終　章　李承晩政権の遺産　223

あるいは、本書では十分に取り上げることができなかったが、朝鮮戦争前後に行われた虐殺行為についてもむろん、民主社会という観点からは大きな問題であり汚点となっている。李承晩にとって最も重要であった「国家の自由」は、1910年の日韓併合により祖国を失った李承晩自身の経験に恐らく由来するものであろう。しかし、共産主義者および共産主義勢力と協力したとして虐殺された人々の大半は、単に近くにいただけで罪を着せられた無辜の人々だったのである。

さらには、李承晩政権に反対する人々に対しての弾圧が頻繁に行われたことも問題であった。民主政治の根本原則は、敗者に対する寛容性と敗者が勝者に這い上がるための政治的機会の保障である。もしそれが保障されず、勝者と敗者が恒常的に存在し、かつ敗者に対する寛容と政治的発言の機会が保障されない場合、民主政治は機能しないことになる。アルフレッド・ステパンの言葉を借りるならば「民主主義が町の唯一のゲームとなること」[08] が民主政治の持続にとって重要だといえる。

李承晩は、国を混乱に陥れた（と「みなした人々」も含む）人々や団体に、あまりにもヒステリックに反応し過ぎていた。先述したように、李承晩は自らに反対する人々に対しては徹底的に弾圧し排除する姿勢を取っていた。そして、進歩党事件や李承晩政権後期に副大統領であった張勉に対する態度などからもわかるように、手段をいとわずに自らの政敵を排除することを試みていた[09]。そうした姿勢は、李承晩政権末期に民主党の反発をもたらし、政権の混乱へと続いた。

第1章と第2章、第9章でも述べたように、李承晩が重視していた「民意」とは、韓国の徹底した反共主義に同意していた韓国国民に限られるものであって、共産主義者および共産主義勢力に協力していた人々（無実の罪を着せられた人々を含む）は、民意の対象外であった。彼らへの虐殺に対して李承晩は、「国を守るために必要不可欠な処置」だと認識して、何の罪の意識を持とうとしなかった。1960

『選挙管理の政治学：日本の選挙管理と「韓国モデル」の比較研究』、有斐閣、2013年、を参照。

[08] フアン・リンス、アルフレッド・ステパン著、荒井祐介、五十嵐誠一、上田太郎訳、『民主化の理論：民主主義への移行と定着の課題』、一藝社、2005年、24頁。

[09] 李承晩の自らの政敵に対する非寛容さ、残酷さについては、李承晩政権後期に副大統領を務めた張勉の回顧録でも表れている。張勉は回顧録において「（李承晩は）政敵を容赦せず時には高度の術策と残忍性を絶え間なく表していた」と述べている。張勉、前掲書、1999年、34頁。また、李承晩政権のもとで1952年5月から約半年間、国務総理を務めた張沢相も李承晩について「李博士は自分と考えを異にする人はすぐ異端扱いをしていた。考え方が違うことを理解しようとする努力はそもそもしない人であった。そして異端だと決めた人に対しての扱いは無慈悲なものであった」と述べている。張沢相、『大韓民国建国と私：滄浪張沢相自叙伝』、滄浪張沢相記念事業会、1992年、132頁（原語韓国語）。

年の反政府デモが成功したのも、この運動が共産主義とは全く関係なく、その原因が李承晩政権による不正選挙だと李承晩がその真相を知ったが故である。こういったことからも、李承晩が重視した民意というものは限定された韓国国民の意思であって、北朝鮮も含めた朝鮮民族の意思ではなかったことは特筆すべきことである。ここを取り違えた通常の民衆史観では、李承晩の民意認識が把握できないのはその所以である。

　他方で、当時の野党においてもいくつかの問題点が存在していた。既に多くの先行研究でも指摘されているように、当時の最大野党であった民主党は旧民主国民党出身の旧派と1955年に新たに合流した新派に分かれ、党内内部で権力争いを繰り広げていた。政党政治がうまく行われるためには、明白な政治綱領を国民に示して国民から支持を得ると同時に、ある争点をめぐって完全に対立するのではなく、政党内部および政党外部の話し合いの原則が必要である。本書でもたびたび取り上げてきたように、かねてから李承晩は「現在の韓国の政党はまだ十分に発達しておらず、私利私欲の団体に過ぎない」と主張していた。むろん彼の主張は、相手の政党を批判しつつ自身の政党を擁護するダブルスタンダード的な側面があって、そのまま鵜呑みにするわけにはいかない。しかし、そうした点を踏まえた上でも、李承晩自身が指摘した1950年代当時の韓国政党の問題点は、的を射たものであったことも事実である。確かに民主党は1955年の結成により、保守野党としてのオルタナティブを提示することができた。他方で、李承晩政権期の民主党は、そうした政策を国民に提示して国民から幅広い支持を得ようとするよりも、主導権確保をめぐって旧派と新派とに分かれ、党内での派閥争いを繰り広げていた。民主党のこのような姿勢は、自らが掲げた政党政治の姿とはほど遠いものであったことは事実だろう。そして新派と旧派による両派間の対立は、1960年4月の李承晩政権崩壊後も続き、1961年5月の民主党政権の崩壊の原因ともなった。

　また、当時の野党政治家の問題点の1つは、愚民観という態度にあった。例えば、第2章で取り上げた趙炳玉の民主主義思想や、第4章で取り上げた大統領直接選挙をめぐる1952年当時民主国民党を中心とする国会の主張、そして第6章で取り上げた国民投票制をめぐる野党議員の主張を見てもわかるように、李承晩政権期に李承晩が導入しようとした大統領直接選挙と国民投票制に対しては、国民の「無知蒙昧」を理由として、野党政治家は頑なに反対した。すなわち、「大統領直接選挙と国民投票制を導入するほど現在の国民の知識水準は十分ではない。それらを導入すると衆愚政治に陥る可能性がある」と主張していたのである。

終　章　李承晩政権の遺産　225

ファン・ビョンジュも指摘しているように当時の野党知識人の民主主義観は「民主主義とは国民からの票の獲得をめぐる代表者同士の自由な競争[10]」というシュムペーター的なエリート民主主義に近いものであった[11]。彼らにとっての民主政治とは、議会を中心とした政治であって、国民の直接的な政治参加による機会の拡大には懐疑的であった。しかし彼らの主張は、①大統領直接選挙と国民投票制度を実施するほど国民の教養が十分になったと判断する基準は何か、②国民の無知を理由とする反対は民主主義の核心概念である平等の原則に反しないのか、という点に関して説明が不十分であり、問題点を内在していた。野党政治家の民主主義観も、学識や職業に関係なく、すべての人々が平等に参加するという今日の民主主義とはほど遠いものであった。

さらに、多くの先行研究が既に指摘しているように、当時の野党（民主党）政治家は、政権を取った後の国家の明確なビジョンを持っていなかった。第7章でも述べたように確かに当時の保守野党は、政府に対抗するオルタナティブとして立憲主義、自由主義、議会政治の促進を掲げていた。しかし、民主党が政権を取ったあと、実際の政策として行われたのは、議院内閣制の導入と李承晩政権時に行われた言論制限の解除という制度的な側面のみであった。議会政治が高いレベルで行われるためには、政党の十分な発達のみでなく、また多数派による数の論理ではなく意見を異にする与野党が十分に話し合って妥結する環境の醸成が必要であろう。しかし、当時の民主党には、国会内はおろか政党内ですら意見の一致、挙党体制が打ち立てられずに意見対立や党内抗争が続いていた。安定した民主政治の構築に向けて両者が協力していくのではなく、権力獲得に向けて互いに対立を繰り広げるばかりであったのである。こうして、最終的には民主党旧派が新民党という政党を1960年12月に立ち上げ、民主党は分裂するに至る。さらに、新民党結党後も旧民主党旧派は、民主党新派を軸とする張勉の民主党政権に対して執拗な批判を加えることで、民主党政権期間中においても対立が続いていたのである[12]。

---

[10] ヨーゼフ・シュムペーター著、中山伊知郎、東畑精一訳、『新装版 資本主義・社会主義・民主主義』、東洋経済新報社、430頁、1995年。シュムペーターは、従来の古典的民主主義は選挙民による政治的決定を第一義的とし、代表の選出は第二義的としていた。シュムペーターは、自らが唱えた新しい民主主義理論は、この2つの要素の役割を逆にして決定を行うべき代表の選挙を第一義的なものとし、選挙民による問題の決定を第二義的なものとしている。

[11] ファン・ビョンジュ、前掲書、2008年、251頁。

[12] 民主党政権期の民主党内の派閥競争および民主党と新民党との対立については、ハン・スンジュ、『第2共和国と韓国の民主主義』、鐘路書籍、1983年（原語韓国語）を参照。

民主党政権内部での権力争いの激化に伴い、1961年国民は、民主党政権に対してますます不信感を募らせていった。そして、1961年5月に朴正熙による軍事クーデターが起こると、1960年の4月と違い人々は静観の姿勢を取ることになる。さらに2年後の1963年に大統領選挙が行われると、当時の人々は、僅差ではあるが、1960年選挙で合法的に選ばれた正統性があるはずの尹潽善ではなく、クーデターという非合法的な方法で政権を握った朴正熙を支持したのである。そして4年後の1967年には、10％以上の票差で朴正熙が再び尹潽善を破って大統領に再選される。朴正熙が勝利した要因は様々であるが、そのうちの1つとして挙げられるのは、1960年から1年間政権を担った民主党に対する国民の不信感であった。

　以上が、李承晩と保守野党政治家の民主主義観と政策に内在する問題点であった。

　こうした問題点は、李承晩と野党政治家がうまく話し合って、互いの問題点を補い合えば解決できる問題であったかもしれない。すなわち、李承晩が主張した平等と団結の強調、国民投票制などといった直接民主主義の導入によって生じる少数派の自由の制限の問題は、野党政治家が主張した議会政治の拡充と政党の発達、言論と結社の自由の保障によって改善が目指されるべきものであった。そして、野党政治家の主張の問題点である愚民観、および国民意思と国会意思とのズレ、さらに議会政治の機能不全（カール・シュミットがいったように、国会がもはや民意を代弁せず、偏狭な利権争いに終始）の可能性は、国民の直接政治参加制度の拡大に伴う国会への監視を通じて是正できたのかもしれない。しかし、不幸なことに、李承晩と保守野党政治家はそれぞれ自らの主張のみを貫徹させ、相手の意見に聞く耳を持たなかった。そして、李承晩と保守野党政治家の両方とも1960年4月と1961年5月にそれぞれ破滅を迎えることになる。

　李承晩政権期は、憲法制定や憲法改正などを通じて国民の政治参加が広がった時期である一方で、前の時代と同様、人々の自由が大きく制限された時期ともなった。いわば、李承晩政権期は「非自由主義的民主化」が進んだ時期であったといえる。国民の自由をいかに保障し、公平な選挙が行われるために、いかに権力を監視し、少数派の意見をいかに保護するかという自由化の問題が、その後の1987年までの韓国の政治的課題として継続していくことになる。そして李承晩政権後（特に1972年以後）の韓国人は、李承晩政権の成果の復活（大統領、全議席改選の国会議員直接選挙の復活）と課題の解決（言論、結社の自由の保障）を目指して、政府に要求し続けることになる。

終　章　李承晩政権の遺産　227

小 括

　本章では、序章で述べた研究目的③を解明するために、①李承晩政権期の成果、②李承晩政権期の課題について述べた。

　李承晩の考えによれば、民主主義とは多数派の政治と国民の直接意思をより重視する政治であった。それは、本書で取り上げてきたように李承晩と政権関係者の発言からも見て取れる。しかし、李承晩の民主主義思想は、国民の直接の声を優先し、代議制民主主義を無視したこと、当時の危機的な国内外状況を利用して法の支配を無視したこと、また、敵と友の区別をあまりにも明確にする二分法的認識を持っていたという問題点を指摘できる。このような認識に基づき、共産主義者および共産主義者と協力したとみなした人物（その大半は無実の罪を着せられた人々であった）の虐殺行為が、朝鮮戦争を前後して行われた。

　また、野党政治家も愚民観と国会至上主義という考えを持っていた。そして民主主義を代議制民主主義としてのみ捉え、直接民主主義という考えが皆無であるという問題点をも持っていた。いわば、李承晩の民主主義思想は平等に重きを置いており、保守野党政治家の民主主義思想は自由に重点を置いていたものだといえる。李承晩の民主主義思想も、野党保守政治家の民主主義思想も、今日の韓国の民主主義思想とは異なるものであった。

　そして、李承晩政権の諸政策により、国民の政治参加の機会は大きく広がったが、国民の自由は大きく制限されたままであった。ロバート・ダールのいうように、民主化を自由化と包括化の両方の達成だと捉えると[13]、李承晩政権は「包括化」こそ達成したものの、「自由化」は十分に達成できなかったのである。

　そして、李承晩政権は、立憲主義と諸個人および少数派の自由を、いかに制度として盛り込んでいくかを後の韓国に課題として残した。この課題は、1988年以後の韓国で残り続けることになる。

---

[13] ロバート・ダール著、高畠通敏、前田修訳、前掲書、2014年、16頁。

結　論

　本書では、①李承晩および李承晩政権期の保守野党政治家の民主主義思想の特徴とその違いは何か、②両者の相違のもと、李承晩政権期に実際の政治はどう展開されたのか、③今日の観点から見て、李承晩と保守野党政治家の民主主義思想と彼らが目指そうとした政治の問題点は何か、この3点を明らかにすることを目的として、記述を進めてきた。

　①の目的については、第1部で詳述した。そして、政治制度に対する認識（大統領制か議院内閣制か）、民意に対する認識（一枚岩で単一不可分な民意か、それとも多様な民意か）、政党観、以上3点に関して李承晩と保守野党政治家は異なることを明らかにした。そして李承晩は前者を、保守野党政治家は後者の考えを持っていたことを明らかにした。

　②については、第2部から第4部にかけて詳述した。そして、実際の李承晩政権期の政治は、前期の当該政権と国会との拮抗から、中期の当該政権の優位と安定した支持基盤の確保へ、そして後期の当該政権の揺れと野党からの反撃、以上3つの流れへと変化したということを明らかにした。そして、民主政治をめぐる李承晩と保守野党政治家の対立は、李承晩の勝利に終わったことをも明らかにした。

　③の研究目的に関しては、終章で詳述した。ここでは、李承晩政権期には、少数派の自由の制約があったこと、安保危機や国民の直接意思を用いて代議制民主主義の原則や立憲主義を無視したこと、以上2点の問題点があったことを明らかにした。そして、李承晩の民主主義思想は、少数派に対する非寛容さという点で問題があり、野党政治家には愚民観という点で問題があったと結論付けた。

　最後に本書の課題について述べ、全体を締めくくることにしたい。

　本書では、李承晩政権期の政治の展開について、主に国会議事録と新聞記事を用いつつ、李承晩と野党議員の主張に注目してきた。そして彼らの発言の分析を通じて彼らが目指そうとしていた政治および民主主義に関する両者の見解の相違を明らかにしようと試みた。

　しかし、本書では、公式的な場所での李承晩と野党政治家の発言に重きを置き、李承晩政権期の社会変化については十分な分析を行うことができなかった。特に

1950年代半ばは、韓国で大きな社会変化が起こった時期であり、同時期の選挙における野党の躍進を支えたのもそうした社会変化があってこそであった。それにもかかわらず、資料上の制約と筆者の力量不足により、この課題に十分に取り組むことができなかった。李承晩政権期の社会変化などを含めた包括的な研究は、今後の研究に譲ることにしたい。

あとがき

　本書は、2023 年度に京都大学大学院人間・環境学研究科に提出した博士論文「李承晩政権期 (1948-1960) 韓国における民主政治の形成と展開」をもとに、大幅に改稿・修正を加えたものである。

　各章に対応する初出論文は以下の通りである。

【序　章】
　　　　　書き下ろし。
【第 1 章　李承晩の民主主義思想】
　　「李承晩の政治体制・民意・政党認識とその限界：自由民主主義の観点から」
　　　　　『社会システム研究』24、2021 年、161 頁 -181 頁。
【第 2 章　保守野党政治家の民主主義思想：趙炳玉の分析を中心に】
　　「1950 年代における趙炳玉の民主主義思想の特徴：李承晩との比較を通じて」
　　　　　『比較文明』38、2022 年、166 頁 -191 頁。
【第 3 章　1950 年 3 月と 1952 年 1 月の韓国国会の憲法改正論議】
　　　　　書き下ろし。
【第 4 章　1952 年 1 月から 5 月までの李承晩政権と国会との対立】
　　「1950 年代韓国における民主主義言説の相克：1952 年李承晩政権と国会との論
　　　　争を中心に」『自然と実学』8、2023 年、70 頁 -94 頁。
【第 5 章　釜山政治波動の勃発】
　　「1952 年韓国釜山政治波動の政治思想史的影響」
　　　　　『社会システム研究』25、2022 年、39 頁 -59 頁。
【第 6 章　1954 年 11 月の憲法改正論議】
　　「韓国憲政史における立憲主義と現実政治の葛藤の起源：1954 年国会の憲法改
　　　　正議論を中心に」『人間・環境学紀要』31、2022 年、91 頁 -106 頁。
【第 7 章　野党勢力間の統合の試みと失敗】
　　「1955 年韓国における野党勢力間の統合の試みと失敗」
　　　　　『社会システム研究』26 、2023 年、147 頁 -168 頁。

【第8章　李承晩政権の強硬化・硬直化と民主党内部の派閥対立】

　　　書き下ろし。

【第9章　李承晩政権の終焉】

　　　書き下ろし。

【終　章　李承晩政権の遺産】

　　　書き下ろし。

　博士論文執筆までの調査は、韓国国際交流財団大学院生奨学支援（2019年、2020年）、独立行政法人日本学術振興会特別研究員（DC2）研究奨励費（課題番号：21J13253）（2021〜2022年度）の助成を受け、実現した。

　そして、本書の出版には、令和6年度京都大学・人と社会の未来研究院の若手出版助成を受けることによって実現した。

　筆者が李承晩政権期について研究しようと思ったのは、修士課程1年生の後期（2017年9月）になってからである。もともと筆者は、大学院で朴正煕政権期（1961-1979）を研究しようとしていた。学部4年生のときから李承晩に関する文献も読んでいたが、あくまで朴正煕政権期以前の時代を理解するためであった。しかし、文献を読み進むにつれ、韓国現代史における李承晩政権期の重要性について徐々に気づくようになった。良くも悪くも今日の韓国の礎が築かれ、その遺産が今日まで韓国に影響し続けていることがわかった。そして、大学院では、李承晩政権期について研究することを決めた。

　以上が李承晩政権期の研究をしようとした背景であるが、研究当初から様々な困難に直面した。一番大変だったことは、李承晩政権期、加えて李承晩個人に対する評価の難しさである。李承晩政権が崩壊して2024年で64年になるが、韓国では進歩系か保守系かによってその評価が極端に分かれている。例えば、進歩系においては、李承晩政権初期（1948-1953）に行われたジェノサイド行為や中後期に行われた政敵弾圧、不正選挙を問題視して同政権を低く評価している。他方で、保守系においては、李承晩政権期における様々な民主制度の構築や義務教育導入に伴う教育機関の増加、当時李承晩の外交政策などを挙げて同政権を高く評価している。否定的に評価する側は、否定的な側面のみを挙げ、肯定的に評価する側は、肯定的な側面のみを挙げて、なかなか噛み合わせることができず、客観的な評価が難しいことが今日の韓国における李承晩政権期および李承晩個人への研究

の現状である。筆者は、そうした諸困難に直面しつつも、1次資料の徹底的な読み込みを通じて、李承晩個人および李承晩政権期を可能な限り客観的に分析しようと試みた。通常、韓国で行われている「独裁か民主主義か」という二分法から離れ、同政権期の実態を明らかにしようという問題意識の結果、出来上がったのが本書である。

　思い返してみれば、筆者の博士論文を指導してくださった小倉紀蔵先生は、筆者が李承晩政権期について研究したいと申し出たときに、「現在のアカデミック状況において、李承晩を再評価する研究をした場合、たくさんの試練が待ち受けるだろう。本当にいいのか」と心配されていた。そのとき筆者は、なにも知らずに「大丈夫です。やります」と言った。案の定、大変なことがこれまでたくさんあったし、今後も予想されるが、うまく乗り越えていきたい。

　筆者にとって幸いだったのは、小倉紀蔵先生という理解者のもと、日本という場所で研究ができたことである。かつて韓国で暮らした経験から、日本では一歩引いて第三者の立場で研究を行うことができた。

　筆者は家庭の事情で1994年夏にソウルで生まれ、中学1年の夏休みまで韓国で育った帰国子女（父が日本人で、母が韓国人の日韓ハーフ。国籍は生まれた時から日本国籍を保持）である。したがって筆者は、2000年代半ばまで韓国に暮らしたわけであるが、筆者の経験上、当時韓国における李承晩の評価は著しく低かったと記憶している。1990年代から2000年代にかけては、これまでタブーとされていた4・3事件や麗水・順天事件の再調査が行われ、両事件における李承晩政権のジェノサイド行為の真相が明らかになった。また、李承晩政権期における不正選挙と政敵弾圧も韓国の学校教育などで教えられた。そうした背景から、筆者の李承晩に対する否定的な認識は大学生のときまで続き、「李承晩はとんでもない虐殺者で独裁者」「彼は、韓国現代史に悲劇をもたらした人物」だと考え続けていた。

　こうした筆者の李承晩に対する否定的な認識の基本軸は、現在も変わっていない。序章と終章でも述べたように、ジェノサイド行為は絶対許されるべきものではないし、その際たくさんの人々が無実の罪で殺された。彼の行為による深い傷は今日の韓国においても残り続けている。

　そのような基本軸は残りつつも、1次資料を読み進めていくうちに少し疑問も生じ始めていった。例えば、終章などでも述べたように、民主主義諸制度を維持し続けていたこと、教育に力を入れて民主主義の内容を学校で教えたこと、朝鮮戦争時までのジェノサイド行為と1960年の反政府デモで見せた対応の違いである。

これらの行為は、通常同じ独裁者だといわれている他の政治指導者には見られないものであった。そのような一見不可解な事実に戸惑いながらも、これまで筆者が持っていた李承晩に対するステレオタイプをなるべく排除し、1次資料の読み込みを通じて李承晩の思想と事実関係の解明を試みた。

「あとがき」が少し長くなるが、最後にこれまで世話になった方々への感謝の言葉を述べて締めくくることにしたい。本書は多くの方々のご助力により完成させることができた。

まず、最も感謝を申し上げたいのが大学院での指導教員である京都大学の小倉紀蔵先生である。小倉先生には、研究テーマの選定を含め、論文の書き方や韓国全般に関する適切なご指導をいただいた。また、筆者が何度も研究者への道に対して自信をなくし、何度も諦めかけようとしていたときに、いつも励ましの言葉を贈ってくださった。筆者が途中で研究者の道を諦めずに何とか博士論文を提出し、学術出版ができたのは、小倉先生のご指導の賜物である。この場を借りて心からお礼申し上げたい。

京都大学の柴山桂太先生には、演習などを通じて西洋の政治思想に関して詳細なアドバイスをいただいた。同じく京都大学の齋藤嘉臣先生には、授業などで政治学の知識などを教授してくださった。また、京都大学人間・環境学研究科の先生方にもお礼を申し上げたい。

京都大学の見平典先生と太田出先生、小野寺史郎先生には博士論文公聴会の際に、筆者の未熟な博士論文に対して様々なアドバイスを送ってくださった。特に小野寺先生は、ご多忙の中、詳細なコメントを送っていただき、そのおかげで博士論文を改善することができた。

次の先生方にもお礼を申し上げたい。筆者の学部時代（立命館大学国際関係学部）の指導教員である足立研幾先生は、卒業後も気にかけてくださり、進路などについてアドバイスを送っていただいた。中戸祐夫先生は、学部時代に朝鮮半島関係の知識を教授してくださっただけでなく、筆者からの突然の連絡にもかかわらず、いつも親切に対応してくださり、かつ筆者の進路も気にかけてくださった。学部ゼミ時代の先輩である田中聡先生と母の知り合いである許智香先生からは、科研費申請書の書き方や筆者の将来の悩みについて、いつも相談に乗ってくださった。

韓国でお世話になった先生方にもお礼を申し上げたい。ソ・ヒギョン先生には、韓国での1次資料の調べ方について丁寧なアドバイスをいただいた。また、筆者

に欠けていた韓国憲政史の知識について詳細に教授してくださった。イム・サンホン先生とソ・ゲウォン先生からは、ご多忙の中、筆者が韓国に行くたびに快く受け入れ、研究に対して様々なアドバイスを送ってくださった。父の指導教員であるキム・ホンウ先生からは、研究の方法論や研究者としての心得について様々なアドバイスをいただいた。

　この他にも、研究室の先輩・後輩の方々、京都大学や立命館大学、神戸大学などの先輩・後輩の方々や友人にもお礼を申し上げたい。全員を記すことはできないが、一部を書き記す。

（敬称略、順不同で）高橋一友、テン・ヴェニアミン、イ・ユスク、召天澤、カク・ミンソク、ユン・スヨン、ムン・ドゥタク、銭正枝、李然、李静、金京燕、馬場智也、キム・ジウン、黄偉軒、西本彰吾、米沢竜也、栗原元気、足立順子、竹田響、時政和輝、湊本泰行、イム・ホンリョン。

　筆者が無事に博士論文を書き終え、こうして学術出版することができたのもこうした沢山の方々のおかげである。再度お礼を申し上げたい。

　最後に、出版を快く引き受けてくださっただけでなく、書籍化に向けて校正などサポートを行ってくださった明石書店の今枝宏光氏、つらいときいつも支えてくれた母の白云子、困難に直面したとき研究者の先輩として助言してくれた父の髙城幸一、弟の髙城泰人と妹の髙城瑞穂、いつも優しく向かえ入れてくれた日韓の親戚たちに感謝申し上げる。

2024年10月中旬、神戸の職場にて
髙城建人

参考文献

1次資料

【出版・回顧録・証言録・伝記】

公報室、『大統領李承晩博士談話集Ⅰ』、公報処、1953년。

金度演、『나의 인생백서』、강우、1968년。

金夕影編、『景武台의 秘密：이제야 모든 真相을 알게 되었다』、平進文化社、1960년。

金寿善、『누구를 為한 政治인가』、統一青年雄弁会、1958년。

金貞烈、『金貞烈回顧録』、乙酉文化社、1993년。

金俊淵、『나의길』、발행처불명、1966년。

閔寛植、『落第生：나의 野党生活 十年과 政界裏面』、重書閣、1962년。

朴容万、『제1공화국 경무대비화』、内外新書、1986년。

裴恩希、『나는 왜 싸웠나』、一韓図書株式会社、1955년。

鮮于宗源、「亡命의 季節」、新丘文化社、1965년。

慎道晟、『民主政治의 基礎理論』、大洋出版社、1952년。

申昌鉉、『海公 申翼熙：그 생애와 사상 및 일화』、海公申翼熙先生紀念会、1992년。

新太陽社 편저、『내가 걸어온 길 내가 걸어갈 길：나의 政治白書』、新太陽社、1957년。

安浩相、『일민주의의본바탕』、民主主義研究院、1950년。

梁又正、『李承晩大統領 独立路線의 勝利』、独立精神普及会、1948년。

梁又正、『李大統領建国政治理念』、聯合新聞社、1949년。

梁又正、『李承晩闘争史』、聯合新聞社、1949년。

厳詳燮、『権力과 自由』、耕久出版社、1957년。

올리버 로버트 저、서정락역、『李承晩：대한민국 건국대통령』、단석연구원、2008년。

올리버 로버트 저、박일영역、『이승만 없었다면 대한민국 없다：나라세우기 X 파일』、동서문화사、2008년。

維民洪璉基伝記刊行委員会著、『維民洪璉基伝記』、中央日報社、1993년。

柳珍山、『해뜨는 地平線：政界回顧録』、한얼문고、1972년。

兪鎮午、『民主政治에의 길』、一潮閣、1963년。

兪鎮午、『憲法起草回顧録』、一潮閣、1980년。

柳致松、『海公申翼熙一代記：民主韓国의 大道』、海公申翼熙先生紀念会、1984년。

尹致瑛、『尹致瑛의 20世紀』、삼성출판사、1991년。

李寛求、朱耀翰、『5·15選挙論説集』、京郷新聞社、1956年。

大韓民族青年団編、『民族과 青年：李範奭論説集』、白永会、1948年。

李承晩、『一民主義概述』、一民主義出版会、1949年。

李承晩著、유영익역、『젊은날의이승만：한성감옥생활（1899－1904）과옥중잡기연구』、연세대학교
　　　　출판부、2002년。

李承晩著、유영익역、『일본 그 가면의 실체』、청미디어、2007년。

李承晩著、김충남·김효선역、『풀어 쓴 독립정신』、청미디어、2008년。

李允栄、『白史李允栄回顧録』、史草、1984년。

李仁、『半世紀의証言』、明知大学出版部、1974년。

李在鶴著、李應善編、『東恩李在鶴回顧録』、梨花文化社、2004년。

張勉、『한알의 밀이 죽지 않고는：張勉博士回顧録』、가톨릭출판사、1999년。

張沢相、『大韓民国 建国과 나：滄浪 張沢相 自叙伝』、滄浪張沢相記念事業会、1992년。

鄭一亨、『오직 한 길로』、新進文化社、1970년。

정태영·오유석·권대복편、『죽산 조봉암 전집 1～6』、세명서관、1999년。

趙炳玉、『民主主義와 나』、永信文化社、1959년。

趙炳玉、『나의 回顧録』、民教社、1986년。

崔仁圭、『崔仁圭獄中自叙伝』、中央日報社、1985년。

許政、『내일을 위한 증언』、샘터사、1979년。

허도산 편저、『建国의 元勲朗山金俊淵』、자유지성사、1998년。

希望出版社編、『事実의 全部를 記述한다』、希望出版社、1966년。

【新聞・雑誌】

『朝鮮日報』、『東亜日報』、『서울新聞』（ソウル新聞)、『京郷新聞』、『連合新聞』、
『自由新聞』、『国道新聞』、『大韓日報』、『新韓民報』、『漢城日報』、『朝鮮教育』、
『民声』、『新天地』、『新教育』、『白民』、『大潮』、『革命』、『自由世界』、『思想界』

【政府・国会関係記録】

『週報』、『国会会議録』、『国務会議録』、『施政月報』、『官報』、『国会史』

公報処編、「改憲案과 制度에 대한 総合批判」、공보처、1952년。

国会編、「改憲案否決과護憲決議까지의真相」、국회、1952년。

申斗泳著、李義栄정리、『申斗泳備忘録（5）第1共和国国務会議（1960년1월5일－1960년4월15
　　　　일)』、1990년。

【アメリカ外交文書】

『FRUS』、『NARA』

【政党・選挙関係資料】

民議院事務処、『国会交渉団体의 變遷과 各主要政党社会団体의 消長、그政網政策党憲』、民議院
　　事務処、1957年。
民主党、『鬪争의 足跡』、民主党、1957.
自由党中央党部政策委員会、『政策参考資料 上・下』、自由党中央党部政策委員会、1959年。
自由党、『自由党의 業績과 施策』、自由党、1960年。
中央選挙管理員会編、『大韓民国選挙史第1輯』、中央選挙管理委員会、1973年。

2次資料

【日本語文献】

阿川尚之、『憲法で読むアメリカ史（全）』、筑摩書房、2013年。
有賀夏紀、『アメリカの20世紀〈上〉1890年～1945年』、中央公論新社、2002年。
―――、『アメリカの20世紀〈下〉1945年～2000年』、中央公論新社、2002年。
アレクシス・ド・トクヴィル著、井伊玄太郎訳『アメリカの民主政治〈上・下〉』、講談社、
　　1972年。
アレックス・ハミルトン、ジョン・ジェイ、ジェームズ・マディソン著、斎藤眞、中野勝郎訳、
　　『ザ・フェデラリスト』、岩波書店、1999年。
アンソニー・H・バーチ著、河合秀和訳、『代表：その理論と歴史』、福村出版、1972年。
安藤正勝、『物語フランス革命：バスチーユ陥落からナポレオン戴冠まで』、中央公論新社、
　　2008年。
イアン・シャピロ著、中道寿一訳、『民主主義理論の現在』、慶應義塾大学出版会、2010年。
石田徹、『自由民主主義体制分析：多元主義・コーポラティズム・デュアリズム』、法律文化社、
　　1991年。
出水薫、「李承晩政権の研究：体制論からの接近」、九州大学大学院博士学位論文、1999年。
猪木正道、『独裁の政治思想』、KADOKAWA、2019年。
岩崎育夫編、『アジアと民主主義：政治権力者の思想と行動』、アジア経済研究所、1997年。
岩崎美紀子、『選挙と国会の比較政治学』、岩波書店、2016年。

ウィリアム・H・ライカー著、森脇俊雅訳、『民主的決定の政治学：リベラリズムとポピュリズム』、芦書房、1991年。

ウォルター・バジョット著、小松春雄訳、『イギリス憲政論』、中央公論新社、2011年。

内野正幸、『民主制の欠点：仲良く論争しよう』、日本評論社、2005年。

宇野重規、『民主主義とは何か』、講談社、2020年。

エイドリアン・ブゾー著、李娜兀監訳、柳沢圭子訳、『世界史の中の現代朝鮮：大国の影響と朝鮮の伝統の狭間で』、明石書店、2007年。

エリカ・フランツ著、上谷直克、今井宏平、中井遼訳、『権威主義：独裁政治の歴史と変貌』、白水社、2021年。

エリック・E・シャットシュナイダー著、間登志夫訳、『政党政治論』、法律文化社、1962年。

小倉紀蔵、『朝鮮思想全史』、筑摩書房、2017年。

大西裕編、『選挙管理の政治学：日本の選挙管理と「韓国モデル」の比較研究』、有斐閣、2013年。

カーター・J・エッカート著、小谷まさ代訳、『日本帝国の申し子：高敞の金一族と韓国資本主義の植民地起源　1876-1945』、草思社、2004年。

カール・シュミット著、田中浩、原田武雄訳、『政治神学』、未来社、1971年。

―――著、田中浩、原田武雄訳、『大統領の独裁』、未来社、1974年。

―――著、田中浩、原田武雄訳、『独裁：近代主権論の起源からプロレタリア階級闘争まで』、未来社、1991年。

―――著、樋口陽一訳、『現代議会主義の精神史的状況 他1篇』、岩波書店、2015年。

―――著、仲正昌樹監訳、松島裕一訳、『国民票決と国民発案：ワイマール憲法の解釈および直接民主制論に関する一考察』、作品社、2018年。

蔭山宏、『カール・シュミット：ナチスと例外状況の政治学』、中央公論新社、2020年。

加藤秀次郎、水戸克典編、『議会政治 第4版』、慈学社出版、2024年。

姜在彦、『近代朝鮮の思想』、未来社、1984年。

川人貞史、『選挙制度と政党システム』、木鐸社、2004年。

韓洪九著、李泳采監訳、佐相洋子訳、『韓国・独裁のための時代：朴正煕「維新」が今よみがえる』、彩流社、2015年。

韓培浩著、木宮正史、磯崎典世訳、『韓国政治のダイナミズム』、法政大学出版局、2004年。

木宮正史、『韓国：民主化と経済発展のダイナミズム』、筑摩書房、2003年。

―――、『国際政治のなかの韓国現代史』、山川出版社、2012年。

―――、『ナショナリズムから見た韓国・北朝鮮近現代史』、講談社、2018年。

金惠京、『未完の革命：韓国民主主義の100年』、明石書店、2021年。

金浩鎮著、小針進、羅京洙訳、『韓国歴代大統領とリーダーシップ』、柘植書房新社、2007年。

金英敏著、石田徹訳、「李承晩と立憲君主制論」、『政治思想研究』、第10号、2010年。

金賢九、「韓国の統治イデオロギー『一民主義』の登場と変容過程：韓国の政治的保守主義の起源」、『アジア研究』、第65巻第2号、2019年。

木村幹、『韓国における「権威主義的」体制の成立：李承晩政権の崩壊まで』、ミネルヴァ書房、2003年。

―――、『民主化の韓国政治：朴正熙と野党政治家たち 1961～1979』、名古屋大学出版会、2008年。

―――、『韓国現代史：大統領たちの栄光と蹉跌』、中央公論新社、2008年。

クリストフ・ミュラー著、大野達司訳、『国民代表と議会制：命令委任と自由委任』、風行社、1994年。

グレゴリー・ヘンダーソン著、鈴木沙雄、大塚喬重訳、『朝鮮の政治社会』、サイマル出版会、1973年。

クロフォード・B・マクファーソン著、西尾敬義、藤本博訳、『民主主義理論』、青木書店、1978年。

孔義植、鄭俊坤、『韓国現代政治を読む』、芦書房、2008年。

孔星鎮、川勝平太編、『韓国の政治：南北統一をめざす新・先進国』、早稲田大学出版部、1997年。

権左武志、『現代民主主義思想と歴史』、講談社、2020年。

今野元、『吉野作造と上杉慎吉：日独戦争から大正デモクラシーへ』、名古屋大学出版会、2018年。

斎藤文男、『多数決は民主主義のルールか』、花伝社、2021年。

崔仁鐵、「韓国政府樹立後の反共活動と国民保導連盟」、一橋大学大学院博士学位論文、2020年。

佐藤幸治、『立憲主義について：成立過程と現代』、左右社、2015年。

佐藤雪絵、「米軍政期南朝鮮における人権概念の導入：ロジャー・N.ボールドウィンの活動に着目して」、『現代韓国朝鮮研究』、第19号、2019年。

サミュエル・ハンチントン著、内山秀夫訳、『変革期社会の政治秩序〈上・下〉』、サイマル出版会、1972年。

―――、坪郷実他訳、『第三の波：20世紀後半の民主化』、三嶺書房、1995年。

ジェームズ・バーダマン・M著、森本豊富訳、『アメリカ黒人史：奴隷制からBLMまで』、筑摩書房、2020年。

塩川伸明、『民族とネイション：ナショナリズムという難問』、岩波書店、2008年。

清水敏行、『韓国政治と市民社会：金大中・盧武鉉の10年』、北海道大学出版会、2011年。

下斗米伸夫、『アジア冷戦史』、中央公論新社、2004年。

ジャン・ジャック・ルソー著、桑原武夫・前川貞次郎訳、『社会契約論』、岩波書店、1954年。

ジョヴァンニ・サルトーリ著、岡沢憲芙、工藤裕子訳、『比較政治学：構造・動機・結果』、早稲田大学出版部、2000年。

ジョン・スチュアート・ミル著、塩尻公明、木村健康訳、『自由論』、岩波書店、1971年。

―――著、水田洋訳、『代議制統治論』、岩波書店、1997年。

ジョン・プラムナッツ著、藤原保信訳、『近代政治思想の再検討1（マキアヴェリ～ホッブズ）』、早稲田大学出版部、1975年。

ジョン・ロック著、鵜飼信成訳、『市民政府論』、岩波書店、1968 年。

新城道彦、『朝鮮王公族：帝国日本の準皇族』、中央公論新社、2015 年。

慎斗範、『韓国政治の五十年：その軌跡と今後の課題』、ブレーン出版、1999 年。

杉田敦、『境界線の政治学』、岩波書店、2015 年。

島田幸典、『議会制の歴史社会学：英独両国国制の比較史的考察』、ミネルヴァ書房、2011 年。

曽我部真裕、見平典編著、『古典で読む憲法』、有斐閣、2016 年。

曽根泰教、崔章集編著、『変動期の日韓政治比較』、慶應義塾大学出版会、2004 年。

空井護、『デモクラシーの整理法』、岩波書店、2020 年。

髙城建人、「安浩相の教育活動に関する研究：1945 年から 1950 年までの時期を中心に」、『人間・環境学』、第 29 巻、2020 年。

―――、「李承晩の政治体制・民意・政党認識とその限界：自由民主主義の観点から」、『社会システム研究』、第 24 巻、2021 年。

―――、「1948 年韓国国会の憲法制定における政府形態問題に関する研究：大統領制と議院内閣制採択に関する論争を中心に」、『人間・環境学』、第 30 巻、2021 年。

―――、「1952 年韓国釜山政治波動の政治思想史的影響」、『社会システム研究』、第 25 巻、2022 年。

―――、「大韓民国政府樹立以前の朝鮮半島における民主主義談論と実現の試み」、『自然と実学』、第 7 号、2022 年。

―――、「1950 年代における趙炳玉の民主主義思想の特徴：李承晩との比較を通じて」、『比較文明』、第 38 巻、2022 年。

―――、「韓国憲政史における立憲主義と現実政治の葛藤の起源：1954 年国会の憲法改正議論を中心に」、『人間・環境学』、第 31 巻、2022 年。

田中拓道、『リベラルとは何か：17 世紀の自由主義から現代日本まで』、中央公論新社、2020 年。

ダニエル・A・ベル著、施光恒、蓮見二郎訳、『「アジア的価値」とリベラル・デモクラシー：東洋と西洋の対話』、風行社、2006 年。

玉田芳史編著、『政治の司法化と民主化』、晃洋書房、2017 年。

田村哲樹、『熟議の理由：民主主義の政治理論』、勁草書房、2008 年。

崔章集著、中村福治訳、『現代韓国の政治変動：近代化と民主主義の歴史的条件』、木鐸社、1997 年。

池明観、『韓国民主化への道』、岩波書店、1995 年。

チャールズ・E・メリアム著、中谷義和訳、『アメリカ政治思想史Ⅰ』、御茶の水書房、1982 年。

―――著、中谷義和訳、『アメリカ政治思想史Ⅱ』、御茶の水書房、1983 年。

―――著、森眞砂子訳、『デモクラシーとは何か』、志學社、2017 年。

趙景達、『植民地朝鮮の知識人と民衆：植民地近代性論批判』、有志舎、2008 年。

―――、『朝鮮民衆運動の展開：士の論理と救済思想』、岩波書店、2018 年。

―――、『朝鮮の近代思想：日本との比較』、有志舎、2019 年。

―――、『近代朝鮮の政治文化と民衆運動：日本との比較』、有志舎、2020 年。

趙甲濟著、洪熒訳『トルーマンとスターリンの韓半島ゲーム秘史』、統一日報社、2014年。

堤林剣・堤林恵著、『「オピニオン」の政治思想史：国家を問い直す』、岩波書店、2021年。

デイヴィッド・W・コンデ、『解放朝鮮史：現代朝鮮史1 一九四五～五〇年』、太平出版社、1971年。

デヴィッド・ニコルス著、日下喜一、鈴木光重、尾藤孝一訳、『政治的多元主義の諸相』、御茶の水書房、1981年。

デヴィッド・ヘルド著、中谷義和訳『民主政の諸類型』、御茶の水書房、1998年。

鄭鍾賢著、渡辺直紀訳、『帝国大学の朝鮮人：大韓民国エリートの起源』、慶應義塾大学出版会、2021年。

仲正昌樹、『カール・シュミット入門講義』、作品社、2013年。

中村英勝、『イギリス議会史』、有斐閣、1959年。

成田龍一、『大正デモクラシー』、岩波書店、2007年。

朴倍暎、『儒教と近代国家：「人倫」の日本、「道徳」の韓国』、講談社、2006年。

朴忠錫著、飯田泰三監修、井上厚史、石田徹訳、『韓国政治思想史』、法政大学出版局、2016年。

早川誠、『代表制という思想』、風行社、2014年。

原武史、『直訴と王権：朝鮮・日本の「一君万民」思想史』、朝日新聞社、1996年。

バリントン・ムーア著、宮崎隆次、森山茂徳、高橋直樹訳、『独裁と民主政治の社会的起源Ⅱ：近代世界形成過程における領主と農民』、岩波書店、1987年。

ハロルド・ラスキ著、石上良平訳、『ヨーロッパ自由主義の発達』、みすず書房、1951年。

―――著、石上良平訳、『国家：理論と現実』、岩波書店、1952年。

―――著、飯坂良明訳、『近代国家における自由』、岩波書店、1974年。

ハワード・J・ウィーアルダ著、大木啓介訳、『入門比較政治学：民主化の世界的潮流を解読する』、東信堂、2000年。

ハンス・ケルゼン著、長尾龍一、植田俊太郎訳、『民主主義の本質と価値 他1篇』、岩波書店、2015年。

ハンナ・ピトキン著、早川誠訳『代表の概念』、名古屋大学出版会、2017年。

平田美和子、『アメリカ都市政治の展開：マシーンからリフォームへ』、勁草書房、2001年。

樋口陽一、『近代立憲主義と現代国家［新装版］』、勁草書房、2016年。

―――、『リベラル・デモクラシーの現在：「ネオリベラル」と「イリベラル」のはざまで』、岩波書店、2019年。

ファリード・ザカリア著、中谷和男訳、『民主主義の未来：リベラリズムか独裁か拝金主義か』、阪急コミュニケーションズ、2004年。

フアン・リンス、アルツ・バレンスゼラ編、中道寿一訳、『大統領制民主主義の失敗 理論編：その比較研究』、南窓社、2003年。

フアン・リンス、アルフレッド・ステパン著、荒井祐介、五十嵐誠一、上田太郎訳、『民主化の理論：民主主義への移行と定着の課題』、一藝社、2005年。

フィンリー・I・モーゼス著、柴田平三郎訳、『民主主義：古代と現代』、講談社、2007年。

福田歓一、『近代民主主義とその展望』、岩波書店、1977年。

藤原保信、『自由主義の再検討』、岩波書店、1993年。

ブルース・カミングス著、鄭敬謨、林哲、加地永都子訳、『朝鮮戦争の起源1：1945年―1947年 解放と南北分断体制の出現』、明石書店、2012年。

―――著、鄭敬謨、林哲、山岡由美訳、『朝鮮戦争の起源2上：1947年―1950年「革命的」内 戦とアメリカの覇権』、明石書店、2012年。

―――著、鄭敬謨、林哲、山岡由美訳、『朝鮮戦争の起源2下：1947年―1950年「革命的」内 戦とアメリカの覇権』、明石書店、2012年。

―――著、横田安司、小林知子訳、『現代朝鮮の歴史：世界のなかの朝鮮』、明石書店、2003年。

古田博司・小倉紀蔵編、『韓国学のすべて』、新書館、2002年。

古田元夫、『東南アジア史10講』、岩波書店、2021年。

本名純、『民主化のパラドックス：インドネシアにみるアジア政治の深層』、岩波書店、2013年。

マイケル・フリーデン著、山岡龍一監訳、寺尾範野、森達也訳『リベラリズムとは何か』、筑摩 書房、2021年。

マイケル・レス・ベネディクト著、常本照樹訳、『アメリカ憲法史』、北海道大学図書刊行会、 1994年。

待鳥聡史、『政党システムと政党組織』、東京大学出版会、2015年。

―――、『代議制民主主義：「民意」と「政治家」を問い直す』、中央公論新社、2015年。

―――、『民主主義にとって政党とは何か：対立軸なき時代を考える』、ミネルヴァ書房、2018 年。

松尾尊兊、『大正デモクラシー期の政治と社会』、みすず書房、2014年。

水島治郎、『ポピュリズムとは何か：民主主義の敵か、改革の希望か』、中央公論新社、2016年。

三谷太一郎、『大正デモクラシー論：吉野作造の時代 第三版』、東京大学出版会、2013年。

関智尭、『韓国政府の在日コリアン政策［1945－1960］包摂と排除のはざまで』、クレイン、 2019年。

閔寛植、『韓国政治史：李承晩政権の実態』、世界思想社、1967年。

村田邦夫、『史的システムとしての民主主義：その形成、発展と変容に関する見取図』、晃洋書 房、1999年。

文京洙、『韓国現代史』、岩波書店、2005年。

毛利透、『民主政の規範理論：憲法パトリオティズムは可能か』、勁草書房、2002年。

森山茂徳、『韓国現代政治』、東京大学出版会、1998年。

柳瀬昇、『熟慮と討議の民主主義理論：直接民主制は代議制を乗り越えられるか』、ミネルヴァ 書房、2015年。

山口定、『政治体制』、東京大学出版会、1989年。

―――、『市民社会論：歴史的遺産と新展開』、有斐閣、2004年。

山口二郎、『内閣制度』、東京大学出版会、2007年。

山﨑耕一、『フランス革命：「共和国」の誕生』、刀水書房、2018年。

山本圭、『現代民主主義：指導者論から熟議、ポピュリズムまで』、中央公論新社、2021年。

ヨーゼフ・シュムペーター著、中山伊知郎、東畑精一訳、『新装版 資本主義・社会主義・民主主義』、東洋経済新報社、1995年。

吉田徹、『ポピュリズムを考える：民主主義への再入門』、NHK出版、2011年。

――――、『アフターリベラル：怒りと憎悪の政治』、講談社、2020年。

劉仙姫、『朴正熙の対日・対米外交：冷戦変容期韓国の政策、1968〜1973年』、ミネルヴァ書房、2012年。

李正吉、『韓国政治の転換点：「分断」と民主主義の政治力学』、国際書院、2020年。

――――、「朝鮮末期の民主主義の始動に関する諸考察：「民主主義の土壌づくり過程」の理論化に向けて」、『北東アジア研究』別冊第5号、2019年。

――――、「朝鮮末期における民主主義的土壌の培養：「民主主義の土壌づくり過程」の三つの局面」、『北東アジア研究』別冊第6号、2021年。

ルイス・ハーツ著、有賀貞訳、『アメリカ自由主義の伝統』、講談社、1994年。

ルシアン・W・パイ著、園田茂人訳、『エイジアン・パワー〈上・下〉』、大修館書店、1995年。

レオナルド・T・ホブハウス著、吉崎祥司監訳、社会的自由主義研究会訳、『自由主義：福祉国家への思想的転換』、大月書店、2010年。

ロバート・A・ダール著、中村孝文訳、『デモクラシーとは何か』、岩波書店、2001年。

――――著、ジャンカルロ・ボセッティ編、伊藤武訳、『ダール、デモクラシーを語る』、岩波書店、2006年。

――――著、高畠通敏訳、『現代政治分析』、岩波書店、2012年。

――――著、高畠通敏、前田脩訳、『ポリアーキー』、岩波書店、2014年。

和田春樹、『北朝鮮現代史』、岩波書店、2012年。

渡辺浩、朴忠錫編著、『韓国・日本・「西洋」：その交錯と思想変容』、慶応義塾大学出版会、2005年。

【韓国語文献】

강정인편、『한국 정치의 이념과 사상』、후마니타스、2009년。

――――편、『인물로 읽는 현대한국정치사상의 흐름』、아카넷、2019년。

강혜경、「조병옥, 반공전선에 앞장선 '구국경찰'」、『내일을 여는 역사』、제25호、2006년。

高珽烋、『이승만과 한국독립운동』、연세대학교출판부、2004년。

――――、「開化期 李承晩의 思想形成과 活動(1875－1904)」、『역사학회』제109호、1986년。

권자경、「헌정위기와 대응에 대한 역사적 고찰：이승만 개헌과 정치파동을 중심으로」、『Crisisonomy』제9권제2호、2013년。

권희영편、『대한민국의 건국 — 시선의 교차』、한국학중앙연구원출판부、2015년。

김경호、「부산정치파동의 본질과 정치사적 의미」、『21세기 정치학회보』、제11권제1호、2001년。

김권정, 「일제하 조병옥의 민족운동과 기독교사회사상」, 『한국민족운동사연구』, 제64권, 2010년.

김대영, 『공론화와 정치평론 : 닫힌 사회에서 광장으로』, 책세상, 2005년.

김득중, 「麗順事件과 李承晩 反共体制의 구축」, 성균관대학교 대학원 박사학위논문, 2004년.

김무용, 「인물평전 조병옥의 친미반공노선과 극우테러」, 『역사비평』, 제7호, 1989년.

김수자, 『이승만의 집권초기 권력기반 연구』, 경인문화사, 2005년.

———, 「해방이후 우익 민족 담론의 공고화 과정 (1945~1953) =일간지를 중심으로」, 『역사학보』, 제198권, 2008년.

김영미, 「대한민국 수립 이후 신익희의 활동과 노선」, 『한국학논총』, 제40권, 2013년.

김영철, 「제1공화국하의 국가와 노동관계」, 『제1공화국하의 국가와 노동관계=수혜적 포섭에서 약탈적 후원으로』, 『한국정치학회보』, 제29집제3호, 1996년.

김영호, 『대한민국의 건국혁명 2 - 건국과 전쟁, 통일』, 성신여자대학교출판부, 2015년.

김은경, 「제1, 2共和国時期 民主党의 新舊派에 관한 研究」, 숙명여자대학교 대학원 석사학위논문, 1997년.

김일수, 「徐相日의 政治·経済理念과 活動」, 성균관대학교 대학원 박사학위논문, 2001년.

김일영, 「李承晩 統治期 政治体制의 性格에 關한 研究」, 성균관대학교 대학원 박사학위논문, 1991년.

———, 「부산정치파동의 정치사적 의미」, 『한국과 국제정치』, 제9권제1호, 1993년.

김지형, 「1955년 민주당 창당기 자유민주주의론의 배제 정치」, 『한국 근현대사 연구』, 제74권, 2015년.

김지혜, 「「독립정신 (獨立精神, 1904)」에 나타난 이승만의 대한독립방안 연구」, 이화여자대학교 대학원 석사학위논문, 2005년.

金鎮欽, 「이기붕 체제 자유당의 정당정치 모색과 좌절 (1954 - 1960)」, 성균관대학교 대학원 박사학위논문, 2020년.

김학은, 『이승만의 정치 경제사상 1899 - 1948』, 연세대학교 대학출판문화원, 2014년.

김학재, 「이승만의 일민주의」, 고려대학교 대학원 석사학위논문, 2012년.

김한교, 「이승만 대통령의 역사적 재평가 : 이승만 대통령의 정치사상」, 『한국논단』, 제183권, 2005년.

김혜수, 「정부수립 직후 이승만정권의 통치이념 정립과정」, 梨大史苑, 제28권, 1995년.

김호진, 『한국정치체제론』, 박영사, 1997년.

남광규편, 『한국 근대 공화주의자 6인의 리더십』, 한국학중앙연구원출판부, 2019년.

노경채, 「조봉암·진보당·사회민주주의」, 『한국민족운동사연구』, 제64권, 2010년.

다이아몬드 래리 편, 김지운 역, 『民主主義 선진화의 길 : 자유사회의 世界普遍 위해』, 광림북하우스, 2009년.

羅鐘一, 「1952년의 정치파동」, 『한국정치학회보』, 제22권제2호, 1988년.

문경호, 「미국의 한국 정치세력에 대한 개입정책 (1945 - 1965) : 파켄함의 ‘미국의 자유주의 전통’ 논의를 중심으로」, 부산대학교 대학원 석사학위논문, 2008년.

文翰東, 「曹奉岩研究 — 政治活動과 路線을 중심으로」, 경남대학교 대학원 석사학위논문, 1992년.

민소연, 「일민주의의 가족국가화 전략 : 양우정과 안호상을 중심으로」, 성균관대학교 대학원 석사학위논문, 2018년.

朴己出, 『韓国政治史』, 民族統一問題研究院, 1976년.

박명림, 『한국전쟁의 발발과 기원 I - II』, 나남출판, 1996년.

———, 「한국의 초기 헌정체제와 민주주의 = '혼합정부'와 '사회적 시장경제'를 중심으로」, 『한국 정치학회보』, 제37집, 2003년.

朴承載, 「民国党의 反李承晩鬪爭研究」, 『社会科学論叢』, 第6호, 1987년.

박진영, 「曺奉岩의 社会民主主義論」, 「大邱史学』, 제123권, 2016년.

박찬표, 「제헌국회와 한국의 의회민주주의」, 『立法調査研究』, 제248호, 1997년.

———, 『한국의 국가형성과 민주주의 : 냉전 자유주의와 보수적 민주주의의 기원』, 후마니타스, 2007년.

———, 「제헌국회와 한국의 의회민주주의」, 『立法調査研究』, 제248호, 1997년.

———, 『한국의 48년체제』, 후마니타스, 2010년.

박태균, 『조봉암연구』, 창작과비평사, 1995년.

———, 「冷戰体制와 韓国政治 : 1950年代自由党과 進步党」, 제24권1호, 2002년.

白栄哲, 『제1공화국과 한국민주주의——의회 정치를 중심으로』, 나남출판, 1995년.

白雲善, 「자유당 형성의 정치사적 의미」, 『韓国政治研究』, 第1권第1호, 1987년.

徐仲錫, 『조봉암과 1950년대 (상)』, 역사비평사, 1999년.

———, 『이승만의 정치이데올로기』, 역사비평사, 2005년.

———, 『이승만과 제1공화국 : 해방에서 4월혁명까지』, 역사비평사, 2005년.

———, 「이승만과 여순사건」, 『역사비평』, 2009년.

———, 「이승만과 3·15 부정선거」, 『역사비평』, 2011년.

———, 『서중석의 현대사 이야기 1 : 해방과 분단, 친일파, 현대사의 환희와 분노의 교착』, 5월의봄, 2015년.

서희경, 『대한민국 헌법의 탄생 : 한국 헌정사, 만민공동회에서 제헌까지』, 창비, 2012년.

———, 『한국헌정사1948 - 1987』, 도서출판포럼, 2020년.

성보용, 「韓国 保守 政治勢力의 形成過程에 관한 研究 : 解放과 第1共和国의 時期를 중심으로」, 경희대학교 대학원 박사학위논문, 2001년.

손봉숙, 「韓国自由党十二年史의 研究 : 李承晩博士執権下의 政党体制를 中心으로」, 이화여자대학교 대학원 석사학위 논문, 1967.

———, 「한국 자유당의 정당정치연구」, 『한국 정치학 회보』, 제19권, 1985년.

손호철, 『현대 한국정치 : 이론과 역사 1945 - 2003』, 사회평론, 2003년.

송복 편집, 『저서를 통해 본 이승만의 정치사상과 현실인식』, 연세대학교출판부, 2011년.

송석윤, 『헌법과 정치』, 경인문화사, 2007년.

쉐보르스키 아담 편, 안규남 외 역, 『민주주의와 법의 지배』, 후마니타스, 2008년.

심재욱, 「雪山 張德秀 (1894~1947) 의 政治活動과 国家認識」, 동국대학교 대학원 박사학위논문, 2007년.

심지연, 『한국정당정치사 : 위기와 통합의 정치』, 백산서당, 2013년.

양동안, 『대한민국건국사 : 해방 3년의 정치사』, 현음사, 2001년.

양승태, 전재호, 「미군정기 (1945~1948) 한국의 자유주의 : 이승만의 '반공적' 자유주의」, 『한국철학

논집』、제21호、2007년。

역사문제연구소、『한국정치의 지배이데올로기와 대항이데올로기』、역사비평사、1994년。

———、『1950년대 남북한의 선택과 굴절』、역사비평사、1998년。

연정은、「제2대 국회내 공화구락부 — 원내자유당의 활동에 관한 연구」、성균관대학교 대학원 석사학위
논문、1997년。

緒方義弘、「이승만정부의 '재일동포' 정책 연구」、연세대학교 대학원 박사학위논문、2019년。

오영달、「대한제국기 이승만의 인권 및 주권론 수용 = 그의 『독립정신』에 나타난 정치사상을 중심으로」、
『한국민족문화』、제31권、2008년。

吳有錫、「진보당사건 분석을 통한 1950년대 사회변혁운동 연구」、『경제와 사회』、제6권、1990년。

———、「한국 사회균열과 정치사회구조형성 연구 : 제1공화국 총선거를 중심으로」、이화여자대학교
대학원 박사학위논문、1996년。

오제연、「1956 − 1960年 自由党 寡頭体制 형성과 운영」、서울대학교 대학원 석사학위논문、2003년。

———、「이승만 정권기 '공화' 이해와 정치적 전유」、『역사비평』、제127권、2019년。

유영익편、『이승만 연구 : 독립운동과 대한민국 건국』、연세대학교출판부、2000년。

유영익、『건국대통령이승만 : 생애 . 사상 . 업적의 새로운 조명』、一潮閣、2013년。

유재일、「韓国 政党体制의 形成과 変化、1951 − 61」、고려대학교 대학원 박사학위논문、1996년。

윤충로、「반공독재국가형성과 국가능력 비교연구 : 남베트남 지엠정권과 남한 이승만정권을 중심으로」、
동국대학교 대학원 박사학위논문、2004년。

이관후、「국가형성기의 한국 민족주의 : 한국 전쟁과 통치 이념의 변화 — 일민주의에서 반공주의로」、서
강대학교 대학원 석사학위논문、2002년。

이기택、『한국야당사』、백산서당、1992년。

이동수편、『한국의 정치와 정치이념』、인간사랑、2018년。

이상록、「『사상계』에 나타난 자유민주주의론 연구」、한양대학교 대학원 박사학위논문、2010년。

이상훈、「해방후 대한독립촉성국민회의 국가건설운동 연구」、연세대학교 대학원 석사학위논문、2001년。

李秀日、「美国 유학시절 維石 趙炳玉의 활동과 '近代'의 수용」、『典農史論』、제7권、2001년。

———、「유석 (維石) 조병옥 (趙炳玉) 의 8·15해방 실감 (実感) 과 정치활동」、제56호、2015년。

李承晩博士記念事業会雩南実録編纂会、『雩南実録 : 1945 − 1948』、悦話堂、1976년。

이시형、「이승만에 있어서정치적 '개화'의 의미 : 친미적 사고를 중심으로」、『한국정치연구』、1996년。

李英石、『야당 40년사』、인간사、1987년。

이완범、「장면과 정권교체 : 미국의 대안고려와 그 포기 과정을 중심으로 — 1952~1961」、『한국민족운
동사연구』、제34권、2003년。

———、「1950년대 이승만 대통령과 미국의 관계에 관한 연구」、『한국학』、제30권제2호、2007년。

———「한국 정권교체의 국제정치 — 1950년대 전반기 미국의 이승만 제거 계획、후반기 미국의 이승
만 후계 체제 모색과 1960년 4월 이승만 퇴진」、『세계정치』、제8집、2007년。

이원순편저、『인간 이승만』、신태양사、1993년。

李林夏、「1950年第2代国会議員選挙에 관한 研究」、성균관대학교 대학원 박사학위논문、1994년。

李貞恩、「制憲国会期青丘会 . 新政会의 政治活動과 路線」、연세대학교 대학원 석사학위논문、2003

년。

이진경、「朝鮮民族青年団研究」、성균관대학교 대학원 석사학위논문、1994년。

이진철、「이승만의『독립정신』과 제헌헌법의 대통령제 정부형태」、서울대학교 대학원석사학위논문、2013년。

이창헌、「제1공화국기의 권력구조를 둘러싼 갈등 연구 : 헌법제정、제1.2차 개헌 과정을 중심으로」、부산대학교 대학원 석사학위논문、2018년。

이철순、「이승만정권기 미국의 대한정책 연구 (1948－1960)」、서울대학교 대학원 박사학위논문、2000년。

───、「부산정치파동에 대한 미국의 개입 : 미국의 국가이익 규정을 둘러싼 국무부와 군부의 논쟁을 중심으로」、『韓国政治研究』、제10권제1호、2001년。

───、「부산정치파동과 국가보안법파동에 대한 미국의 개입 비교」、『세계정치』、제8집、2007년。

이택선、「취약국가 대한민국의 형성과정 (1945－50년)」、서울대학교 대학원 박사학위논문、2012년。

───、「이승만의 공화주의와 리더십」、『한국．동양정치사상사학회 학술대회 발표논문집』、제12권、2015년。

이한우、『이승만 90년 (하)』、조선일보사、1996년。

이형、『조병옥과 이기붕』、삼일서적、2002년。

이혜영、「제1공화국기 자유당과 '이승만 이후' 정치 구상」、이화여자대학교 대학원 박사학위논문、2014년。

임지현 편、『대중독재 : 강제와 동의 사이에서』、책세상、2004년。

정병준、『우남 이승만연구』、역사비평사、2005년。

장영민、「1952년 '미국의 소리 한국어방송'의 부산정치파동 보도와 KBS 중계방송의 중단」、『역사와 경계』、제80권、2011년。

정상우、「1954년 헌법개정의 성격에 대한 비판적 고찰」、『法史學研究』、제28권、2003년。

정승현、「조봉암·진보당과 한국 현대 진보이념 ─ 그 기원과 전개」、『현대정치연구』、제6권제1호、2013년。

───、강정인、「이승만의 초기 사상에 나타난 서구중심주의」、『정치사상연구』、제20집제2호、2014년。

───、「이승만과 한국 자유주의 = 중기 사상을 중심으로」、『현대정치연구』、제10권제1호、2017년。

정재현、「1954년 개헌문제와 자유당의 갈등」、성균관대학교 대학원 석사학위논문、2013년。

曺儀煥、「韓国政党의 派閥에 関한 研究 : 歴代政権의 主要 政党을 中心으로」、동국대학교 대학원 박사학위논문、2002년。

조맹기、「이승만의 공화주의 제헌헌법 정신」、『한국출판학연구』、제40권제1호、2014년。

조윤형、「조병옥박사편 : 반공의 열혈투사」、『北韓』、제7호、1972년。

陳徳奎편、『1950年代의 인식』、한길사、1981년。

崔章集、『한국민주주의의 이론』、한길사、1993년。

───、『한국민주주의의 조건과 전망』、나남출판、1996년。

최민석、「한국 자유주의 담론에 대한 비판적 연구、1945~1970 :『사상계』를 중심으로」、서울대학교 대학원 박사학위논문、2021년。

최선웅、「張德秀의 사회적 자유주의 사상과 정치활동」、고려대학교 대학원 박사학위논문、2014년。

최연식、「개혁적 사회진화론의 수용과 청년기 이승만의 독립정신」、『한국정치외교사논총』、제31권제2호、2010년。

최영석、「1952 釜山政治波動의 終結代案과 발췌개헌안에 관한 연구」、『高凰論集』、第5권、1989년。

하유식、「대한제국기 이승만의 정치사상과 대외인식」、『지역과 역사』、제6집、2000년。

한국정치외교사학회 편、『한국정치와 헌정사』、한울아카데미、2001년。

한국정치외교사학회、아셈연구원 [공] 편、『대한민국 정부수립 60주년、한국 현대 정치외교의 주요 쟁점과 논의』、선인、2009년。

韓培浩 편、『현대한국정치론1』、오름、2000년。

韓培浩、『(자유를 향한 20세기) 한국 정치사 : 독재와 반민주의 세월을 넘어』、一潮閣、2008년。

한승주、『제2공화국과 한국의 민주주의』、종로서적、1983년。

한지희、「국민보도연맹의 결성과 성격」、숙명여자대학교 대학원 석사학위논문、1995년。

홍정완、「정부수립기 大韓独立促成国民会의 국민운동연구」、연세대학교 대학원 석사학위논문、2006년。

황병주、「1950년대 엘리트 지식인의 민주주의 인식 = 조병옥과 유진오를 중심으로」、『史學研究』、제89호、2008년。

후지이다케시、『파시즘과 제3세계주의 사이에서 : 족청계의 형성과 몰락을 통해 본 해방8년사』、역사비평사、2012년。

【英語文献】

Gregg A. Brazinsky, *Nation Building in South Korea: Koreans, Americans, and the Making of a Democracy*, The University of North Carolina Press, 2009.

J. L. Talmon, *The Origins of Totalitarian Democracy*, Mercury Books, 1960.

Norberto Bobbio, *Liberalism and Democracy*, Verso, 1990.

Steven Levitsky, Lucan A. Way, *Competitive Authoritarianism: Hybrid Regimes after the Cold War*, Cambridge University Press, 2010.

表一覧

表 1　1952 年憲法改正前と改正後の内容比較……………………………………… 012

表 2　1954 年憲法改正前と改正後の内容比較……………………………………… 012

表 3　1950 年当時の現行憲法と憲法改正案との条文比較……………… 080-081

表 4　民主国民党と李承晩政権の憲法改正案内容比較……………………… 089

表 5　1954 年の憲法と 1954 年憲法改正案との内容比較 ……………… 140-141

表 6　自由党、民主党、進歩党の政策綱領比較 ……………………………… 172-173

事項索引

【あ行】

新しい自由　66

アメリカ　13, 14, 17, 19, 20, 24, 29, 30, 31, 33-35,
36, 42, 44, 47-49, 51, 54-56, 62, 64-66, 68,
70, 77, 87, 116, 125, 129, 137, 138, 148, 152,
161, 162,164, 177, 185, 191, 192, 193, 195,
197, 206, 211, 212-214, 217, 219, 221,

『アメリカの民主政治』　42

安保　20, 116, 150, 152, 185, 188, 193, 223, 229

意見の伝達者　→　メッセンジャー

意志の自由　40

一院制　98, 102, 103, 128

一事不再議の原則　97, 127

一民倶楽部　81, 83

一民主義　29, 47, 59, 68

『一民主義概述』　47, 59

一君万民　8, 19, 37, 51, 123

一党独裁　14, 64, 81, 82, 83, 92, 126, 221

一般意志　17, 40, 41, 50, 51, 218

イデオロギー　9, 48, 162, 163, 166-168, 174

院外自由党　85

院内自由党　85, 86, 88, 119, 130

受け入れ問題　6, 158, 159, 160, 169

麗水・順天事件　16, 49, 195

エリート主義　53

エリート民主主義　17, 54, 226

王道政治　19, 34

オピニオンリーダー　15, 59, 106

【か行】

戒厳令　93, 97, 114, 118-122, 124, 130, 132, 202,
210, 213

革新系列　153, 159, 174

官権　11, 43, 98, 108, 129, 143, 144, 146, 151, 170,
172, 193, 223

韓国憲法　22, 202

韓国国会　12, 74, 75, 77, 79, 81, 83, 85, 87, 89, 91,
98, 99, 124, 142, 151

韓国政治　19, 22, 24, 43, 47, 92, 94, 116, 117, 176,
191, 192, 220, 222, 223

韓国民主党　8, 22, 45, 49, 50, 60, 159, 163, 169,
197

官製民意デモ　5, 78, 95, 122

間接選挙　12, 13, 84, 86, 87, 99, 101, 102, 111,
150, 221

官僚派　177, 178, 219

議院内閣制　8, 10, 12, 17, 33, 35-38, 56, 57, 71,
74-76, 78, 79, 82-85, 88-92, 94, 96, 98,
101-103, 108-110, 113, 118, 126, 129, 135,
146, 159, 170, 172, 189-193, 222, 226, 229

議会政治　9, 64, 77, 82, 157, 165, 176, 183, 189,
190, 206, 226, 227

議会独裁　82, 83, 92, 96, 102, 103, 113

議会民主主義　39

北朝鮮　14, 16, 48, 60, 63, 65, 118, 148, 165, 167,
168, 186, 221, 225

虐殺行為　16, 24, 224, 228

251

強硬化政策　23, 195

共産主義　16, 55, 59-65, 67-69, 120, 123, 157, 158, 164-168, 184, 188, 191, 214, 224, 225, 228

共産党の裏工作　201, 203, 219

行政独裁　103, 113, 146

行政府　38, 56, 57, 59, 77, 80-83, 89-92, 95, 96, 107, 109,112-114, 122, 125, 126, 138, 139, 145, 146, 151, 152, 221

共通善　40

共和主義　28, 29

『京郷新聞』　15, 19, 46, 59, 62, 65, 69, 88, 89, 94, 95, 111, 119, 122, 124, 137, 138, 156, 157, 159, 169, 170, 184-186, 188, 210, 222

『京郷新聞』廃刊処置　179, 185, 188, 191

嘉舜時代　33, 34

キリスト教　29

愚民　102

愚民観　10, 225, 227-229

軍事クーデター　190, 227

経済危機　66

経済的平等　66, 67

経済統制　67, 68

経済発展　20

形式的民主主義　66

啓蒙思想家　15, 21, 22, 29, 30, 44, 45

結社　13, 42, 58, 182, 227

血統　60, 214

権威主義的支配　93

権威主義的パーソナリティ　10

言語　60, 214

憲法違反　56, 101, 119, 120

憲法改正　8, 11, 13, 14, 20, 22, 23, 38, 39, 56, 57, 64, 72-86, 88-98, 101, 103, 105, 108, 111-113, 116-118, 121-132, 134-137, 139-155, 158, 159, 161-163, 173, 177, 178, 183, 190-192, 194, 210, 211, 219, 220, 227

権力構造の一元化　76, 89-91

権力闘争　18

言論の自由　42, 185

興士団　155, 156

公正な選挙　13, 42, 109

公的な利益　45

綱領　76, 109, 153, 158, 162, 163, 169-173, 225

国営化　68, 163, 171

国際共産党　119, 121

国際共産党事件　124, 166

国際倶楽部事件　123, 124, 167

『獄中雑記』　30, 31

国民意思　50, 59, 101, 102, 105-107, 112, 113, 119, 131, 132, 144, 210, 227

国民保導連盟事件　16, 168

国民投票制　6, 12, 17, 20, 57, 58, 128, 134, 136, 139, 140, 142-144, 150, 151, 177, 211, 219-222, 225-227

国民投票制度　58, 128, 134, 142, 143, 144, 151, 226

国民投票民主主義　18, 92, 93, 117

国務院　12, 56, 75, 79, 80, 90, 119, 135, 138-141, 151, 180, 199

国務院制度　142, 144-146

護憲同志会　9, 155, 155, 158, 159, 173

個人の自由　42, 50, 54, 69, 180, 223

国会　8, 10-12, 16, 17, 19, 20, 22, 23, 32, 35,

37-40, 42, 47-49, 56-59, 61, 63, 69, 71, 72, 74-77, 79-132, 134-152, 155, 158-160, 166, 167, 169, 173, 178-183, 186, 189, 191-195, 198-202, 204, 209, 210, 214-216, 218-221, 223, 225-227, 229

国会意思　102, 105, 106, 113, 119, 131, 132, 144, 210, 227

国会解散　77-81, 89, 98, 111, 121, 122

国会議員召喚運動　94-97, 99-102, 104-106, 110, 111, 113, 118

国会議事堂　95, 119, 201

国会至上主義　102, 228

国会の正統性　99, 102, 106

国家コーポラティズム　47, 50

国家主義　58

国家存立の危機状況　49, 131, 148, 149, 151

国家の自由　50, 51, 69, 180, 214, 223, 224

国家保安法　179, 181-186, 188, 191, 193, 206, 207

【さ行】

『ザ・フェデラリスト』　42

三権分立　35, 42, 81, 96, 101, 104, 105, 125, 137, 138, 146, 152

ジェノサイド　16

四捨五入改憲　8, 139, 158

『思想界』　166, 185, 186, 188

自治　42, 44, 87, 172, 179, 180, 182-184, 186, 188, 193, 206, 220

私的な利益　45

資本家　50, 65, 66, 158

市民社会　51

『社会契約論』　41

社会主義　48, 55, 59, 63, 64, 66, 67, 68, 161-167, 174, 188, 221, 226

社会主義者　48, 59, 59, 63, 63, 63, 63, 164, 167

社会民主主義　63-68, 160-163, 166, 168

自由　13, 14, 39-44, 47-49, 53, 57-59, 61, 62, 65-69, 99, 100, 105, 106, 108, 109, 111, 112, 128, 143, 150, 157, 162, 163, 180, 185, 223, 226-228

自由経済　61, 67, 161, 163, 169

自由主義　28, 29, 50, 52, 54, 62, 67, 158, 161, 162, 166, 183, 226, 227

自由党　8, 9, 12, 23, 38, 41, 47, 49, 50, 61, 62, 65, 84-86, 88, 107, 118, 119, 125, 127, 128, 130, 131, 136-139, 141, 142, 148, 149, 151, 154, 155, 158, 159, 167, 170-173, 176-184, 187, 188, 190-193, 195-200, 202-205, 207-210, 212-214, 216, 218, 219, 221, 223

自由党穏健派　176, 178, 179, 190-194, 205, 208, 221

自由党強硬派　176, 179, 190-194, 209

自由放任　67, 158, 161, 162

自由放任政策　67, 68

自由民主主義　13, 21, 22, 28, 41, 51, 52, 54, 62, 63, 116, 153, 160

自由民主派　64, 160, 164, 173

『自由論』　42

儒教　10, 15, 17-19, 34, 37, 39, 40, 51, 70, 123

儒教教育　10, 19

熟議民主主義　39, 51

主権在民　10, 17, 25, 32, 34, 72, 84, 89, 91, 101, 111, 123, 149

索　引　253

状況主義　132, 134, 148, 149, 150, 158, 180, 188

少数派の意見　40, 42, 43, 52, 59, 60, 71, 183, 183, 227

植民地　10, 14, 25, 31, 34, 35, 39, 43, 44, 47, 48, 55, 65, 158, 214

親米反共路線　55

進歩党　64, 65, 153, 154, 170-174, 178, 179, 186-188, 190, 191, 193, 196, 200, 208, 209, 224

進歩党事件　65, 178, 179, 186-188, 191, 193, 224

新民主主義　66-69, 161, 162, 165

制限された資本主義　67

政治参加　11-14, 17, 20, 43, 114, 150, 220, 221, 226-228

政治参加の拡大　12, 17

政治的正統性　60, 113

政治的多元主義　47

政治的平等　66, 67

政党政治　47, 61, 82, 83, 98, 126, 138, 146, 153, 156, 165, 176, 177, 189, 190, 206, 225

政府形態論争　72, 74

西洋思想　15, 71

選択の自由　57, 150

『ソウル新聞』　39, 42, 47, 78, 95, 96, 122, 156

【た行】

第3の道　68

大韓国民党　49, 81, 82, 119

大韓青年団　61, 78, 94, 115, 116, 118, 119

大韓民国臨時政府　31, 35, 36

代議制　8, 144, 151, 158, 211, 215

代議制民主主義　18, 53, 54, 57, 71, 90, 92, 93, 108, 113, 117, 132, 151, 158, 228, 229

『代議制統治論』　42

大統領・副大統領選挙　5, 7, 23, 65, 130, 170, 176-178, 189, 190, 192, 195-199, 208, 218, 223

大統領制　8, 10, 12, 17, 17, 19, 19, 29, 32-39, 47, 51, 52, 56, 57, 74, 75, 78, 81-83, 85, 87, 97, 102, 103, 118, 128, 129, 135, 135, 138, 145, 152, 170, 172, 190, 191, 193, 222, 229

大統領直接選挙　8, 12, 13, 17, 20, 38, 74, 84, 85, 87-93, 96, 98-103, 105, 106, 108, 111, 113, 116-118, 121, 122, 123, 126, 128, 129, 131, 132, 177, 211, 219-222, 225, 226

大統領独裁　83, 89, 126

大統領の権限　22, 56, 79, 87, 89, 134, 140, 145, 146

大統領の任期制限　12, 134, 140-142, 147-151

代表の正統性　105, 107, 108, 112, 113

代表の役割　59, 106, 112, 113

多元主義　47, 51, 53, 62

他者化　60

地方自治　44, 172, 179, 220

地方自治法　87, 179, 180, 182-184, 186, 188, 193, 206, 220

地方選挙　20, 87, 88, 111, 118-220

中央集権制　138

中間団体　8, 37, 40-42, 47-49, 51, 61, 62, 68, 69, 85, 123, 223

趙炳玉暗殺説　197

朝鮮王朝時代　14, 47, 70

朝鮮戦争　16, 24, 38, 49, 56, 63, 66, 118, 148, 163,

167, 168, 174, 176, 195, 204, 213-215, 219, 224, 228

朝鮮総督　36

『朝鮮日報』　19, 39, 49, 78, 79, 119-122, 124, 155-157, 159, 168-180, 183, 184, 186, 200-203, 205, 210

朝鮮民族青年団系列　115, 116, 177

全斗煥政権　11, 14, 24, 25, 220-222

通常状態　120, 121

伝統的朝鮮王朝　70

天賦人権思想　29

天命思想　19, 39, 40, 51

『東亜日報』　15, 19, 39, 43, 44, 46, 49, 50, 56-58, 62, 66-69, 96, 97, 122, 124, 138, 155-157, 161, 162, 168, 169, 179, 184-186, 188, 192, 196-202, 205, 208, 210, 212, 216, 222

討議　58, 87, 103, 142

統治権　86

党派　43-46, 78, 81, 99, 108, 122, 213

東洋思想　15

独裁政権　10, 11, 14, 15, 20, 21, 44, 195, 220-222

特殊意志　17, 41

独占資本主義　66

独立運動家　15, 30, 55

独立促成中央協議会　45, 46

『独立精神』　28-34, 36, 37, 69

【な行】

内閣責任制　77, 78, 81, 82, 89, 96, 127

内閣不信任　77, 78, 82, 98, 138

南北分断　48

日韓　16, 20, 21, 24, 69, 98, 224

日本　13, 31, 33, 35-37, 44, 75, 82, 103, 118, 158, 171, 190, 224,

『日本その仮面の実体』　30, 31, 44, 47

日本の植民地時代　10, 14, 25, 35, 158

ニューディール政策　66, 68, 161, 162, 165

ニューデリー密会でっち上げ事件　167

任期制限　11, 12, 134, 139-142, 147-152

ネイション　59

農民　47, 49, 61, 161, 172, 196

【は行】

ハーバード大学　31, 70

朴正煕政権　10, 12, 14, 25, 160, 190, 220-222

反共主義　16, 29, 53-55, 59-65, 68, 69, 120, 165, 168, 171, 185, 188, 189, 214, 215, 224

反共民主主義　62, 65

反民主主義　10, 11, 13, 14, 20, 24, 222

非民主主義国家　13, 14

平等　14, 29, 37, 43, 65-69, 87, 134, 147, 150, 152, 162, 226-228

比例代表制　42

フィラデルフィア大韓人総代表大会　34-36

不穏文書投入事件　167

複数投票　42

釜山政治波動　8, 23, 24, 92, 114-117, 119, 121, 123, 125, 127, 129, 131, 214, 215, 219

不信任決議　12, 78-80, 82, 89, 98, 103, 126, 129, 135, 139, 141

不正選挙　10, 13, 14, 23, 42, 50, 92, 108, 178, 179, 189, 192, 194, 195, 197-203, 205-210, 212, 213, 215-219, 223, 225

プリンストン大学　31, 70

分割政府　38

分断国家　60

法の支配　53, 120, 131, 132, 150, 152, 228

法の下の平等　147, 150 152

保守（系）野党　15, 17, 18, 20-22, 53, 55, 57, 59, 61, 63, 65, 67, 69, 71, 72, 74, 91, 114, 132, 154, 156, 160, 165, 166, 167, 168, 169, 174, 190, 225-229

【ま行】

民意　8, 10, 24, 39-43, 46-48, 50-54, 57-61, 65, 71, 72, 78, 84, 85, 88, 90, 93, 95, 97, 99-114, 119, 121, 122-123, 126-128, 131, 132, 137, 142-145, 151, 210, 211, 214, 215, 217-219, 221, 223-225, 227, 229

民意の対象範囲　59, 60

民営化　68, 171, 172

民主革新党　170

民主国民党　8, 18, 22, 23, 49, 50, 60, 74-76, 78-86, 88-92, 94-96, 114, 115, 118, 119, 124, 129, 131, 135, 136, 138, 139, 141, 142, 144, 145, 154-156, 159-161, 165, 167, 168, 173, 174, 178, 178, 189, 190, 197, 215, 225

民主主義　8-11, 13-25, 27-32, 34, 36-46, 48, 50, 51, 53-72, 74, 76-78, 82, 86, 88, 91, 93-95, 98-100, 103, 105, 108-111, 113, 114, 116, 117, 123, 125, 126, 134, 138, 145, 149, 150, 157, 166, 183, 190, 214, 215, 221, 222, 224-229

民主政治　8, 10, 24, 29, 31-37, 42, 56, 57, 61, 62, 66, 82, 90, 91, 99, 99, 109, 143, 146, 166, 184, 221, 223, 224, 226, 229

民主大同派　64, 160, 173

民主党　8, 9, 11, 22, 23, 56, 60, 62, 64, 65, 153, 154, 160, 161, 163, 166, 169-174, 176-179, 181-185, 187-201, 203-211, 213, 218-221, 224-227

民主党穏健派（旧派）　191

民主党強硬派（新派）　191

民族　28, 29, 43, 44, 48, 53, 60, 100, 115-117, 123, 126, 173, 177, 206, 214, 225

民族主義者　48

民本主義　19, 34, 37, 123

無所属　83, 109, 110, 113, 118, 126, 130, 131, 136, 141-145, 147, 155, 192, 209, 210

メッセンジャー　48, 59, 106, 107

メディア弾圧　185

『孟子』　39

【や行】

野党弾圧　10, 13, 42, 50, 69, 92, 214, 223

野党統合　23, 64, 153-161, 164, 169, 173

【ら行】

立憲君主政治　29, 31-33, 36

立憲主義　53, 131, 132, 150, 150, 152, 158, 226, 228, 229

立法府　29, 31-33, 36

両院制　76, 84-87, 89, 96-98, 100, 102, 102, 103, 118, 123, 125, 127- 129

例外状態　120, 121, 130, 131

『礼記』　34

レッセ・フェール　→　自由放任

連邦制　42, 138, 145, 152

労働者　49, 61, 66, 173

ロビイング活動　62

『論語』　39

【わ行】

話題提供者　→　オピニオンリーダー

【アルファベット、その他】

FRUS　2, 217

NARA　20

3・1独立運動　34, 35

38度線　18

4・3事件　16, 59, 195

5・16クーデター　190

人物索引

※本書の主要人物である「李承晩」は、ほぼ全ての頁に登場するため、人物索引からは除外している。

【あ行】

安在鴻　167

アレクシス・ド・トクヴィル　41, 42

李起鵬　108, 177-179, 184, 198, 199, 200, 206, 208, 209, 216, 218

李商在　30

李在鶴　50, 85, 139, 142, 145, 147, 178, 205, 208, 221

李始栄　124, 131

李哲承　143, 155, 169

李範奭　124, 131

李允栄　131, 209

任永信　131, 196, 209, 218

ウッドロー・ウィルソン　66, 162

厳詳燮　86, 87, 98, 181, 198

【か行】

金意俊　87, 98, 99, 119, 155

金朱烈　200, 201

金貞烈　200, 204, 206, 208, 216, 217

金俊淵　154-156, 160, 164, 165, 167-169, 189, 196, 218

金性洙　94, 124, 168, 169, 173, 197

金度演　154-156, 160, 164, 169

郭尚勲　119, 155, 159, 169

高宗　30, 31, 32, 36

【さ行】

ジェームズ・マディソン　41, 42

シャルル・ドゴール　33

ジャン・ジャック・ルソー　17, 40, 41, 149

ジョン・スチュアート・ミル　40-42, 149

申翼熙　56, 130

慎道晟　145, 155, 160, 190

徐相權　96, 125, 127, 128

徐相日　81, 160, 169, 170

徐載弼　29, 30

徐範錫　86, 88, 119, 181

宋鎮禹　22

【た行】

崔仁圭　196, 200, 201, 206, 207

崔淳周　141, 142

張暻根　141-143, 145-148, 178, 182, 199

張沢相　129-131, 155, 160, 196, 224

張徳秀　22

張勉　11, 85, 86, 94, 117, 154, 156, 160, 164, 165,

178, 191-194, 196-198, 200, 202, 208-213, 217, 218, 220, 221, 224, 226

曹泳珪　82, 142, 145, 147, 155

曹在千　142, 143, 145, 147

曹奉岩　64, 65, 82, 131, 153, 154, 156, 158-161, 163-170, 173, 174, 178, 186-188, 193, 200

趙柱泳　86, 87, 126-128

趙素昂　63

趙炳玉　17, 18, 22, 45, 53-72, 74, 108, 124, 131, 154-156, 160-167, 169, 173, 174, 189, 197, 198, 208, 209, 217, 218, 225

鄭在煥　125

鄭在浣　143, 145, 147, 155, 169

銭鎮漢　131

全斗煥　11, 14, 24, 25, 220-222,

【は行】

朴正煕　10-12, 14, 24, 25, 160, 190, 190, 220-222, 227

朴泳孝　29, 31, 45

朴憲永　164

咸台永　131

黄聖秀　141

フランクリン・ルーズベルト　66, 148

白性郁　131, 209

ヘンリー・アペンジェラー　30

許政　70, 86, 129, 197, 215-219

洪璵基　177, 180, 187, 196, 200, 201, 204, 204, 206, 206, 208, 209, 221, 222

【ま行】

マカナギー大使　206, 211-215

【や行】

兪吉濬　29, 32, 33, 44, 45

兪鎮午　38, 75

尹致昊　30

尹致暎　197, 209

尹潽善　155, 156, 169, 169, 227

【ら行】

ロバート・オリバー　70, 217

索　引　259

【著者略歴】
高城　建人（たかしろ　けんと）

　1994 年韓国ソウル生まれ。中学 1 年生（2007 年）まで韓国で生活。帰国後、京都大学大学院人間・環境学研究科博士前期課程（2019 年修了）を経て、2023 年京都大学大学院人間・環境学研究科博士後期課程修了。博士（人間・環境学）。

　現在、神戸女子大学文学部国際教養学科助教。

　専門は現代韓国政治史、韓国政治思想史、韓国教育史、日韓関係史。

　主な論文として、「李承晩の政治体制・民意・政党認識とその限界：自由民主主義の観点から」（『社会システム研究』第 24 号、2021 年）/「大韓民国政府樹立以前の朝鮮半島における民主主義談論と実現の試み」（『自然と実学』第 7 号、2022 年）/「韓国憲政史における立憲主義と現実政治の葛藤の起源：1954 年国会の憲法改正議論を中心に」（『京都大学大学院人間・環境学研究科紀要』第 31 号、2022 年）/ など。

韓国黎明期の民主政治への試み
――大統領制と議院内閣制の攻防

2025 年 3 月 21 日　初版 第 1 刷発行

著　者	髙　城　建　人
発行者	大　江　道　雅
発行所	株式会社 明石書店

〒 101-0021 東京都千代田区外神田 6-9-5
電話 03（5818）1171
FAX 03（5818）1174
振替　00100-7-24505
https://www.akashi.co.jp/

装丁	清水　肇（prigraphics）
組版	明石書店デザイン室
印刷／製本	株式会社モリモト印刷

（定価はカバーに表示してあります）

ISBN978-4-7503-5896-3

© Takashiro Kento 2025, Printed in Japan

JCOPY 〈出版者著作権管理機構 委託出版物〉

本書の無断複製は著作権法上での例外を除き禁じられています。複製される場合は、そのつど事前に、出版者著作権管理機構（電話 03-5244-5088、FAX 03-5244-5089、e-mail : info@jcopy.or.jp）の許諾を得てください。

未完の革命
韓国民主主義の100年

金惠京 著

■四六判／並製／256頁 ◎2200円

植民地からの独立、朝鮮戦争による荒廃、急激な経済発展、民主的な社会の建設。エネルギーに満ちた韓国現代史を、朴正煕・金大中・朴槿恵・文在寅という1960年代から現在までの保守と革新を代表する4人の大統領を縦軸に、韓国民衆意識と動向を横軸に描く。

● 内容構成 ●

はじめに

第1章 民主主義の胎動

第2章 経済と民主主義の分岐点

第3章 経済成長と民主主義の回復

第4章 民主化獲得の光と影

第5章 リベラル政権10年の成否

第6章 保守・リベラル、次世代の対立

おわりに

【世界人権問題叢書101】

対話 韓国民主化運動の歴史
行動する知識人・李泳禧の回想

李泳禧、任軒永 著
舘野晢、二瓶喜久江 訳

■四六判／上製／584頁 ◎5800円

1970、80年代、行動する言論人として軍事政権に果敢に立ち向かい、同時代の学生や知識人に最も影響を与えたジャーナリスト・知識人である李泳禧が、自らの人生と言論活動を振り返り、韓国民主化運動の軌跡を辿る。

● 内容構成 ●

読者のみなさんに［李泳禧］
日本語版に寄せて
——東アジアの平和への踏み石となることを願って［任軒永］

第1章 植民地朝鮮の少年

第2章 戦争の中の人間を見つめて

第3章 闘うジャーナリストとして

第4章 学究の道へ——現代中国研究の開拓

第5章 一九八〇年、裏切られた「ソウルの春」

第6章 アメリカ的資本主義の克服——ペンで闘った半世紀

訳者あとがき［舘野晢］
李泳禧年譜

〈価格は本体価格です〉

大韓民国臨時政府の記憶 I

長江日記
ある女性独立運動家の回想録

鄭靖和 著

■四六判／上製／372頁 ◎3600円

大韓民国臨時政府の記憶 II

永遠なる臨時政府の少年
解放と民主化の時代

金滋東 著

■四六判／上製／416頁 ◎3800円

姜信子 訳
一橋大学大学院言語社会研究科韓国学研究センター 企画

臨時政府を源泉とする
親子二代にわたる韓国独立精神史

上海臨時政府に亡命した鄭靖和（1900-1991）の『長江日記』と、臨時政府の揺籃に育ったその息子・金滋東（1928-）の『永遠なる臨時政府の少年』は、庶民の生きた韓国現代史であると同時に、独立運動家の精神を護りぬいた親子による韓国の現代精神史でもある。

崔銀姫 著

「反日」と「反共」
戦後韓国における
ナショナリズム言説とその変容

■A5判／上製／324頁 ◎4500円

韓国はどのようにナショナルアイデンティティを構築してきたのか。「8・15＝光復節」という国家的な祝祭日を記念する「8・15」ドキュメンタリーシリーズが作り続けた公共の放送空間におけるナショナリズムの実践とその変容を「反日」と「反共」の二つの言説を軸に明らかにする。

● 内容構成 ●

序　章　「8・15」ドキュメンタリーシリーズとナショナリズム言説
第1章　様々な「反植民地支配ナショナリズム（Anti-colonial Nationalism）」──「前景」としての1940〜1950年代
第2章　「8・15」ドキュメンタリーシリーズと初期のナショナリズム言説（1960〜1970年代）
第3章　激動の時代と「移民韓国人」（1980年代）
第4章　他者性としての「中産階層」
第5章　「在日」への覚醒（1990年代以降）
第6章　過去・現在・未来：「戦争」と被害者（2010年代以降）
終　章　ナショナリズム言説の歴史的展開と展望
韓国公共放送における歴代「8・15」ドキュメンタリーシリーズ目録

〈価格は本体価格です〉

現代韓国を知るための61章【第3版】
エリア・スタディーズ⑥
石坂浩一・福島みのり編著
◎2000円

北朝鮮を知るための55章【第2版】
エリア・スタディーズ53
石坂浩一編著
◎2000円

韓国文学を旅する60章
エリア・スタディーズ182
波田野節子・斎藤真理子、きむふな編著
◎2000円

誰もが別れる一日
ソ・ユミ著　金みんじょん、宮里綾羽訳
◎1700円

朝鮮の抵抗詩人
東アジアから考える
金正勲編著
◎3800円

黙々
聞かれなかった声とともに歩く哲学
高秉權著　影本剛訳
◎2600円

韓国・基地村の米軍「慰安婦」
国家暴力を問う女性の声
世界人権問題叢書114
金貞子証言　金賢善編集　セウムト企画　秦花秀訳・解説
◎4000円

韓国経済がわかる20講【改訂新版】
援助経済・高度成長・経済危機から経済大国への歩み
裵海善著
◎2500円

東アジアと朝鮮戦争七〇年
メディア・思想・日本
崔銀姫編著
◎4200円

在日韓国人スパイ捏造事件
11人の再審無罪への道程
世界人権問題叢書112
金祐鉦著　姜菊姫・斉藤圭子、李昤京訳
◎4500円

朝鮮総督府の土木官僚
植民地支配の社会基盤整備者
広瀬貞三著
◎5400円

北朝鮮帰国事業の政治学
在日朝鮮人大量帰国の要因を探る
松浦正伸著
◎4200円

近代日本の朝鮮侵略と大アジア主義
右翼浪人の行動と思想
姜昌一著
◎5000円

安重根・「東洋平和論」研究
21世紀の東アジアをひらく思想と行動
龍谷大学社会科学研究所付属安重根東洋平和研究センター・李洙任教授退職記念刊行委員会編
◎5000円

朝鮮近代における大倧教の創設
檀君教の再興と羅喆の生涯
佐々充昭著
◎6800円

ソウルの起源　京城の誕生
1910～1945　植民地統治下の都市計画
廉馥圭著　橋本妹里訳
◎4800円

〈価格は本体価格です〉